내가 이 책을 좋아하는 이유로 첫째, 작가를 꼽을 수 있다. 나는 목표 달성을 위한 심리학에 관해 아옐릿 피시배크보다 더 많이 아는 과학자는 없다고 생각한다. 둘째, 실용성이다. 내게도 다른 이들처럼 꿈이 있다. 이 책은 장마다 내가 누구인지, 꿈을 이루려면 목표를 어떻게 세워야 하는지 가르쳐 준다. 셋째, 간단명료하면서도 명확하고, 따뜻하면서도 친근한, 그러면서도 솔직한 문체가 마음에 든다. 나는 이 책을 사랑하고 여러분 역시 그럴 거라 믿는다.

_앤절라 더크워스 《그릿》 저자

피시배크는 동시대에 가장 주목받는 심리학자 가운데 한 사람이다. 그녀는 자신이 처한 상황과 그것을 바라보는 시각을 바꿔 어떻게 스스로에게 동기를 부여하고 목표한 바를 이룰 수 있는지 설득력 있게 보여주고 있다.

_캐롤 드웩 《마인드셋》 저자

동기 과학에 혁신을 일으키고 목표 달성 방법에 대한 이해를 높인 이 책은 흥미롭고 실용적이다. 작가의 통찰을 구체적인 상황으로 담아내 일상에서 적용할 수 있을 뿐만 아니라 효과적인 목표 달성 방법도 제공한다. 다시 말해 일상의 실패를 딛고 일어나 지금껏 피해왔던 어려운 목표를 스스로 이뤄낼 수 있도록 해준다. 추천만으로는 모자라다. 반드시 읽어야 할 책이다.

_웬디 우드 《해빗》 저자

동기 과학 분야의 손꼽히는 전문가로 놀라우면서도 유용한 통찰력을 보여주는 피시배크는 이 책을 통해 당신의 의도와 행동 사이의 간격을 좁히기 위해 무엇이 필요한지 말해준다.

_애덤 그랜트 《싱크 어게인》 저자

누구나 할 수 있다면 충고가 필요치 않을 것이다. 하지만 왜 누구나 할 수 없는 것일까? 누구나 할 수 없다면 어떻게 해야 할까? 동기 과학 분야의 세계 최고 전문가가 유쾌하고 유용하며 의미 있는 책으로 그에 대한 답을 들려준다. 무엇을 망설이는가?
서둘러 책을 집어 들자!

_**대니얼 길버트** 《행복에 걸려 비틀거리다》 저자

우리는 목표 달성에 필요한 확실한 동기를 주기적으로 부여받길 원하지만 대부분 그렇게 되지 못한다. 이 훌륭하고 통찰력 넘치는 책을 통해 당신은 동기부여 근육을 강화할 수 있는 과정을 터득하게 될 것이다.

_**프란체스카 지노** 《긍정적 일탈주의자》 저자

목표 달성하는 법을 알려준다는 책은 너무도 많다. 그러나 그중에서 학계에서 인정받은 과학자가 목표를 달성하기 위한 근거를 과학적으로 제시한 책은 이 책이 유일하다. 동기부여가 왜 어려운지, 스스로 동기를 부여하려면 실제로 무엇을 해야 하는지 제시한다. 흥미로우면서도 재치가 넘치며 무엇보다 매우 유용하다.

_**니컬러스 에플리** 《마음을 읽는다는 착각》 저자

생산성과 집중력, 의욕을 높이고자 하는 사람들에게 매우 가치 있는 책이다. 피시배크는 이해하기 쉽고 통찰력이 돋보이는 이 책을 통해 목표 설정과 성취의 사고방식에 혁신을 일으킬 것이다.

_**이타마르 시몬슨** 《절대 가치》 공동 저자

인생과 사랑 그리고 염원에 대한 이유와 방법과 나아갈 방향을 알려주는 책이자, 우리의 선택과 결정 그리고 감정에 대한 보기 드문 자아 통찰력을 제공하는 책이다. 일과 여가 그리고 관계를 탐색하는 데 유용할 뿐만 아니라 지적인 호기심을 강하게 자극한다. 인간의 사회적 행동과 그 놀라운 힘에 관심이 있는 사람이라면 반드시 읽어봐야 할 책이다.

_**아리 크루글란스키** 《급진화의 세 개의 기둥》The Three Pillars of Radicalization 공동 저자

특별한 책이다. 피시배크는 이 책을 통해 동기부여에 관한 탁월한 방법을 소개해 누구나 동기 수준을 높이고 더 나아가 강화된 동기를 목표 수행에 효율적으로 사용할 수 있도록 돕는다. 우리가 반드시 알아야 할 동기부여의 핵심이다.

_**에드워드 토리 히긴스** 《기쁨과 고통을 너머》Beyond Pleasure and Pain 저자

반드시 끝내는 힘

세계 최고의 행동과학자가 18년 연구 끝에 밝혀낸 목표 달성의 과학

GET IT DONE

반드시
끝내는 힘

아옐릿 피시배크 지음

김은영 옮김

비즈니스북스

옮긴이 **김은영**

이화여자대학교 영어교육학과를 졸업하고 서울대학교 대학원에서 영어교육학과 석사 과정을 마쳤다. 현재 글밥 아카데미 수료 후 바른번역 소속 번역가로 활동 중이며 옮긴 책으로는《불편한 사람과 뻔뻔하게 대화하는 법》,《나의 첫 심리상담》,《고독의 창조적 기쁨》,《실카의 여행》,《수이사이드 클럽》 등이 있다.

반드시 끝내는 힘

1판 1쇄 인쇄 2022년 8월 16일
1판 1쇄 발행 2022년 8월 23일

지은이 | 아옐릿 피시배크
옮긴이 | 김은영
발행인 | 홍영태
편집인 | 김미란
발행처 | (주)비즈니스북스
등 록 | 제2000-000225호(2000년 2월 28일)
주 소 | 03991 서울시 마포구 월드컵북로6길 3 이노베이스빌딩 7층
전 화 | (02)338-9449
팩 스 | (02)338-6543
대표메일 | bb@businessbooks.co.kr
홈페이지 | http://www.businessbooks.co.kr
블로그 | http://blog.naver.com/biz_books
페이스북 | thebizbooks
ISBN 979-11-6254-292-7 03190

* 잘못된 책은 구입하신 서점에서 바꾸어 드립니다.
* 책값은 뒤표지에 있습니다.
* 비즈니스북스에 대한 더 많은 정보가 필요하신 분은 홈페이지를 방문해 주시기 바랍니다.

비즈니스북스는 독자 여러분의 소중한 아이디어와 원고 투고를 기다리고 있습니다.
원고가 있으신 분은 ms1@businessbooks.co.kr로 간단한 개요와 취지, 연락처 등을 보내 주세요.

알론, 마야, 시라
그리고 토머에게

반드시 끝내는
사람들의 비결은 따로 있다

루돌프 라스페Rudolf Raspe의 1785년 작품 《뮌히하우젠 남작의 모험》에 등장하는 남작은 온갖 기지를 발휘해 말도 안 되는 허풍을 늘어놓는다. 몇 가지 이야기를 살펴보자.

남작은 실수로 달에 던진 도끼를 되찾기 위해 쑥쑥 자라는 콩 줄기를 타고 달에 올라갔다. 한번은 악어와 사자를 맞닥뜨리기도 했다. 사자가 달려드는 순간, 남작은 몸을 숙였고 악어의 입속으로 사자가 돌진한 덕분에 목숨을 구할 수 있었다. 또 한번은 늑대의 목구멍에 팔을 쑥 집어넣어 꼬리를 잡고 확 잡아당겼더니 늑대가 장갑 뒤집히듯 홀라당 뒤집혔다고 한다.

뮌히하우젠 남작이 말을 타고 가다가 큰 늪에 빠지게 된 이야기도 잘 알려져 있다. 점점 가라앉는 말 위에서 남작은 주위를 둘러보며 빠져나갈 방법을 모색했다. 그 순간 기발한 방법이 남작의 머릿속을 스쳤다. 당시 남자들은 머리를 길게 땋고 다니는 것이 예사였다. 남작은 자신의 머리채를 위로 잡아당겨 말과 함께 늪에서 빠져나왔다.

어떻게 머리채만으로 말과 자신의 몸을 늪에서 끄집어냈다는 말일까? 아무리 소설이라지만 허무맹랑하다. 남작의 행동은 물리학 법칙에 어긋나 있지만 우리는 모두 그와 비슷한 상황에 놓여 있다. 우리는 살면서 매순간 중요한 변화를 헤쳐나가야 한다.

오늘 아침 침대에서 몸을 일으켜 세웠을 수도 있고, 열띤 논쟁에서 흥분을 가라앉혔을 수도 있다. 약간의 취기를 느껴 파티장을 빠져나왔을 수도 있다. 새로운 동네로 이사를 하고, 직장생활을 시작하고, 관계를 시작하거나 끝냈다. 진흙 구덩이에서 자신을 일으켜 구해낸 남작의 이야기는 우리 스스로 동기를 부여해야 하는 많은 순간을 빗대어 보여준다.

원하는 삶을 살기로 선택하다

다들 마찬가지겠지만, 나 역시 꽤 많은 일을 헤쳐왔다. 나는 이스라엘 키부츠kibbutz(집단 노동, 공동 소유의 사회주의적 생활 방식을 고수하는 이스라엘 집단 농장의 한 형태—옮긴이)에서 자랐다. 키부츠 공동체는 사유 재산을 거부하고 돈을 더러운 것으로 여긴다. 돈이 여러 사람 손을 거쳐서라기보다 이데올로기가 그랬다. 또 서로 가족이 아니었음에도 방뿐만 아니라 장난감과 옷가지 등 내 물건을 또래의 다른 아이들과 공유했다.

헌재 나는 시카고대학교 경영대학원 교수로 재직 중이다. 시카고대학교는 사유 재산에 부여된 기본 가치를 비롯해 자본주의 이데올로기 수용을 자랑스럽게 여긴다. 대학에 부임하고 첫 주에 나는 한 동료에게 책을 빌려달라고 했다가 정중히 거절당했다. 그는 교수라면 책을 빌리기보다 자신의 책을 가지고 있어야 한다고 친절히 일러줬다. 나는 충격을 받았다. 그리고 새로운 대학, 새로운 동료들이 중시하는 사고방식에 따라 그동안의 사고방식을 과감히 전환하기 위해 부단히 노력해야 한다는 사실을 깨달았다.

이 자리에 있기까지 나는 이미 많은 노력을 해왔다. 내가 속했던 공동체는 교육보다 농업과 육체 노동을 중시했다. 주로 머리 좋은 사람들이나 유용한 것을 배우기 위해 대학 학위를 딴다고 여겼다. 나는 특별히 머리가 좋지도 않았다. 게다가 내가 공부하고 싶었던 심리학은 키부츠에 필요하지 않았다. 키부츠 사람들은 내게 트랙터 운전을 배우고 공학이나 건축학을 배우라고 권했다.

보통 키부츠에서는 1년간 일하면 학비를 대줬다. 하지만 나는 그들이 권하는 일에는 관심이 없었기에 대도시로 이주했다. 텔아비브대학교에서 심리학을 공부하기 위해 빵집에서 일하고 가정집 청소를 하며 돈을 모았다. 오랜 시간 힘들게 일하고, 학교에서 좋은 성적을 받고, 혼자 힘으로 살아가기 위해 최선을 다해야 했다.

그런 성장 과정을 거쳐 지금의 내가 있다. 미국으로 건너와서도 남편과 함께 열심히 살았다. 용기를 내어 미국 시민권을 신청하고, 최선을 다해 사랑스러운 세 아이를 키웠다. 주방을 깨끗이 닦고, 개를 산책시키고, 어린 아들의 공부를 도와주며 소소한 일에도 매일매일 노력을 게을리하지 않았다.

환경이 바뀌면 모든 것이 바뀐다

소중한 것들을 지키거나 무언가를 이루는 삶을 살려면 노력해야 한다. 노력 없이는 조금도 나아갈 수가 없다. 팬데믹 상황인 2020년에 나는 이 책을 집필하기 시작했다. 나 역시 여느 사람들처럼 불안했다. 스스로 동기를 부여하기 위해 집중이 안 되는 상황에서도 안간힘을 썼다.

지난 몇 개월간 건강, 직업, 아이들 교육, 하물며 친구와 커피를 마시는 일까지 세상에 당연한 것은 없다는 사실을 깨달았다. 내 일을 사랑하지만, 항상 의욕적으로 일하기란 어려운 일이다. 자발적 동기부여에 관한 책을 쓰기 위해서 먼저 나 스스로 글을 쓰도록 동기를 부여해야 했다.

어떻게 자발적으로 동기부여를 할 수 있을까? 답은 간단하다. 환경을 바꿔야 한다. 만약 심리학자, 사회학자, 경제학자를 한 방에 모아놓고 동기부여 방법을 묻는다면 하나같이 환경을 바꿔야 행동을 바꿀 수 있다는 기본 원칙을 정답이라고 내놓을 것이다. 이는 행동 과학의 기본 원칙이며 동기 과학science of motivation 분야가 이룬 많은 발견의 기초가 된다.

동기 과학은 비교적 최근에 등장한 학문이다. 하지만 개인 성장과 관련해 환경의 역할에 관심이 커지면서 동기 과학에 대한 관심도 급속도로 늘어났다. 우리는 종종 타인에게 동기를 부여하기 위해 동기 과학의 연구 결과를 활용한다.

기업은 조직의 목표를 세워 직원들이 더 열심히 일하도록 동기를 부여하고, 교사는 학생들이 학업에 매진할 수 있도록 학업 성취에 대한 피드백을 통해 격려하고, 의사는 진찰을 통해 환자가 의료 지시에 잘 따르도록 유도하고, 환경을 생각하는 에너지 기업은 에너지 절약에 관한 정보를 공유해 에너지 보존을 도모한다. 지금껏 우리는 동기 과학의 귀중한 연구 결과를 학생, 동료, 고객 혹은 이웃에게 동기를 부여할 때 적용해왔다.

이러한 동기 과학의 통찰을 자발적 동기부여에도 적용해볼 수 있다. 특정 행동을 유발하는 환경을 바꿔 자신의 행동을 수정할 수 있다. 예를 들어, 배가 고프면 뭐가 됐든 보이는 대로 먹게 된다. 만약 건강에 좋은 음식을 먹고 싶다면 냉장고를 신선한 과일과 채소로 채워 문제를 해결할 수 있다. 아니면 가족들에게 건강에 좋은 것을 먹고 싶다고 말해둘 수도 있다. 그러면 도넛을 집으려고 할 때 가족이 말릴지도 모른다. 그뿐만 아니라 크림이 잔뜩 들어간 도넛을 떠올릴 때 '맛있다'에서 '해롭다'로 인식을 바꿔볼 수도 있다.

앞으로 책에서 소개할 다양한 전략에는 한 가지 공통점이 있다. 바로 환경을 바꾸는 것이다. 냉장고를 채소로 채우면 간식의 선택지를 바꿔놓는 것이 된다. 건강에 좋은 음식을 먹고 싶다고 가족들에게 말해두면 비난받을 행동을 절제할 수 있고, 도넛이 몸에 '해롭다'고 생각하면 말랑말랑하고 부드러운 도넛의 이미지를 바꿀 수 있다.

행동 변화를 이끌어내는 네 가지 원칙

이 책에서는 욕구에 지배되기보다 욕구를 조절하고 통제하는 데 동기 과학을 어떻게 활용할 수 있는지에 관한 과학적 사례들을 다룬다. 성공적인 행동 변화를 이끌 필수 요소 네 가지는 다음과 같다.

첫째, 목표를 설정해야 한다. 연애를 하든, 물구나무서기를 하든, 당신이 전문가든 초보자든, 무언가 결심을 할 때는 목적지부터 정해야 한다. 둘째, 한 지점에서 다른 지점으로 이동하려면 동기를 유지해야 한다. 긍정적이든 부정적이든 성과에 대한 피드백을 요청하고, 자신이 무엇을 했고 앞으로 무엇을 해야 하는지 확인하며 진행 상황을 점검해야 한다.

셋째, 여러 개의 목표를 조율할 줄 알아야 한다. 목표나 소망 중에는 오히려 정반대 방향으로 이끄는 것들도 있다. 따라서 목표를 관리하고, 목표 간 우선순위를 정하고, 적절한 균형점을 찾는 법을 배워야 한다. 마지막으로, 사회적 지지를 활용할 줄 알아야 한다. 혼자서는 목표를 이루기가 어렵다. 더군다나 누군가 방해를 한다면 목표 달성은 훨씬 더 어려워진다. 하지만 주변 사람들로부터 도움을 받는다면 목표 달성이 수월해진다.

성공적으로 행동을 변화시키는 필수 요소 네 가지는 걸음마를 떼는 데 필요한 도구에 불과하다. 성공을 완성하는 레시피에 어떤 재료가 빠졌는지 제대로 알아야 한다. 후추가 빠졌는데 소금을 치면 안 될 일이다. 가령 이미 주변의 도움을 받고 있는데 또 도움을 요청하는 것은 상대의 동기를 높이지 못한다.

목적을 향한 열정이 없다는 데 문제가 있을지도 모른다. 이러한 경우라면 내적 동기intrinsic motivation를 극대화해 성공에 이르게 하는 방법을 찾아야 한다.

이 책에서는 4부에 걸쳐 성공 레시피에 들어갈 각각의 재료를 신중히 다룰 예정이다. 제1부에서는 당신을 결승선으로 이끌어줄 강력하고 구체적인 목표 설정 방법에 대해 중점적으로 살펴본다. 제2부에서는 진행 상황을 점검하는 데 필요한 적절한 방법과 목표 수행 중간에 발생하는 문제를 해결해 끝까지 기세를 몰아가는 방법에 대해 안내한다.

제3부에서는 목표를 수행하는 과정에서 맞닥뜨리게 되는 위기상황을 극복하는 방법을 다루고자 한다. 제4부에서는 목표에 도달하기 위해 노력하는 과정에서 주변 사람들을 어떻게 활용하고, 또 그들을 어떻게 도울 수 있는지 알아본다.

이 책을 통해 우리가 가진 문제가 다양할 뿐 아니라 한 가지 전략으로는 해결할 수 없다는 사실을 이해할 수 있다. 또 행동 변화의 여정을 스스로 설계하고 각자의 환경에 따라 자신에게 적합한 전략을 선택할 수 있을 것이다. 각 장의 마지막 부분에는 스스로 변화의 길을 개척해갈 수 있도록 체크리스트를 실었다. 각각의 질문에 대답해보며 자신이 이루고자 하는 목표가 무엇인지 찾길 바란다. 기회와 장애물을 비롯해 우리가 처한 각각의 환경이 어떠한지도 잊지 않길 바란다.

이 책은 동기 과학의 원리를 우리 자신에게 적용해보자고 건네는 초대장이다. 각자 마음속에 세운 목표 체계가 무엇인지, 목표 유형이 접근 방식에 어떤 영향을 미치는지, 언제 어디서 앞으로 나아가지 못하고 멈춰버리는지 알게 될 것이다. 자신의 머리채를 이용해 진흙 구덩이에서 빠져나온 뮌히하우젠 남작처럼 스스로 중요한 변화를 이끌어내는 법을 배우게 될 것이다.

차례

목표 수행의 절대 원칙

: 실패 없이 성공 없고, 과정 없이 결과 없다

목표 달성을 위한 위기 관리법

제3부

: 슬럼프를 극복할 수 있는 지름길은 반드시 있다

제4부 목표 달성의 숨은 조력자, 사회적 지지
: 함께할 때 더 멀리 나아갈 수 있다

GET IT DONE

제1부

목표 설정의
기본 원칙

: 중요한 것은 의지가 아니라
밀도 있는 계획이다

1996년 5월 10일, 스물세 명의 등반 대원이 에베레스트산 정상에 도착했다. 사방으로 160킬로미터 가까이 내다보며 그야말로 세상 꼭대기에 선 기분이었을 것이다. 하지만 정상에 오르기까지 시간이 오래 걸린 탓에 감격은 오래가지 않았다. 등반 가이드는 슬슬 걱정이 되기 시작했다. 무사히 하산하려면 오후 2시 전에는 출발해야 했다. 정상에 올라 경치를 만끽하던 순간, 시계는 4시를 가리키고 있었다. 가이드는 어쩌면 괜찮을 수도 있겠다고 생각했다. 하지만 날씨가 변덕을 부렸다. 하산을 시작하고 얼마 못 가 하늘이 캄캄해지고 바람이 불더니 눈발이 날리기 시작했다. 등반대는 매우 위험한 상황에 부닥쳤다. 영하의 기온 속에서 밤새 꼼짝없이 산에 갇힐 판이었다. 더군다나 여분의 산소통조차 거의 바닥난 상태였다. 해발 9,000미터에 이르는 산 정상에서 숨을 쉬기란 극도로 어려운 일이다.

오후 9시, 눈보라가 시야를 가리자 등반대는 하산 중단을 결정했다. 눈보라가 잠잠해질 때까지 기다리며 한데 모여 밤을 지새기로 했다. 체감 온도가 영하 40도에 달했고 눈꺼풀은 얼어붙어버릴 지경이었다. 살아서 캠프로 돌아갈 수 있다는 희망이 사라졌다.

날씨가 개자 구조대가 수색 작업을 펼쳤다. 등반대 가운데 다섯 명이 사망하거나 심하게 다쳐 베이스캠프로 돌아갈 수 없었다. 눈보라가 시작될 무렵 산 정상 혹은 근방에 있던 다른 원정대 역시 여덟 명이 목숨을 잃었다. 1996년 5월 10일 밤에 일어난 사고는 에베레스트 산에서 발생한 가장 비극적인 사고 중 하나로 기록됐다. 또한 목표를 좇는다는 것이 때로는 목숨을 잃을 만큼 강력한 힘을 가지고 있음을 보여줬다.

사고를 당한 산악인들에게 에베레스트산 정상에 오르는 일은 궁극의 목표였다. 심지어 기진맥진해 몸을 가누지 못하는 상황에서도 두 명은 포기하지 않고 정상을 향해 나아갔다. 목숨을 버리면서까지 산 정상에 닿고자 했던 신념은 어디서 비롯됐을까?

에베레스트산 정상에 오르겠다는 목표는 강력한 동기로 무장된, 목표가 가질 수 있는 모든 특성을 담고 있다. 첫째, 에베레스트산 등반은 다른 목표의 대체물이나 수단이 될 수 없다. 산악인이라면 모름지기 정상 정복을 꿈꾼다. 산 정상에 오르는 것은 다른 도전의 준비 단계가 아니다. 그들에게 에베레스트산 정상에 닿는 일은 목적이지 수단이 아니다. 그러므로 허투루 할 수 있는 일이 아니다. 둘째, 산 정상에 오르는 일은 성공이 보장되지 않는 목표다. 즉, 과거에 성공했는지는 알 수 있지만 미래에 성공할지는 알 수 없다. 실패할 가능성은 크지만 도전하지 않고서는 그 결과를 알 수 없다. 그래서 더 매력적이다. 셋째, 성공에 따른 보상이 엄청나다. 에베레스트산 정상에 오른 이야기에 귀를 기울이지 않을 사람은 없다. 넷째, 정상 정복은 내재적 목표다. 누군가 관심을 두지 않더라도 본인 스스로 한없이 뿌듯하고 자랑스러울 일이다.

강력한 목표를 설정하는 위의 과정에 네 가지 특성을 적용해보자. 물론, 목표를 현명하게 정해야 한다는 에베레스트산의 교훈도 간과하지 말자. 상황과 능력을 고려하지 않고 정한 목표는 생명을 위태롭게 만들기도 한다. 우리를 잘못된 방향으로 이끌고 행복과 건강은커녕 눈앞에 놓인 위험조차 보지 못하게 한다. 무리한 체중 감량이나 다치기 쉬운 과격한 운동, 불편한 관계 유지가 대표적이다. 목표는 그만큼 강력한 도구이므로 신중히 다뤄야 한다. 아무리 강력한 목표를 세우고 싶더라도 자신에게 적합한 목표인지부터 신중히 따져봐야 한다.

강력한 목표에는 최상의 욕구를 끄집어내는 힘이 있다. 또 목표를 수행할 수 있도록 열정을 북돋운다. 제1부에서는 강력한 목표의 특징에 대해 살펴본다. 강력한 목표는 지루하거나 따분하지 않으며 신나고 즐거운 것이다(제1장). 또한 명확하고 정량화할 수 있으며(제2장), 흥미를 잃지 않도록 보상이 따르고(제3장), 내재적 동기를 높인다(제4장).

무엇을
목표로 삼을 것인가

"여기서 어디로 가야 하는지 알려줄래?" 앨리스가 묻자 체셔캣Cheshire Cat(《이상한 나라의 앨리스》에 나오는 히죽히죽 웃는 고양이―옮긴이)이 대답했다. "그거야 네가 어디로 가고 싶은지에 달렸어."

루이스 캐럴의 유명한 동화책 《이상한 나라의 앨리스》에 나오는 이 대화는 내가 해마다 경영학 수업에서 활용하는 역할극 활동과도 관련 있다.[1] 우선 학생들은 방금 추락한 수상비행기의 승객 역할을 맡는다. 그런 다음 팀별로 인원을 나누고 야생에서 살아남기 위해 필요한 물건들을 정한다. 이때 학생은 두 가지 중 하나를 선택해야 한다. 하나는 성냥이나 도끼 같은 물건을 골라 캠프를 마련하고 구조대가 올 때까지 기다리는 것이고, 다른 하나는 나침반과 지도책을 골라 직접 살길을 찾아 나서는 것이다. 그런데 학생들은 기다릴 것인가 아니면 찾아 나설 것인가라는 목표를 정하지도 않은 채 대부분 물건부터 고른다. 닥치는 대로 상반된 물건들을 고르며 티격태격하다 결국 아무것도 하지 못한다.

한 발짝 떨어져서 보면 앨리스와 학생들이 저지른 실수를 알 수 있다. 하지만 누구나 같은 실수를 반복한다. 특정한 목표를 정하지 않으면 같은 자리를 맴돌기 쉽다. 또 방금 전 자신의 행동이 목표와 상반되더라도 마음속에 가장 먼저 떠오르는 것을 따라가기 마련이다. 예를 들어, 마카롱 만들기 수업에 등록한 날 다이어트를 결심하기도 하고, 새 차 구매를 위해 대출을 받으면서 적금에 가입하기도 한다.

목표는 강력한 동기부여 도구다. 분명한 방향으로 자신을 이끌 뿐만 아니라 나아가게 도와준다. 일단 목표가 정해지면 사람들은 목표 달성을 위해 자신이 가진 여러 방법을 동원한다. 정신적·신체적 노력을 기울이고, 돈과 시간을 투자하고, 인맥을 동원한다. 출산이나 이직 같은 목표를 달성하려면 오랜 시간 지속적으로 노력해야 한다. 건강한 식단이나 운동 같은 목표를 달성하려면 의지력과 자기 통제가 필요하다. 강아지 입양처럼 가벼운 마음으로 정한 목표도 시간이 지나면 비용이 들기 마련이다. 일단 목표를 정하면 기꺼이 비용을 지불하고 대가를 치러야 한다.

강력한 목표는 가장 큰 소망을 이루도록 돕는다. 동기가 부여되기 위해선 목표가 하기 싫은 일이 아닌 강렬한 바람이어야 한다. 예를 들어, 에베레스트산 정복은 강렬한 바람이지만 등산 훈련 과정은 성가시고 힘들다. 법을 공부하는 것은 바람이지만 사법 고시 공부는 하기 싫은 일일 것이다. 부모가 되기를 꿈꾸는 것은 바람이지만, 아이 없이 살기로 했다가 나중에 후회할까 봐 출산을 마음먹었다면 그 바람은 매우 힘겹게 느껴질 것이다.

이러한 예는 목표 수립과 계획에 따르는 함정 세 가지를 보여준다. 첫째, 최종 목표와 상관없이 다른 목표를 이루기 위한 수단으로 목표를 정한다. 둘째, 추상적인 목표 대신 지나치게 구체적인 목표를 정한다. 셋째, 이루고 싶은 목표보다 피하고 싶은 것을 목표로 정한다. 만약 이 세 가지 함정에 빠져버리면 목표가 힘을 잃는다.

목표는 수단이 아니다

강력한 목표는 얻고 싶은 것이지, 수단이 아니다. 옛 격언에도 '가장 중요한 것에 집중하라'라는 말이 있는 것처럼 하기 싫은 일이 아닌, 강렬한 바람을 목표로 정해야 한다.

외식을 한다고 생각해보자. 누구라도 12달러짜리 칵테일 한 잔을 주문할지 말지 망설이지는 않을 것이다. 하지만 같은 액수를 발레 주차비로 지급해야 한다면 잠깐 고민하거나 자리를 찾아 주차장을 두서너 바퀴 돌기도 한다. 엄밀히 말해 주차비는 식당으로 들어가 음식이라는 목표 앞에 앉게 해주는 수단이기 때문에 지불을 망설이는 것이다. 배송비나 선물 포장비 역시 최고의 선물을 하기 위한 수단이므로 지불을 꺼린다. 차라리 선물에 돈을 더 쓰는 게 낫다고 생각한다. 이렇듯 대체로 사람들은 목표에는 투자를 아끼지 않지만, 수단에는 투자를 꺼린다. 온라인 상점을 운영하는 기업 역시 소비자들이 수단에 비용 지출을 꺼린다는 사실을 고려해 제품 가격에 배송비를 포함시켜 배송비가 무료라는 인상을 준다.

프랭클린 샤디Franklin Shaddy와 내가 연구한 바에 따르면, 수단의 비용에 지출을 꺼리는 현상의 효과는 주목할 만하다. 우리는 경영학 석사 과정에 있는 학생들을 대상으로 실험했다. 사람들이 배송비 지출을 꺼리듯 학생들은 수단에 드는 비용 지출을 피하기 위해 전반적으로 더 큰 비용을 지출할 의향이 있는 것으로 나타났다. 첫 번째 그룹을 대상으로 경제학도들이 귀하게 여기는 책과 관련한 실험을 진행했다. 우리는 저명한 경제학자 리처드 탈러Richard Thaler의 서명이 있는 책을 경매에 부쳤다.[2] 평균 입찰가는 23달러였다. 그리고 첫 번째 그룹과 비슷한 성격의 다른 그룹을 대상으로 토트백을 경매에 부쳤다. 토트백 안에는 같은 책을 넣어두었다. 가장 높은 입찰가를 제시하면 가방과 책을 모두 얻을 수 있으므로 가방 경매에 입찰하는 것이 경제적으로 더 유리한 선택이었다. 놀랍게도 두 번째 그룹의 평균 입찰가는 첫 번째 그룹보다 적은 12달러였다. 경제적 측면에서 봤을 때 토트백의 가치는 마이너스였다. 토트백을 추가하자 오히려 거래의 가치가 떨어진 셈이다. 이런 결과가 의미하는 것은 무엇일까? 학생들은 공짜 책 한 권 들어가는 게 다인 가방에 많은 돈을 지불하고 싶지 않았던 것이다. 이로써 사람들은 수단에 투자하기를 원하지 않는다는 사실이 다시 한번 확인됐다.[3]

따라서 비용보다는 이득 측면을 고려해 목표를 선택해야 한다. '이력서 제출'보다는 '취업'으로, '계약금 마련을 위한 저축'보다는 '내 집

마련'으로 목표를 정하는 것이 좋다. 취업을 하고 집을 마련하는 일은 바라는 결과다. 반면, 이력서 작성과 계약금 마련을 위한 저축은 결과를 얻는 데 필요한 값비싼 수단이다. 즉, 목표 달성은 신나고 즐거운 일이지만 수단을 처리하는 과정은 성가신 일이다.

추상적인 목표를 세워라

새 직장을 찾는다고 해보자. 그럼 목표를 '취업 기회 탐색'이나 '구인 공고 확인 후 지원서 제출'로 정할 수 있다. 둘은 목표는 같지만, 표현 방식이 다르다. '구인 공고 확인'은 취업 기회 탐색 방법에 관한 구체적인 설명이고, '취업 기회 탐색'은 구인 공고를 읽어야 하는 이유에 관한 추상적인 설명이다. 같은 목표를 말하고 있지만, 동기부여 측면에서 봤을 때는 '구인 공고 확인'보다 '취업 기회 탐색'이 더 효과적이다. 구체적인 목표는 행동을 강조하므로 목표를 번거로운 일거리로 만든다. 반면, 추상적인 목표는 행동 이면에 담긴 의미를 강조한다.

추상적인 목표일수록 목표 달성에 필요한 행동보다 성취하려고 노력하는 그 자체를 설명한다. 즉, 행동 이면에 담긴 목적을 담아내며 목표가 지향하는 바를 보여준다. 구체적인 목표일수록 최종 목표에 이르는 길, 다시 말해 수단을 명시할 뿐이다.

목표를 추구하는 과정에서 추상적인 사고방식을 기른다면 목표가 덜 성가시게 느껴진다.[4] 만약 매일매일의 삶을 추상적으로 바라본다면, 다시 말해 행동의 목적과 의미에 초점을 둔다면 구체적인 목표의 지향점 역시 추상적으로 바뀔 것이다. 심리학자 켄타로 후지타Kentaro Fujita와 그의 동료들은 이 같은 원리를 확인하기 위해 실험 참여자들에게 '이유'(추상적) 혹은 '방법'(구체적)에 관해 질문하고 그들의 대답에 따라 추상적/구체적 사고 체계를 분류했다. 예를 들어, 참여자들에게 "왜 건강을 유지하나요?" 혹은 "어떻게 건강을 유지하나요?"와 같은 질문을 했다. 몇 가지 응답을 마치고 참여자들은 자신이 받은 질문에 따라 자신의 목표를 더 추상적으로 혹은 더 구체적으로 바라보기 시작했다. '이유'를 묻는 질문에 대답한 사람들은 목표를 위해 투자를 아끼지 않고 더 노력하는 것으로 나타났다. 심지어 손잡이를 잡을 때도 더 힘주어 잡는다고 했다.

물론 목표를 지나치게 추상적으로 설정하면 목표가 모호해진다는 단점이 있다. 구체적인 행동으로 이어지지 않기 때문에 추진력이 떨어진다. 예를 들어, '새로운 직업 탐색'보다 '성공'이, '교회 출석'보다 '도덕적 순결'이 실행에 옮기기 어렵다. 성공과 도덕적 순결을 목표로 삼으면 구체적이고 분명한 수단이 없으므로 비효율적인 목표가 돼버린다. 사람들은 A 지점에서 B 지점으로 가는 분명한 길이 보이지 않으면 길을 찾으려 하기보다 목표를 마치 잡히지 않을 꿈처럼 대한다.

사람들은 자신이 일단 목표를 이루면 삶이 어떻게 될지를 상상한다. 졸업식 가운을 입으면 어떨까, 메달을 따면 어떨까, 웨딩드레스를 입으면 얼마나 좋을까를 마음속에 그린다. 하지만 꿈은 행동을 유도하지 않는다. 명예롭게 졸업하는 모습을 꿈꾼다고 해서 꼭 열심히 공부하는 건 아니다. 5킬로미터 단축 마라톤대회에서 1등을 거머쥐는 꿈을 꾼다고 해서 더 달리지 않으며, 결혼식장에 걸어 들어가는 꿈을 꾼다고 해서 더 많은 데이트를 계획하는 건 아니다.

심리학자 가브리엘 외팅겐Gabriel Oettingen과 토머스 바덴Thomas Wadden은 체중 감량 프로그램 참여자들에게 얼마나 살을 뺄 수 있을지(기대치) 와 체중 감량에 대해 얼마나 많은 환상을 가졌는지를 실험 시작 전 에 체크하게 했다. 1년 후, 기대치가 높았던 사람들이 기대치가 낮았 던 사람들에 비해 체중을 더 많이 감량한 것으로 나타났다. 반면, 체 중 감량에 대해 큰 환상을 품었던 사람들은 체중 감량을 많이 하지 못했다.[5]

꿈이나 환상은 자신의 기분을 좋게 만들지 몰라도 동기부여 도구 로는 대체로 효과적이지 않다. 목표가 지나치게 추상적이면 행동으 로 옮기기 전에 공상이 될 위험이 크다. '행복'보다는 '정신 건강 향상' 이 낫다. 이렇듯 목표는 적당히 추상적이어야 목적을 담을 수 있고 목 표 달성에 필요한 행동도 놓치지 않는다. 또한 '치료 시작'처럼 다음 에 무엇을 해야 할지 즉각적으로 알 수 있어야 한다. 목표가 적당히 추상적일 때 현재 위치와 목표 위치를 비교해 목적지 도달에 필요한 계획을 수립할 수 있다.

긍정적인 목표가 더 좋다

다시 한번 외식을 예로 들어보자. '건강에 좋은 음식 먹기'와 '건강에 나쁜 음식 피하기' 중에 어느 것을 목표로 하면 좋을까? 운동 경기를 한다면 '승리하기'와 '패배하지 않기' 중 어느 것을 목표로 정해야 할까? '접근'approach 목표라고도 알려진 '긍정'do 목표는 자신이 도달하고자 하는 바람직한 상태에 초점을 둔다. 따라서 건강에 좋은 음식 먹기나 경기에서 이기는 쪽으로 우리를 이끈다. 반면, '회피'avoidance 목표로 알려진 '부정'do not 목표는 피하고 싶은 상태로부터 우리를 멀어지게 한다. 이는 본질적으로 '반反목표'다.

접근 목표를 목표로 정하면 현재 지점과 도달하고자 하는 지점의 거리를 좁혀가며 목표를 향해 움직이게 된다. 반면, 회피 목표를 목표로 정하면 현재 지점과 피하고자 하는 지점의 거리를 넓혀가며 목표에서 멀어지게 된다.

만약 목표를 부정 목표로 정하면 목표가 곧 일거리로 여겨진다. 목표를 수단의 일부로 정하거나 지나치게 구체적으로 정했을 때 목표가 일거리로 여겨지는 것과 마찬가지다. 그래서 교내 농구 챔피언 결정전에서 승리하고 싶다면 '패배하지 않기'라는 회피 목표보다 '승리하기'라는 접근 목표로 정하는 것이 더 바람직하다.

사고 억제에 관한 연구에서 회피 목표의 부정적 측면을 보여주는 가장 강력한 사례를 찾아볼 수 있다. 예를 들어 사무실에서 일어난 불쾌한 논쟁 떠올리지 않기, 전 애인에 대한 집착 버리기, 머릿속에 맴도는 불쾌한 멜로디 떨쳐내기처럼 무언가를 '마음속에서 떨쳐내야겠다'는 목표를 생각해보자. 요즘 들어 내 아들은 밤낮으로 바이올린 연습을 한다. 바이올린 선생님은 아들에게 매우 신나는 음악으로 연습을 시킨다. 아들의 연습이 끝나고 나서도 그 흥겨운 멜로디는 계속 내 머릿속을 맴돈다. 그 멜로디를 떨쳐낼 수만 있다면 점점 실력이 향상되는 아들의 연주를 듣는 것만큼이나 행복할 것 같다.

대니얼 웨그너Daniel Wegner의 유명한 실험에서도 나의 고군분투와 같은 상황을 재현했다.[6] 실험은 아주 간단하다. 웨그너는 피실험자들에게 "백곰에 대해 생각하지 말라."고 했다. 물론 웨그너의 말을 들은 피실험자들은 머릿속에서 백곰에 관한 생각을 떨쳐낼 수가 없었다. 누구라도 이런 상황에서는 백곰을 떠올릴 것이다. 백곰이든, 동료든, 전 애인이든 지금 당장 생각을 멈추려는 것은 당신의 사고를 억누르려는 시도다. 당신은 불쾌하거나 금지된 무언가를 생각하게 하는 반反목표에서 멀어지길 바란다. 바로 이것이 회피 목표다.

생각하지 않으려 할수록 어느새 더 집착하게 된다. 그만큼 생각을 억제하기란 매우 어렵다. 심지어 특정 생각을 억누르려고 노력하면 노력할수록 오히려 수면 위로 떠오른다. 자신이 성공적으로 생각을 잘 억제했는지 판단하려면 그 생각을 하는지, 하지 않는지 다시 한번 스스로 물어봐야 하기 때문이다. 단순히 확인하려는 행동이 금지된 생각을 다시금 떠올리게 만드는 모순적 현상이다. 그래서 억제를 '모순적 정신 통제'ironic mental control라고 부른다. 더구나 억제는 전혀 흥미롭지 않은 일종의 난제이자 성가신 일이다.

회피 목표가 성가신 일에 가깝다 보니 강력한 목표로서 가치는 덜하지만 동기부여에 전혀 효과가 없는 것은 아니다. 사람과 상황에 따라 효과적일 수도 있다.

목표에 접근할 때 유독 강하게 반응하는 사람들이 있다. 심리학적 용어로 강력한 행동 접근 시스템BAS, Behavioral Approach System을 가진 이들로, '접근자'approacher라고 부른다. 예를 들어 이들은 경기할 때 승리를 바란다. 반면, 참고 인내하며 회피 목표에 반응하는 사람들도 있다.

심리학적 용어로 행동 회피 시스템BIS, Behavioral Inhibition or avoidance System을 가진 이들로, '회피자'avoider라고 부른다. 이들은 경기할 때 패배하지 않기를 바란다.

자신이 접근자인지 회피자인지 알아보려면 "무언가를 원할 때 나는 대체로 원하는 것을 얻기 위해 전력을 다한다.", "좋아하는 것을 할 수 있는 기회가 생기면 나는 그 즉시 흥분한다."와 "나는 실수를 할까 봐 두렵다.", "나는 비난이나 질책에 상처받는다." 중 어느 쪽에 해당하는지 떠올려보면 된다.[7] 전력을 다하는 쪽이라면 접근자이고 실수와 비난을 두려워하는 쪽이라면 회피자다.

자신이 접근 목표에 집중할지, 회피 목표에 집중할지는 상황에 따라 결정되곤 한다. 만약 자신이 우세한 상황에 있다면 접근 목표로 동기가 활성화된다.[8] 가령, 상사의 입장이라면 직원들이 자신을 좋아하기를 바랄 것이다. 이는 접근 목표에 해당한다. 반면, 인턴 사원의 입장이라면 미움 받지 않기를 바랄 것이다. 이는 회피 목표에 해당한다.

회피자나 회피하고 싶은 상황에 놓인 사람들에게는 회피 목표가 동기부여에 더 효과적이다. 설치류나 조류를 대상으로 동기를 연구하는 행동주의 심리학자들은 반反목표에서 벗어나려는 현상, 다시 말해 부정적 결과를 없애려는 행동을 '부정적 강화'negative reinforcement로 설명할 수 있다고 주장한다. 1940년대 심리학자 버러스 프레더릭 스키너Burrhus Frederic Skinner는 회피 기제 연구에 쥐를 실험하고자 '스키너 상자'를 만들었다. 그는 상자 바닥에 전기 회로를 설치해 쥐들이 움직일 때마다 전기 충격을 줬다. 쥐들은 전기 충격을 피해 이리저리 돌아다녔고 전기 공급을 끊어버리는 레버에 부딪치기도 했다. 차츰 쥐들은 전기를 끊으려면 레버가 있는 쪽으로 움직이면 된다는 것을 알게 됐다.

우리도 이와 같은 학습을 한다. 바닷가에 갔다가 햇볕에 심하게 한 번 타고 나면 다음번에는 자외선 차단제를 바른다. 자동차 사고를 당하지 않았더라도 부상에 대한 두려움으로 안전띠를 매고 헬멧을 쓴다. 이러한 행동은 회피 목표에 의해 활성화되고 '부정적 강화'가 된다. 회피 목표를 추구해 부정적 결과를 피하는 것이다.

회피 목표는 피해를 예방하고 위험을 피하고자 하는 상황에서 더욱 강력하게 작용한다. 자외선 차단제를 바르는 행위의 목표는 건강한 피부 유지보다 햇볕에 타지 않는 것이다. 헬멧을 쓰는 행위의 목표는 머리뼈를 온전하게 유지하는 것보다 부상을 피하는 것이다.

목표를 세울 때는 목표와 목표가 지향하는 것이 일치하는가, 즉 '적합성'fit도 고려해야 한다. 가령, 안전에 관한 목표는 위험에서 벗어나려는 지향과 일치하는 것이 좋다. 이와는 달리 데이트를 결심한 경우에는 거절을 피하는 방향보다 로맨스를 향해 움직이는 것이 적합하다.

심리학자 토리 히긴스Tory Higgins는 '당위적'ought 목표와 '이상적'ideal 목표를 구분했다.[9] 당위적 목표란 문단속을 하고 가족을 돌보는 일처럼 우리가 마땅히 해야 하는 일들을 말한다. 이상적 목표란 반드시 해야 하는 일은 아니지만, 우리가 바라고 소망하는 일들을 말한다. 이 책을 읽는 것, 혹은 경영학 학위를 받는 것이 이상적 목표에 해당한다. 당위적 목표를 추구할 때는 손실을 피하는 것이 타당하며, 이상적 목표를 추구할 때는 목표에 접근하는 것이 타당하다. 예를 들어, 안전이 목표라면(당위적 목표), 나 자신과 소유물에 피해가 가지 않도록 목표를 세워 동기를 부여할 수 있다. 합창단에 들어가는 것이 목표라면(이상적 목표), 특정 음역 익히기를 목표로 세워 동기를 부여할 수 있다.

일반적으로 접근 목표는 더 흥미로워 보이는 것들인 반면, 회피 목표는 더 시급해 보인다. 예를 들어, 다음의 문장을 완성해보자.

A. "나는 (　　　)를 피해야 한다."
B. "나는 (　　　)을 성취하고 싶다."

A 문장과 B 문장을 비교해보자. A 문장은 더 시급해 보이고 덜 흥미로워 보이는 회피 목표의 예다. B 문장은 더 흥미로워 보이고 시간상으로 더 여유 있어 보이는 접근 목표의 예다. 만약 '패배하지 않기'가 목표라면 '승리하기'가 목표일 때보다 시급한 문제라고 여기게 될 것이다. 따라서 '패배하지 않기'를 목표로 세우면 좀 더 빠르게 반응할 테고, '승리하기'를 목표로 세우면 인내심을 가지고 장기적으로 목표를 이루려고 할 것이다.

마지막으로 접근 목표를 추구하느냐, 회피 목표를 추구하느냐에 따라 감정이 달라진다.[10] 접근 목표를 달성하면 행복, 자긍심, 열정을 얻는다. 승진을 했을 때 느끼는 뿌듯함 같은 감정이 대표적이다. 만약 승진하지 못했다면 슬픔과 우울을 느낀다. 반면, 회피 목표를 달성하면 안도감, 편안함, 느긋함을 느낄 수 있다. 예를 들어 유방암을 피하고 싶다는 당위적 목표에 따라 유방 조영 검사를 했다고 생각해보자.

결과가 음성이라면 마음이 놓일 것이다. 반대로 양성이라면 불안, 두려움, 죄책감을 느낀다.

동기 과학은 감정과 정서가 매우 중요하다는 사실을 보여준다. 감정과 정서는 목표에 관한 피드백을 제공하고 동기부여를 위한 감각기관 역할을 한다. 누구나 기분이 좋으면 목표 수행이 순조롭게 진행되고 있고 기분이 나쁘면 수행 과정이 뒤처지고 있다고 느낄 것이다. 그만큼 감정과 정서의 피드백은 즉각적으로 이루어지며 쉽게 인지할수 있다.

전반적인 목표 달성 과정에 있어 감정은 추가적인 동기 요인이자하위 목표 역할도 한다. 행복이나 안도감 같은 긍정적 감정은 보상의역할을 하고, 불안이나 죄책감 같은 부정적인 감정은 처벌의 역할을한다. 목표를 이루고 싶거나, 목표를 달성하면 행복해지거나, 목표를달성해나가고 있거나, 목표 달성 실패가 괴로울 때 동기부여가 이뤄진다. 이렇듯 감정은 강력한 동기 요인이다. 심지어 자신을 자극하기위해 감정을 이용할 수도 있다. 예를 들어, '적당한 때'에 기뻐하기로마음먹을 수 있다. 스카우트 제안을 예상하고 있지만, 공식적으로 발표될 때까지 기쁨을 표현하지 않는 경우다. 설레발을 치고 싶지 않다고 말하겠지만 사실은 기뻐할 '적당한 때'를 기다리는 것이다(제3장에서 보상에 대해 다룬다).

접근 목표와 회피 목표의 미묘한 차이를 이해하고 자신이 처한 상황에 어떤 유형의 목표가 더 효과적인지 이해한다면 목표 설정의 달인이 될 수 있다. 일반적으로 성공과 건강을 향해 나아가는 접근 목표가 실패와 질병을 피하려는 회피 목표보다 동기부여에 효과적이다.

따라서 '하지 마라' 식의 회피보다는 '하라' 식의 접근의 관점에서 목
표를 설정하고 설정된 목표에 따라 조정해나가는 것이 좋다.

◁ 반드시 끝내는 사람들의 체크포인트 ▷

목표는 강력하다. 일단 목표가 정해지면 누구나 목표를 이루고 싶어 한다.
목표는 행동을 변화시키고 발전을 앞당긴다. 따라서 목표 설정을 대수롭게
여겨서는 안 된다. 목표를 어떻게 정하느냐에 따라 파급력이 달라진다. 목
표가 흥미롭지 않고 성가시게 여겨진다면 목표가 가진 진정한 힘을 잃게
된다. 흥미진진한 목표를 세우고 싶다면 먼저 다음의 질문을 생각해보자.

1 목표를 세웠는가? 나에게 적합한 목표인가? 자신과 자신이 바라는 모
   습에 최적인 목표인가? 목표가 무엇을 담고 있는지 제대로 알아야 한다.

2 내가 정한 목표를 스스로에게 어떻게 설명할 것인가? 수단을 목표로
   세우진 않았는가? 목적에 집중할수록 더욱 흥미진진해지는 목표인가?

3 목적지로 가는 방법과 방향을 놓치지 않게 도와줄 최상의 추상적인 목
   표인가?

4 불편한 상태를 회피하기보다 신체적·정신적 안락을 추구한다는 관점
   에서 목표를 정했는가? 회피 목표는 더 시급한 문제처럼 보이겠지만,
   접근 목표가 더 많은 동기를 부여할 것이다.

제2장

실현 가능한
목표를 설계하라

핏빗Fitbit(착용자의 운동량, 건강 상태 등을 체크할 수 있는 스마트밴드—옮긴이)을 켜면 '일일 만 보 걷기'가 뜬다. 하루에 만 보를 걸으면 건강에 좋다는 것은 누구나 아는 사실이다. 그렇다면 '1만'이라는 숫자는 어디서 왔을까?

수십 년에 걸친 철저한 연구 끝에 건강 유지에 필요한 최적의 걸음걸이 수를 연구자들이 찾아냈다고 생각하기 쉽다. 하지만 실상은 그다지 과학적이지 않다. '하루 만 보 걷기'는 일본의 한 만보기 회사의 광고에서 유래했다.

1960년대, 일본은 1964년 도쿄 올림픽 준비로 한창이었다. 세계 각국 선수들이 도쿄를 찾는다는 기대에 발맞춰 일본인은 체력 관리에 관심을 갖기 시작했다. 그리고 당시 일본인에게 골칫거리였던 고혈압, 당뇨, 뇌졸중과 같은 질병 예방과 퇴치에 운동만 한 게 없다는 사실을 깨달았다. 더구나 걷기는 특별한 장비도 필요 없을 만큼 손쉬운 운동이었다. 가족이나 친구들과 가볍게 할 수 있어 점차 걷기 모임도 늘어나기 시작했다.

마침 일본의 한 보건학과 교수가 하루 만 보 걷기가 이상적이라고 결론짓고 걸음 수를 측정할 수 있는 만보기를 발명했다. '만포케이'Manpokei라는 제품명도 '만 보를 재는 기계'라는 의미였다. 광고에서는 연신 "하루 만 보씩 걸읍시다!"라고 신나게 외처댔다. 50여 년이 지난 지금, 일본인은 여전히 하루 만 보 걷기를 실천하고 있다. 세계에서 가장 건강한 국민으로도 꼽힌다.

걷기라는 목표도 물론 중요하다. 하지만 일본인의 건강과 만보기 판매를 현실화한 핵심은 따로 있다. 바로 걷기라는 목표에 숫자를 매긴 교수의 선택이었다. 대체로 목표를 정확한 수치로 정하면 최고의 결과를 낳는다. '많이 걷기'보다 '하루 만 보 걷기'가 더 효과적이다. '달리기 시작하기'도 좋지만, '5시간 안에 시카고 마라톤 완주하기'와 같은 목표가 더 효과적이다.

'수치'numerical 목표는 보통 '1만 달러 저축'처럼 '얼마나 많이'와 '1년 안에'처럼 '얼마나 빨리'의 두 가지 유형으로 나뉜다. 수치 목표는 긍정적인 영향력이 인정된 동기 과학의 오랜 주제일뿐만 아니라 목표에 관한 일상 대화에서도 자주 등장한다. 워낙 자주 언급되다 보니 우리가 목표를 정하고 있는 것인지 목표치를 정하고 있는 것인지 헛갈릴 때도 있다. 예를 들어, 사람들은 흔히 "내 목표는 1만 달러를 절약하는 거야."라고 말한다. 그런데 사실 목표는 돈을 절약하는 것이다. 1만 달러는 그저 목표치일 뿐이다.

목표치를 정하는 이유는 단순하다. 효과적이기 때문이다. 목표치가 있으면 목표를 향해 나아가도록 이끌어줄 뿐만 아니라 진행 상황도 쉽게 점검할 수 있다. 심지어 언제 멈추고 언제 속도를 늦춰야 하는지도 알 수 있다. 일단 목표치가 정해지면 목표한 숫자에 정확하게 도달할 때까지 큰 관심을 갖게 된다. 자연스럽게 동기부여도 이뤄진다.

1만 달러를 목표치로 정했다면 9,900달러를 저축해도 만족하지 못한다. 심지어 1만 1,000달러를 저축해도 정확히 1만 달러를 저축하는 것만큼 만족스럽지 못할 것이다. 자신이 정한 목표치에 도달하지 못했다면 100달러도 무척 간절하게 느껴진다. 반면, 목표치에 도달했다면 100달러 정도는 덜 중요해진다. 대체로 목표치에 미달되면 무조건 손해로 간주하고 손해가 발생하지 않도록 무척 애를 쓴다.[11] 반대로 목표치를 초과하면 이득이고 좋은 일이지만 그것이 반드시 마음의 평화를 가져다주지는 않는다.

심리학자 대니얼 카너먼Daniel Kahneman과 아모스 트버스키Amos Tversky는 이러한 원리를 가리켜 '손실-회피'loss-aversion라고 불렀다.[12] 인간은 자신이 뭔가를 손해 봤다고 느끼면 크게 실망하고 때로는 분노한다. 하지만 자신이 기대했던 것보다 조금 더 많이 얻으면 크게 신경 쓰지 않는다. 손실-회피 원리에 따라 우리는 목표치를 초과하기보다 목표치에 도달하기 위해 최선을 다한다.

마라톤 선수를 예로 들어보자. 마라톤 선수의 목표는 가능한 한 빨리 결승선에 도달하는 것이다. 선수들은 종종 '네 시간'처럼 특정 시간 이내로 완주하는 것을 진정한 성취로 여긴다. 1,000만 명의 선수를 분석한 결과, 4시간 1분보다 3시간 59분에 완주하는 선수들이 더 많았다. 즉, 많은 선수가 자신이 목표한 시간을 살짝 넘기기보다 살짝 임박해 결승선을 통과하는 것으로 나타났다.[13] 마라톤 선수들은 결승선에 가까워질수록 목표 시간 안에 도달할 가능성이 크다고 생각해 더 열심히, 더 빨리 달린다. 그렇게 선수들은 자신이 정한 시간에 임박해 결승선을 통과한다. 그리고 목표 달성을 위해 마지막 순간까지 전력을 다해 달린다.

영리한 마케터들은 목표치에 도달하려는 우리의 욕구를 이용해 보상 프로그램을 고안해냈다. 한 연구가는 항공사에서 운용하는 마일리지 적립 기반의 우대 고객 프로그램에서 높은 등급을 눈앞에 둔 사람들의 행동 방식을 연구했다. 그 결과 승급 조건에 가까워질수록 고객들은 비행기를 더 많이 이용하는 것으로 나타났다.[14] 하지만 가장 높은 등급 조건인 연 10만 마일을 채우고 나면 고객들의 항공편 이용 횟수가 줄어들었다.

목표치에 도달하고 나면 행동 방식이 어느 정도 재설정$_{reset}$되기 때문에 이러한 현상이 벌어진다. 목표 삼은 위치에 도달하기까지 마일리지 적립이 필요하다면 중요하게 여기지만, 다음 해를 목표로 이제 막 마일리지 적립을 시작했다면 덜 중요해진다. 마라톤 네 시간 완주를 달성했다면 다음 마라톤 때까지 쉬어갈지도 모른다.

목표치는 자신을 앞으로 나아가게 할 뿐만 아니라 진행 상황 점검을 쉽게 만들어주기 때문에 동기부여에 효과적이다. 1960년대에 개발된 초기의 목표 추구 모델에서는 목표 추구를 수치화된 목표에 다가가는 과정으로 설명한다. 인지심리학의 창시자 가운데 한 사람인 조지 밀러George Miller 는 '토트'TOTE, Test-Operate-Test-Exit 모델을 제안했다.[15] 다소 기계적인 이 동기 모델에 따르면 인간은 목표를 설정하고 나면 목표까지 남은 거리를 '확인'(T) 혹은 점검한다. 그런 다음 '작동'(O)하고, 다시 말해 목표를 향해 나아가고, 다시 목표치까지 얼마나 남았는지 '확인'(T)한다. 목표를 달성할 때까지 '확인–작동–확인'의 과정을 반복하고 목표에 다다르면 이 과정을 '종료'(E)한다.

몇 년이 지난 지금도 토트 모델은 여전히 인기를 누리고 있다(제5장에서 더 다룬다). 이 목표 추구 모델의 핵심은 간단하다. 일단 목표를 설정한 뒤 목표로부터 얼마나 떨어져 있는지 확인하고 그 간격을 메우기 위해 노력해야 한다는 것이다. 동기 과학에서는 도전 의식을 북돋우고, 측정 가능하며, 실행 가능하고, 스스로 정한 것을 좋은 목표라고 규정한다. 이제 목표가 가진 힘을 이해했으니 목표를 현명하게 정해보자.

도전의식을 자극하라

효과적인 목표를 설정할 때 필요한 첫 번째 요소는 '낙관성'optimistic이다. 자신이 원하는 대로 목표를 정하라고 하면, 대부분 낙관적으로 생각하는 경향이 있다. 하지만 당신이 남들과 다르지 않다면 어제 혹은 지난달에 끝내야 했을 일을 지금 하고 있을지 모른다. 처음에 정했던 낙관적인 계획대로라면 더 많이 해야 했을 것이다. 그렇다고 그게 잘못이라는 것은 아니다.

자신이 실제보다 더 많은 일을 더 빨리할 수 있다고 낙관적으로 생각하는 데는 두 가지 이유가 있다. 첫째, 우리는 완벽한 설계자가 아니기에 '계획 오류'planning fallacy가 생긴다. 이는 일을 수행하는 데 필요한 시간과 자원을 과소평가하는 경향을 말한다. 연초에 소득세를 신고할 계획이었든, 예산 범위 내에서 집을 수리할 계획이었든, 솔직히 말해 실행하지 않을 가능성이 크다. 심지어 세세한 계획이 필요하다고 예상되는 대형 건축물 프로젝트조차도 계획 오류에 빠지는 경우가 많다.

1959년에 덴마크 건축가 예른 웃손Jørn Utzon은 시드니 오페라 하우스 착공에 들어갔다. 처음 계획으로는 완공까지 4년, 건축비로 700만 달러를 예상했다. 그러나 1966년에 웃손은 자리에서 물러났다. 완공은 이미 몇 년째 늦어졌고 예산마저 바닥나 직원들 임금조차 줄 수 없었기 때문이다. 새로운 건축가가 업무를 인계받았지만 1973년이 돼서야 오페라 하우스는 완공됐다. 애초 계획보다 10년이나 더 걸렸고 비용도 1억 200만 달러가 들었다.

놀랍게도 사람들은 과거에 저지른 실수를 알면서도 여전히 계획 오류를 반복한다. 지난번 실수에서 교훈을 얻었다고 말하면서도 세금 납부를 미루고 집수리 비용을 실제보다 적게 책정한다.

우리는 낙관적 계획 오류로 인해 생기는 실수를 바로잡고 싶어 한다. 낙관적 계획 오류로 생기는 실수는 시간과 비용을 계획할 때 다른 요구들은 무시한 채 당면한 문제에만 집중하는 경향 때문에 일어난다. 2월의 계획이 세금 납부뿐이라면 문제없겠지만 생일파티, 축구 경기, 무용 발표회, 저녁 모임, 진료까지 더해지면 여유로워 보이던 시간이 더 이상 여유롭지 않게 느껴진다.

둘째, 전략적인 이유로 인해 지나치게 낙관적인 목표를 정한다. 누군가에게 깊은 인상을 주기 위해서, 계약을 맺기 위해서, 무엇보다 스스로 동기를 부여하기 위해서 등 이유는 다양하다. 사람들은 낙관적 목표를 정하며 목표 달성을 다짐한다. 대부분 수치 목표가 가진 힘을 본능적으로 알고 있어서 일부러 과도할 정도로 낙관적인 목표를 정한다.

대표적인 예를 들어보자. 매사추세츠공과대학교 경영학과 교수였던 댄 애리얼리Dan Ariely는 학생들에게 이례적인 자유를 줬다. 과목을 이수하려면 학기가 끝나기 전까지 세 편의 짧은 논문을 작성해야 한다. 경영학과 학생들은 교수가 당연히 과제 제출 기한을 엄격하게 따질 거라고 생각한다. 하지만 애리얼리는 학생들에게 선택권을 줬다.

학생들은 각자 제출 기한을 정하거나 특정 기한 없이 언제든 원하는 때에 과제를 제출할 수 있었다. 대부분은 제출 기한을 놓치면 감점되는 걸 알면서도 기한을 정하는 쪽으로 선택했다.[16] 그들이 어리석어서 기한을 정한 것이 아니다. 제출 기한을 정한 학생들은 기한을 지키기 위해 과제를 일찍 시작했고 제출 기한은 그들에게 동기부여가 됐다. 반면, 제출 기한을 정하지 않은 학생들은 동기부여가 될 만한 요소가 없었다. 실험 결과는 마감 기한이 다가와야 사람들이 일에 착수한다는 사실을 확인시켜준다(제10장에서 이와 관련 있는 '사전 약속'에 대해 더 살펴본다).

낙관적인 목표 덕분에 사람들은 종종 도전을 선택하기도 한다. 아직은 무리라는 걸 알면서도 '마라톤을 네 시간 안에 완주하기'를 계확한다. 하지만 네 시간 안에 마라톤을 완주하겠다는 다짐은 강도 높은 훈련을 위한 동기부여가 된다. 지나치게 낙관적인 도전이라 생각하지만 실패를 하더라도 기대가 없는 것보다는 기대가 큰 편이 더 낫다. 자발적 동기부여도 없는 것보다는 오히려 지나친 것이 더 낫다.

비록 제출 기한을 지키지 못하더라도 동기부여를 위해 낙관적인 목표를 전략적으로 활용할 수 있다. 잉 장Ying Zhang과 나는 애리얼리의 연구와 유사한 연구를 통해 이를 확인했다. 우리는 학생들에게 제출 기한을 유동적으로 정하도록 했다. 그리고 과제를 기한 내에 의무적으로 끝내는 대신 과제를 끝낼 때까지 걸리는 시간을 예상하게 했다. 강제성을 없애기 위해 예상 시간을 어겨도 감점하지는 않았다. 단, 같은 과제를 제시하고 집단을 둘로 나눠 각각 다른 내용을 전달했다. 한 집단에게는 과제가 어려울 것이라고, 다른 집단에는 과제가 쉬울 거라고 알려줬다.

우리는 학생들이 스스로 동기부여를 하기 위해 제출 기한을 앞당기는지 여부를 알아보기 위해 '어려운' 과제 집단과 '쉬운' 과제 집단 간의 제출 기한을 비교해봤다.[17] 그 결과, 과제가 어려울 거라고 예상한 집단이 쉬울 거라고 예상한 집단에 비해 과제를 빨리 끝내겠다고 답했다. 왜 어려운 일일수록 더 빨리 끝내려는 걸까? 학생들의 대답에 놀랄 수도 있겠지만 예상했던 바였다. 어려운 과제를 예상한 학생들은 과제를 빨리 해야겠다고 생각하고 스스로 동기부여를 하기 위해 제출 기한을 앞당겼다.

우리는 과제의 난이도 예상치가 예측과 수행에 어떠한 영향을 미치는지 살펴보기로 했다. 이를 위해 실제로 과제를 완성하기까지 걸리는 시간을 측정했다. 그 결과 과제가 어려울 거라고 예상해 제출 기한을 앞당긴 학생들이 다른 집단에 비해 과제를 더 빠른 시간 내에 끝낸 것으로 나타났다. 특히 '계획 오류'가 많이 나타났다. 학생들은 제출 기한을 앞당겨 잡든 늦춰 잡든 평균적으로 제출일을 지키지 못했다. 하지만 과제가 어려울 거라는 단순한 예상은 일을 일찍 시작하고 일찍 끝내도록 유도했다. 즉, 난이도 예상치가 높을수록 바로 일을 시작하고 끝까지 다하도록 동기를 부여한다.

물론 최선의 노력보다 마감일 준수가 더 중요한 때도 있다. 마감일을 지키지 못한 결과가 낮은 과제 완성도가 가져올 결과보다 더 끔찍한 경우가 그렇다. 우리는 과제 완성과 관련해 또 다른 연구를 진행했다. 이번에는 학생들에게 스스로 정한 과제 제출 기한을 정확히 지켜야 한다고 강조했다. 그 결과, 과제가 어려울 거라 예상한 학생일수록 제출 기한을 늦춰 잡았다. 즉, 자발적 동기를 부여하는 제출 기한보다 정확한 제출일을 우선시할 때는 어려운 과제에 더 많은 시간을 할애한 것이다.

제출 기한이나 다른 목표를 설정할 때 사람들은 실패에 따른 여파가 상대적으로 작을수록 최선을 다하고자 스스로 동기를 부여한다. 또한 스스로 도전 목표를 설정하며 목표를 이루고자 노력한다. 만약 어려운 과제에 직면했을 때 스스로 정한 목표가 있다면 열정적으로 문제 해결 방법을 찾고자 노력한다. 또한 당면한 과제가 어렵지만 불가능한 건 아니라는 기대는 정신적·신체적 에너지를 끌어모은다.

때로는 어려운 과제에 직면했을 때 더 분발하거나 더 흥분하기도 한다. 심지어 심장 박동이 더 빨라지기도 한다. 이런 경우 목표나 과제를 위해 행동할 준비가 된 것이다. 하지만 가끔은 에너지가 넘치고 시작할 준비가 됐는데도 이를 인식하지 못할 때도 있다. 의식하건 못하건, 어려운 과제라도 성취할 수 있다고 생각하면 힘이 솟는다.[18]

만약 쉬운 목표라면 준비없이 행동할 수 있고, 불가능한 목표라면 도전하지 않고 포기하고 만다. 결과적으로 도전해볼 만한 목표가 눈앞에 놓이면 동기부여 시스템이 작동하고 열정이 샘솟는다. 도전 의식을 불러일으키는 낙관적 목표는 충분히 기치를 발휘한다.

숫자를 적극 활용하라

효과적인 목표를 설정할 때 필요한 두 번째 요소는 '측정 가능성'easy to measure이다. 목표가 모호하고 명확한 숫자로 명시할 수 없으면 측정하기가 어려워 동기를 유발하지 못한다. '새 직장에서 잘하기', '은퇴를 대비해 저축 많이 하기', '충분히 자기'와 같은 목표를 생각해보자. 이러한 목표는 '주말까지 프로젝트 끝내기', '올해 1만 달러 저축하기', '하루 여덟 시간 잠자기'에 비해 동기부여에 효과적이지 못하다.

측정 가능한 목표는 알아보기도 쉽고 점검하기도 쉽도록 의미 있는 숫자로 명시된 목표다. 취침 시간과 기상 시간을 기준으로 여덟 시간 잤다는 것은 알 수 있지만, 하루 목표 수면 시간을 숫자로 명시하지 않으면 충분히 잤는지 아닌지 여부를 판단하기가 쉽지 않다.

하지만 아무 숫자나 동기를 부여하는 것은 아니다. 예를 들어, 일일 목표 독서량을 생각해보자. 하루 20페이지씩 읽기로 정할 수도 있고,

하루 6,000단어 혹은 하루 3만 글자씩 읽기로 정할 수도 있다. 둘 다 독서량은 비슷하다고 해도 페이지로 정해야 측정하기가 쉽다. 얼마나 읽었는지 확인하려고 매번 6,000단어를 셀 수는 없는 일이다. 어쩌면 독서보다 글자를 세느라 더 많은 시간과 에너지를 소비해야 할지도 모른다.

물론 몇 페이지부터 읽었는지 확인하며 매번 20페이지를 세는 일도 헷갈릴 수 있다. 그렇다면 20분씩 읽기는 어떨까? 여덟 살 때 나의 선생님은 책을 하루에 20분씩 읽으라고 했다. 돌이켜보면 시간을 목표로 설정한 것은 정말 훌륭한 생각이었다. 아이들도 이해하기 쉽고 부모들도 확인하기 쉬운 목표다. 양이 좋을까, 시간이 좋을까? 만약 양으로 목표를 정한다면 가장 확인하기 쉬운 단위는 무엇일까? 이렇 듯 목표를 정할 때는 먼저 어떤 유형의 숫자가 가장 적합한지 따져봐야 한다.

실현 가능한 수준에서 목표를 정하라

효과적인 목표를 설정할 때 필요한 세 번째 요소는 '실행 가능성'action-able이다. 구체적이고 측정 가능한 목표라 해도 쉽게 행동에 옮길 수 없다면 쓸모가 없다. '하루 2,500칼로리 이상 섭취하지 않기'라는 목표를 생각해보자. 정확한 수치로 명시된 낙관적인 목표다. 하지만 칼로리는 측정하기가 어렵다. 초콜릿, 생크림, 캐러멜은 디저트 코너에서 자주 볼 수 있지만 칼로리는 쉽게 눈에 띄지 않는다. '얼마를 먹어야 2,500칼로리죠?', '100칼로리를 소모하려면 얼마나 걸어야 하죠?', '0.5킬로그램을 빼려면 몇 칼로리를 소모해야 하죠?'와 같이 물어도 쉽게 대답을 들을 수 없다.

호기심에 알아보니 100칼로리를 소모하려면 평균 2,000보를 걸어야 하고 0.5킬로그램을 감량하려면 3,500칼로리를 소모해야 한다고 한다.[19] 일반적으로 일일 칼로리 섭취량을 500에서 1,000 정도 줄이면 일주일에 0.5~1킬로그램 정도 감량할 수 있다.

칼로리 외에도 일일 권장량이 음식마다 붙어 있다고 생각해보자. 치즈케이크 팩토리Cheesecake Factory(미국의 프랜차이즈 식당—옮긴이)의 나폴레타나 파스타는 소시지, 페퍼로니, 미트볼, 베이컨을 비롯해 칼로리 높은 재료들이 많이 들어간 대표적인 음식이다. 심지어 일일 칼로리 권장량 2,500칼로리의 99퍼센트인 2,475칼로리나 된다. 이런 사실을 알면 케이퍼와 아티초크, 토마토와 바질을 곁들인 구운 닭고기로 만든, 일일 권장량의 23퍼센트인 575칼로리짜리 토스카나 치킨을 주문하게 될 것이다. 이러한 환경이라면 일일 권장량 지키기는 실행 가능한 목표일뿐더러 건강한 식습관을 길러주는 습관으로 자리 잡기 쉽다.

식품마다 해당 칼로리를 소모할 수 있는 운동 시간이 붙어 있다고 해보자. 그럼 각각의 식품은 해당 칼로리를 소모하는 데 필요한 걸음 수나 운동량으로 평가된다. 예를 들어, 탄산음료 한 병을 마셔서 초과한 250칼로리를 소모하기 위해 50분간 조깅을 해야 한다고 하자 10대들의 탄산음료 소비량이 줄어들었다는 연구가 있다.[20] 이는 칼로리를 실행 가능한 목표로 바꿔주는 또 다른 방법이 될 수 있다.

하지만 현재 식품에 표시된 숫자는 목표로 정하고 실행에 옮기기에 너무 많고 심지어 어렵다. 세계 대부분의 식품 제조 업체에서는 법에 따라 제품 포장지에 영양 성분표를 명시하고 있다. 1회분당 지방, 나트륨, 섬유질 함량 비율뿐만 아니라 영양소별 일일 권장량, 즉 목표치가 명시돼 있다. 영양 성분표를 보면 권장 섭취량을 정확히 알 수 있어야 하지만 실제로는 그렇지 못하다. 지나치게 이론적인 데다 표가 워낙 복잡하다 보니 보통 사람들은 건강한 식습관을 위해 얼마나 먹어야 하는지 알 수가 없다. 즉, 영양 성분표는 가장 중요한 정보를 놓치고 있다. 사람마다 목표로 정한 건강한 식습관을 위해 해당 식품을 먹어야 하는지 아니면 피해야 하는지를 알려주지 않는다. 성분표가 목표 실행에 도움이 되게 하려면 건강에 좋은 식품인지 아닌지 여부를 알려줘야 한다.[21]

한 연구에서는 구내식당 음식 중 건강에 좋거나 해로운 정도를 세 가지 색으로 구분한 라벨을 붙이고 실험을 실시했다. 초록색(좋음), 노란색(그다지 좋지 않음), 빨간색(해로움) 라벨로 음식을 나누고 반응을 지켜봤다. 그러자 빨간색 라벨이 붙은 음식의 소비는 감소하고 초록색 라벨이 붙은 음식의 소비는 증가했다. 이런 방식을 사용하면 '초록색' 음식 90퍼센트 섭취, '빨간색' 식품 10퍼센트 섭취처럼 쉽게 목표를 정할 수 있다.

'하루 2회 양치하기', '하루 만 보 걷기', '일주일에 두 번 부모님께 전화하기', '잠자기 전 하루 20분씩 독서' 등도 실행 가능한 목표다. 의미 있는 목표라는 것도 한눈에 알 수 있다. 이렇게 목표를 수치로 나타내면 이해하기도 쉽고 실천하기도 쉽다.

스스로 목표를 정해야 최선을 다한다

효과적인 목표를 설정할 때 필요한 마지막 요소는 '자발성'setting it your-self이다. 자발적 목표 설정은 자발적 동기부여의 기본이다. 간혹 사람들은 상사, 선생님, 의사, 체육관 강사가 대신 목표를 설정해주길 바란다. 전문가의 조언도 필요하지만 다른 사람이 목표를 설정해주면 열정이 떨어질 염려가 있디. 만약 담당 드레이너가 팔굽혀펴기 10회를 추가로 시키면 슬쩍 1~2회 정도 덜하고 넘어갈 수도 있다. 하지만 스스로 10회를 해야겠다고 마음먹었다면 자신을 속이기 어려울 것이다.

또한 다른 사람이 목표를 설정해주면 반항심이 생길 수 있다. 학교 다닐 때 숙제를 하라고 지시하던 부모님을 떠올려보라. 심리학자 잭 브렘Jack Brehm은 누구나 경험하는 '심리적 저항'psychological reactance에 대해 강조한다. 즉, 누군가의 요구나 명령을 받으면 사람들은 자신의 자유를 위협당하는 것처럼 느끼고 스스로 선택권이 없다고 느낀다. "담배 끊어, 건강에 해로워."처럼 회피 목표를 제시하면서 하지 말라고 하면 더 하고 싶어지기 때문에 특히 심리적 저항이 발생하기 쉽다.[22] 결국 다른 사람이 요구했다는 이유로 자신의 바람과는 반대로 행동하게 된다. 자신이 정한 목표가 아니라면 쉽게 목표를 거부하는 핑계가 된다.

이처럼 저항 심리가 생기면 어른들의 말이라면 극구 따르지 않던 10대로 돌아간 듯한 기분이 든다. 스스로 목표를 선택하고 결정하는 과정은 타인이 나를 통제하던 상황으로 되돌아가지 않겠다는 의미와도 같다. 고등학생 시절에 나는 체육 시간이 정말 싫었다. 그랬던 내가 요즘 스스로 운동을 꾸준히 한다. 차이가 있다면 당시에는 다른 누군가가 내게 운동을 시켰다는 것이다. 반면, 어른이 된 지금의 나는 스스로 운동을 선택했기에 매일 신나서 운동화 끈을 매고 있다.

신체적·정신적·재정적 문제로 도움을 구할 때 스스로 목표를 정해야 최선을 다한다. 만약 상사든 개인트레이너든 전문가에게 조언을 구하려 한다면 그들에게 선택지를 제시해달라고 부탁하자. 그중에서 자신이 직접 선택하면 적어도 심리적 저항을 줄일 수 있다.

나를 위험에 빠뜨리지 않는지 체크하라

2016년 가을, 연방 규제 당국은 대규모 불법 행위로 웰스파고Wells Fargo(미국의 다국적 금융서비스 기업―옮긴이)를 기소했다. 2011년에서 2015년 사이, 은행 직원들은 비밀리에 수백만 개의 허위 계좌와 신용카드를 개설해 수수료를 부당 취득하는 수법으로 내부 매출 목표치를 달성했다. 연방 수사국에 따르면 웰스파고는 '그레이트'Gr-eight(위대하다의 great와 숫자 8, eight의 합성어―옮긴이)라는 이름의 전략에 따라 '고객 1인당 최소 여덟 개의 금융 상품 판매'라는 내부 목표를 정했다. 은행에서 지나치게 높은 목표를 정한 탓에 직원들은 어마어마한 압박에 시달렸고 결국 비윤리적인 행동을 하고 말았다.

이런 경우는 드물지 않다. 웰스파고가 내세운 '그레이트'라는 슬로건은 그럴싸했지만, 고객 1인당 여덟 개의 금융 상품 판매는 위험한 목표다. 비윤리적인 방법을 쓰지 않고서는 현실적으로 불가능한 목표다. 고객 1인당 '1~2개' 상품을 판매하는 '어썸'Awe-some 전략을 내세웠더라면 좀 더 적당하고 더 나았을 뻔했다. 웰스파고의 일화는 위험한 목표를 사전에 인지하는 것이 왜 중요한지를 보여준다. 사람들은 노무지 방법을 찾을 수 없을 때 비윤리적 행동을 하거나 부당한 방법을 쓰고 위험한 도박을 하는 등 잘못된 길로 들어선다. 가령, 자신이 원하는 직장에 들어가기 위해서 이력서를 위조할 수밖에 없다고 생각한다면 면접에서도 솔직하게 답변하기 어려울 것이다. 차라리 자신이 업무에 필요한 자격을 갖출 때까지 지원을 미루는 것이 더 나은 방법이다.

지나치게 무리한 시도나 과로를 부르는 위험한 목표도 있다. 마라톤이라는 육상 경기의 기원을 떠올려보자. 마라톤에서 아테네까지 줄곧 달려와 그리스의 승전보를 전하고 전령은 그 자리에 쓰러져 사망했다. 이처럼 지금도 무리한 운동과 부상으로 운동선수들이 쓰러지곤 한다.

지나치게 제한적이라 중요한 것을 놓치게 하는 목표 역시 좋지 않다.[23] '하루 만 보 걷기'로 규칙적인 운동의 목표를 한정할 경우, 신체 다른 부위의 중요한 근육이 운동에서 제외될지도 모른다. '좋은 성적 받기'로 좋은 교육 이수의 목표를 한정한다면 전문성을 탐색하고 개발할 중요한 기회를 놓칠 수도 있다.

가까운 곳만 바라보도록 목표를 설정하면 멀리 내다보지 못한다. 너무 빨리 멈추면 멀리 가지 못하는 법이다. 우버나 리프트 같은 공유 택시 기사들의 궁극적 목표는 손님을 많이 태워 수입을 극대화하는 것이다. 그런데 일부 기사들은 하루 수입을 정하고 목표량을 채우면 그날 일을 마치곤 한다.[24] 다시 말해, 수요가 많아 더 큰 수입을 얻을 수 있는 날에도 너무 빨리 일을 마무리한다. 하루 목표량을 달성하고서 일을 마무리하는 기사들은 비가 오는 날처럼 수요가 일시적으로 증가하는 날에는 더 많이 벌 수 있는 기회를 놓친다. 더군다나 수요가 적은 날에는 늦게까지 일해도 하루 목표량을 채우지 못할 수도 있다. 만약 기사가 앞을 내다보지 못하면 결국 자신에게 해가 될 수 있다. 이처럼 목표가 지나치게 한정적이어도 원점으로 돌아갈 수 있다. 건강한 식습관 도전에 성공하고도 다시 원래대로 돌아갈지 모르는 것이다.

현실성 없는 목표 역시 위험하다. 불가능한 목표 달성에 실패하고 나면 전체 목표를 포기할 수도 있다. 고스케 우에타케Kosuke Uetake와 네이선 양Nathan Yang은 연구를 통해 몇 가지 사실을 발견했다. 다이어트에 도전하는 사람들은 종종 '하루 섭취량 2,000칼로리'처럼 야심 찬 목표를 정한다.[25] 그러다 겨우 몇 칼로리 차이로 하루 목표치를 초과하면 절망하며 목표 자체를 포기해버린다.

위노나 코크런Winona Cochran과 에이브러햄 테서Abraham Tesser는 이를 가리켜 '될 대로 돼라 효과'what the hell effect라 칭했다.[26] 겨우 몇 칼로리 차이로 목표 달성에 실패하면 사람들은 '될 대로 돼라'며 마구 먹어버린다. 결국 얼마 되지 않았던 차이는 어마어마하게 벌어진다. 연구 결과, 몇 칼로리 차이로 목표치를 달성하지 못한 사람들은 1,995칼로리처럼 하루 목표치를 살짝 낮춘 사람들에 비해 체중 감량을 적게 한 것으로 나타났다. 하루 목표치를 지키지 못해 냉장고에 있는 음식을 모조리 먹어버리는 게 낫겠다 싶을 땐 아보카도 토스트 반쪽도 다이어트에 방해가 될 수 있다.

또한 지나치게 자신만만하거나 낙천적인 탓에 무턱대고 성공할 거라고 기대하면 '헛된 희망 증후군'false-hope syndrome이 발생한다.[27] 간혹 불가능한 목표를 달성할 수 있다고 믿다가 실패에 이르면 아예 손을 놔버리는 사람이 있다. 예를 들어, 다이어트 전후 사진을 보여주는 광고를 보고 살을 빼려고 마음먹고는 현실적으로 불가능한 체중 감량을 결심한다. 그러다 자신이 꿈꾸던 몸을 만들지 못하면 자신감을 잃고 만다. 지나치게 낙관적인 목표는 노력보다 환상을 낳을 뿐이다.[28] 부자가 되겠다거나 유명해지겠다는 환상은 아무런 도움이 되지 못한다. 환상이 아닌 계획을 세워야 한다.

목표 설정의 과학적 원리에 대해 살펴봤다. 일단 목표를 정하고 나면 실패하더라도 실망하지 말자. 목표가 다소 자의적이었다는 것을 알면 큰 도움이 된다. 1분 차이로 기차를 놓치면 한 시간 차이로 놓쳤을 때보다 기분도 더 나쁘고 속상하다. 하지만 작은 차이 때문에 목표를 포기하지 않는 한, 몇 달러 차이로 연간 저축액을 채우지 못하고, 몇 회 차이로 운동량을 채우지 못하고, 한 권 차이로 독서량을 채우지 못했다고 인생이 크게 달라지지는 않는다. 다음의 질문을 살펴보며 목표를 세워보자.

1 '얼마나 많이', '얼마나 빠르게'처럼 목표를 숫자로 정할 수 있는가?

2 자신이 도전할 만한 목표인가? 측정하기 쉽고 실행할 수 있는 일인가?

3 스스로 목표를 정했는가? 다른 사람이 정해주지는 않았는가?

4 목표가 자신에게 도움이 되는가? 만약 위험할 수 있다고 걱정된다면 목표를 수정해야 한다. 목표에 붙은 숫자가 얼마나 현실적인지, 도전해볼 만한 가치가 있는지 판단하지 못한다면 '최선을 다하자' 혹은 '잘하자'와 같은 애매모호한 목표로 되돌아가게 될 것이다.

제3장

새로운 도전을 즐기게 하는
보상을 마련하라

채점할 시험지와 보내야 할 이메일이 산더미일 때 나는 으스스한 침묵이 감도는 사무실 대신 사람들로 북적이는 카페를 찾는다. 카페에서 일이 더 잘된다고 하면 선뜻 이해하기 어려울 것이다. 물론 붐비고 소란스럽다. 하지만 그런 분위기에서 작업을 하나씩 마칠 때마다 따뜻하고 알싸한 차이 라떼 한 모금으로 보상reward을 얻는다.

사람들은 비싼 커피를 사먹느라 저축을 못하는 거라고 꾸준히 지적한다. 하지만 자발적 동기가 필요할 때 나는 차이 라떼를 마신다. 이 5달러짜리 음료수는 리포트를 끝내거나 침대에서 몸을 일으켜 출근한 자신에게 주는 보상과도 같다. 내 딸도 버블티를 마시며 힘겨운 의대 시험 공부를 버틴다.

자신의 장기적 목표가 무엇이든 값비싼 커피 한잔은 실질적이고 즉각적인 보상물이다. 감정적으로 성숙해지기, 지적으로 성장하기, 건강해지기, 부자 되기를 실천하는 과정에 대한 보상이 이뤄질 때 우리는 단기적으로 목표에 충실하게 된다. 이것은 벌도 마찬가지다. 목표를 달성하는 과정에 유인책_{incentive}을 추가하면 보상을 받거나 벌을 피하려는 작고 실질적인 하위 목표를 추가해 동기를 부여한다. 예를 들어, 다음 달 자선 달리기 대회 참가를 목표로 정했다고 생각해보자. 친구가 자선 단체에 내 이름으로 기부를 한다면 나는 운동화 끈을 바짝 매고 끝까지 달리고 싶어질 것이다.

　유인책을 이용해 자발적 동기를 부여하고 싶어도 유인책 관련 연구는 대부분 타인에게 동기를 부여하는 방법에 대해 다룬다. 실제로 부모나 교사는 아이들이 공부를 열심히 하고, 방 청소를 하고, 채소를 먹고, 자신이 맡은 일을 하도록 보상과 벌을 사용한다. 정부도 시민의 건강과 안전을 위해 유인책을 만든다. 운전을 할 때 제한 속도를 지키고 교통 규칙을 준수하는 것도 속도 위반 딱지를 피하려는 행동의 일환이다.

　유인책 연구를 살펴보면 특정 목적에 따라 사람들이 행동하기를 원할 때 어떻게 동기를 부여해야 하는지 알 수 있다. 관리자는 더 열심히 일하도록 직원에게 보너스를 주고 판매원은 상품을 구매하도록 고객에게 할인 혜택을 준다. 사회도 사회 구성원들이 행복 증진에 필요한 행동을 하도록 유도한다. 만약 구성원이 사회에 해를 끼친다면 벌금을 물거나 감옥에 가야 한다. 반면, 선행을 하는 구성원들은 공개적으로 인정받고 칭찬받는다. 예를 들어, 정부에서는 사회의 기부를 장려하기 위해 기부금 세금 공제 정책을 펼친다. 유인책의 효과를 본 사람들이 유인책을 정하는 것은 아니지만 이처럼 자신을 위한 유인책을 마련해두면 자발적 동기부여가 필요할 때 하나씩 활용할 수 있다. 목표 달성에 도움이 되는 기존의 유인책을 전략적으로 선택해 이용할 수도 있다. 또는 목표를 향해 나아가는 자신에게 보상을 하기 위해 유인책 관련 연구를 통해 알게 된 정보들을 활용할 수도 있다.

유인책은 심리학과 경제학의 오랜 연구 대상이었다. 보상과 처벌의 시기와 방법에 대한 이해는 행동주의 심리학에서 비롯됐다. 유인책에 관한 연구는 19세기 말 침 흘리는 개에 관한 파블로프의 연구에서부터 시작됐다. 20세기 중반에는 스키너가 이끄는 급진적 행동주의자들이 우리의 행동을 외적 보상으로 충분히 설명할 수 있다고 주장하면서 전성기를 맞았다. 급진적 행동주의자들은 누군가의 현재와 과거의 유인책을 제대로 이해한다면 그의 행동을 정확히 예측할 수 있다고 주장했다.

행동주의자들은 이 같은 주장을 보충 설명하기 위해 동물을 대상으로 연구를 시행했다. 예를 들어, 무엇 때문에 쥐가 미로를 달리고 비둘기가 색 원반을 쪼는지 알아보고자 했다. 결국 그들은 유인책이 인간의 행동에 미치는 영향을 알고자 했다. 현재의 심리학자 대부분은 행동주의자들의 주장을 더 이상 지지하지 않는다. 하지만 유인책에 대해 알려진 것들은 대부분 행동주의에서 비롯됐다. 행동을 수정하려면 유전자나 성격이 아니라 행동이 일어나는 환경부터 바꿔야 한다는 주장도 행동주의에서 나왔다. 그리고 그 환경을 유인책이 바꾼다.

경제학 분야에서도 다양한 연구가 이뤄졌다. 유인책에 관한 심리학 연구에 발맞춰 금전적 유인책의 제공 시기와 방법에 관해 경험적 데이터를 많이 내놓았다. 행동주의자들이 미로 끝에 놓인 음식이 쥐에게 미치는 영향에 관심을 둔다면 경제학자들은 돈과 돈이 인간의 행동에 미치는 영향에 관심을 둔다.

경제 이론에 따르면 금전적 유인책이 행동에 동기를 부여한다. 하지만 새롭게 등장한 행동경제학에서는 반론을 제기한다. 때로는 금전적 보상이 동기를 부여하지 않고, 심지어 동기를 저하시킬 수도 있다고 본다. 행동경제학의 연구를 통해 유인책이 어떻게 작용하는지 이해하려면 무엇보다 유인책이 언제 실패하는지에 대해 이해해야 한다.

동기부여를 위한 최적의 보상

1900년대 초반, 벼룩에 감염된 쥐가 흑사병의 원인으로 밝혀졌다. 불과 몇 년 후, 하노이는 쥐로 인해 심각한 문제에 직면했다. 프랑스 식민지였던 하노이에 새롭게 지어진 고급 하수 시설은 쥐들이 번식하기에 안성맞춤이었다. 쥐들은 떼를 지어 하수구 밖으로 몰려나왔고 하노이는 또다시 흑사병 공포에 휩싸였다. 프랑스 식민지 정부는 팬데믹에 맞서 쥐를 잡아오면 한 마리당 1센트를 지급하는 포상금제를 만들었다. 처음에는 제도가 효과를 발휘하는 듯했다. 한 달간 매일 수만 마리의 쥐들이 죽어 나갔다. 두 달 후, 2만 마리 이상의 쥐가 하노이 쥐 사냥꾼들의 손에 때 아닌 최후를 맞았다. 하지만 도시 보건 당국의 예상과는 달리, 쥐 사냥꾼들은 하노이의 설치류 문제를 해결하지 못했다.

　얼마 후 도시 이곳저곳에서 꼬리 없는 쥐들이 들끓기 시작했다. 알고 보니 사냥꾼들은 쥐를 잡아 꼬리만 자른 뒤 하수구에 놓아주고 있었다. 보건 당국에는 쥐꼬리만 보여주고 포상금을 두둑히 챙긴 것이다. 그들은 쥐가 번식하면 다시 쥐를 잡아 생계를 꾸릴 심산이었다. 심지어 사냥꾼들이 아예 쥐를 사육했다는 사실을 보건 당국은 나중에야 알게 됐다. 포상금제는 취소됐고 사냥꾼들은 사육하던 수천여 마리의 쥐들을 도시에 풀어버렸다. 결국 쥐는 조금도 줄지 않고 하노이 거리는 수많은 쥐들로 들끓게 됐다.

　보상이 적절하지 않을 때 어떤 일이 벌어지는지 극명하게 보여주는 사례다. 인도에서도 비슷한 일이 있었다. 영국 식민지 개척민이 코브라 수를 줄이기 위해 포상금제를 도입했다가 실패로 끝났다. 공교롭게도 코브라를 죽이려면 살아 있는 코브라가 필요했다. 이후 이 같은 현상을 가리키는 '코브라 효과'라는 용어도 등장했다.

　과연 보상은 효과가 없는 것일까? 아니다. 분명 보상에는 행동을 수정하는 힘이 있다. 보상 때문에 쥐와 코브라 사육이 번성한 것만 봐도 알 수 있다. 다만, 적절하지 못한 보상이 잘못된 행동을 낳을 뿐이다.

　적절한 보상을 찾는 일은 생각만큼 쉽지 않다.[29] 경영학과 교수인 나는 학생들에게 팀워크를 키워줄 수 있는 방법을 찾고 싶었다. 학생들이 앞으로 성공할지 여부는 타인과의 협업 능력에 달려 있다. 하지만 대학에서 전형적으로 사용하는 성적 평가와 추천서 혹은 낙제 제도 같은 유인책은 팀워크 신장에 도움이 되지 않는다. 집단이 아닌 개인적 성과에 대해 주어지는 평가 제도일 뿐이다.

나는 학생들이 경영 성과 증진 방법에 대해 그룹 보고서를 제출할 때면 그룹별로 점수를 주려고 시도한다. 하지만 팀별 점수도 팀워크에 도움이 되지 않기는 마찬가지다. 성적이 좋은 학생은 그룹 프로젝트 때문에 자신의 성적이 타격을 많이 받는다고 생각할 것이다. 팀워크의 문제는 직장에서도 발생한다. 업무 평가가 개별 성과에 따라 이루어진다는 것을 알고 있기에 팀에 엄청난 외적 보상이 주어지지 않는 한 동기부여는 잘 이루어지지 않는다.

보상을 제대로 하지 못하는 이유는 성공에 대한 평가가 어렵기 때문이기도 하다. 평가하기 쉬운 과제에 대해서만 보상하면 목표의 핵심을 놓칠 수 있다. 일을 할 때도 창의적인 해결책을 찾거나 장기적 성장을 향해 한 걸음 나아갈 때 그에 대한 보상을 주는 것이 바람직하다. 다시 말하지만 이러한 성과들은 측정이 어렵다. 가장 쉬운 방법이 일을 빨리 끝내거나 다른 사람들보다 더 많은 프로젝트를 끝냈을 때 보상하는 것이다. 이렇게 일의 질보다 양에 대해 보상하는 체계는 결국 창의성과 장기적 성장을 무너뜨린다.

회피 목표는 적절한 보상이 훨씬 더 어렵다. 만약 위험이나 질병을 피하는 것이 목표라면, 경고 신호에 반응해야 한다. 하지만 사람들은 피부에 생긴 비정상적인 점을 제때 발견하고 점을 제거해 피부암을 피하게 됐다고 해도 기뻐하지 않는다. 그저 나쁜 소식에 대응하느라 우왕좌왕할 뿐이다. '엉뚱한 사람에게 화풀이한다'라는 말은 자신을 비롯해 그 누구라도 나쁜 소식을 가져온다면 반기지 않으려는 우리의 모습을 잘 표현해준다.[30] 이 말이 고대 그리스에서 유래한 것만 봐도 나쁜 소식을 전해준 누군가를 벌하려는 경향이 현대인만의 특성은 아니라는 점을 알 수 있다.

하지만 나쁜 소식에 대한 보상은 목표 달성에 도움이 된다. 조직 검사를 마치면 축배를 들어야 한다. 첫눈이 내리기 전에 난방기를 수리해야 한다는 사실을 알게 됐다면 덩실덩실 춤이라도 춰야 한다. 이기적인 이웃과 친해지지 말라고 경고한 친구에게 사례를 해야 한다. 나쁜 소식을 제때 발견하면 반드시 축하하고 넘어가야 한다.

팀워크가 됐든, 창의적 해결책이 됐든, 손해를 성공적으로 예방했든, 해충 없는 동네를 만들었든 최적의 보상을 해야 한다. 물론 제대로 된 보상을 하기란 말처럼 쉽지 않다. 자신이 유인책을 제대로 활용하고 있는지 확인하기 위해 두 가지 질문을 던져보자.

첫째, 유인책이 목표 수행 과정에 동기를 부여하는가? 측정하기 쉽고 의미 없는 목표 수행에 대해 보상하고 있지는 않은가? 가령 헛된 상상을 하거나 소셜 미디어를 확인하면서 컴퓨터 앞에 앉아 보낸 시간이 아니라 자신이 끝마친 일의 양에 따라 보상해야 한다. 더 나아가 일의 양보다 질에 대해 보상할 수도 있다.

둘째, 스스로에게 물어보자. 어떻게 하면 가장 쉽게 보상을 받을 수 있을까? 가장 빠른 길은 무엇일까? 만약 가장 쉬운 보상이 목표를 달성하는 데 도움이 되지 않는다면 당신은 잘못된 유인책을 사용하고 있다.

과도한 보상은 역효과를 낳는다

1973년, 심리학자 마크 레퍼Mark Lepper 는 스탠퍼드대학교 부속 유치원생 스물일곱 명을 대상으로 실험을 실시했다. 3주간 매일 알록달록한 매직펜이 든 상자를 들고 유치원을 방문해 아이들에게 매직펜을 나누어줬다. 아이들은 자유 놀이 시간에 매직펜을 가지고 그림을 그리며 놀았다. 레퍼는 반투명 거울 뒤에서 3~5세 예술가들이 마음껏 그림을 그리는 모습을 지켜봤다.

실험에 앞서 그는 한 그룹의 아이들에게는 자유 놀이 시간에 그림을 그리면 빨간색 리본이 달린 커다란 금빛 별을 상으로 줄 거라고 말했다. 다른 그룹의 아이들에게는 상을 주지 않았고, 마지막 그룹의 아이들에게는 그림을 그리고 나면 예고 없이 상을 줬다.

첫 번째 그룹의 아이들은 그림을 그린 후 상을 받았다. 레퍼는 아이들에게 다음부터는 상이 없을 거라고 말했다. 이는 일회성 보상을 의미한다. 처음에는 아이들이 신나게 그림을 그렸지만 더 이상 '사전에 약속된'commissioned 상이 없다는 말을 듣자 놀이시간의 10분의 1 정도만 그림을 그리는 데 썼다. 반면, 처음부터 상이 없다고 들은 아이들과 예고에 없던 상을 받은 아이들은 놀이시간의 5분의 1을 그림 그리는 데 썼다.

인생의 많은 것이 그렇듯 행동에 대한 보상은 적은 것이 나을 때가 있다. '과잉 정당화 효과'overjustification effect에 관한 레퍼의 연구가 보여주듯, 과도한 보상은 역효과를 낳을 수 있다.[31] 과잉 정당화 효과란 행동에 정당성 혹은 유인책을 부여한 후 이를 제거하면 동기가 약화하는 현상을 말한다. 레퍼의 실험에 활용된 보상은 그림 그리기의 목적을 '자기 표현'에서 '자기 표현과 상 받기'로 바꿔놓았다. 이이들은 상이 없어지자 자기 표현이라는 그림의 원래 목적을 잊은 채 더 이상 그림에 관심을 두지 않았다.

레퍼의 고전적 연구를 좁은 관점으로 해석하자면 돈이나 상과 같은 외적 보상이 자기 표현 능력과 같은 내적 동기를 저하한다는 것이다. 하지만 외적 농기만 탓할 순 없다. 레퍼의 연구가 발표되고 20년 후, 또 다른 연구가 진행됐다. 연구자들은 색칠할 수 있는 그림이 그려진 이야기책을 2, 3학년 학생들에게 나눠줬다. 책은 한 페이지 분량의 이야기와 등장인물들의 그림으로 구성돼 있었다. 각 분량은 글자보다 그림의 분량이 두 배나 많았다.

읽기와 색칠하기는 각각 내적 동기 요인이다. 색칠을 통해 자신을 표현하고 읽기를 통해 독서에 대한 흥미를 높인다. 하지만 색칠을 하지 않게 하니 독서에 흥미를 잃었고, 이야기를 읽지 않게 하니 색칠을 하는 데도 적극적이지 않았다. 두 가지 동기 요인이 서로를 방해했다. 외적 동기든 내적 동기든 유인책을 추가하면 원래 있던 동기마저 저하되는 것으로 나타났다.[32] 예를 들어, 새로운 상사가 올 때까지 자율적으로 일할 수 있게 되면 직원들의 일에 대한 동기가 오히려 감소한다. 따라서 단지 외적 동기 요인이 내적 동기 요인을 저하한다는 생각은 레퍼의 연구를 설명하기에 충분치 않아 보인다.

게다가 유인책을 제거하지 않더라도 새로 추가된 유인책이 동기에 부정적인 영향을 미치는 것을 알 수 있다. 레퍼의 연구에서는 처음에 크고 화려한 리본과 별이라는 보상을 줬다가 나중에는 보상이 없는 상태에서 그림을 그리게 했다. 아이들은 더 이상 상을 주지 않는데 그림을 계속 그려야 하는지 고민했을 것이다. 즉, 보상을 없앤 것이 동기를 약화한 게 분명해 보인다. 하지만 그로부터 40년 후 실시된 연구에 따르면 유인책을 제거하지 않은 채 다른 유인책을 추가해도 동기 수준이 낮아질 수 있다고 한다.

마이클 마이마란Michal Maimaran과 나는 아이들에게 음식의 맛 이외에 다른 좋은 점들을 이야기했을 때 어떤 일이 벌어지는지 살펴봤다. 우리는 크래커와 당근을 먹고 있는 소녀의 사진이 담긴 책과 실제 크래커와 당근을 들고 시카고 한 교외 지역에 있는 유치원을 찾아갔다. 아이들을 그룹별로 나누고 서로 다른 내용을 전달했다. 첫 번째 그룹에는 소녀가 당근과 크래커를 먹고서 힘이 세지고 건강해졌다고 말했고, 두 번째 그룹에는 소녀가 당근과 크래커를 먹고 글자를 읽게 됐다고 말했다. 세 번째 그룹에는 소녀가 당근과 크래커를 먹고 백까지 셀 수 있게 됐다고 했다. 우리의 이야기를 통해 아이들은 책에 등장하는 음식을 먹으면 튼튼해지고 똑똑해진다는 것을 알게 됐다. 또한 그러한 혜택을 얻으려면 음식을 먹어야 한다는 동기도 부여받았다.

우리 팀은 음식을 먹으면 튼튼해지고 학습 의욕이 생긴다는 놀라운 효능을 알게 되면 아이들이 건강한 음식을 먹고 싶어 할 거라고 생각했다. 하지만 결과는 오히려 그 반대였다. 크래커를 먹으면 튼튼해질 거라고 하자 아이들은 크래커가 맛없을 거라고 생각해 거의 먹지 않았다. 당근을 먹고 글자를 읽고 숫자를 세게 됐다는 이야기를 들은 아이들도 당근을 거의 먹지 않았다. 대체로 음식의 효능을 강조하자 음식 섭취 수준이 반 이상 줄었다. 아이들은 맛도 좋고 숫자 세기에도 도움이 되는 것처럼 좋은 점이 많은 음식은 음식의 가장 중요한 목적인 맛이 없을 것이라고 생각했다.[33] 연구 결과는 오랫동안 채소를 먹이기 위해 "브로콜리랑 당근을 먹어야 키가 크고 튼튼해져."라고 말해온 부모들에게 큰 충격을 주었다. 연구에서 주목할 점은 외부 혜택이 제거되지 않았다는 것이다. 아이들은 여전히 당근을 먹으면 글자를 읽을 수 있고 크래커를 먹으면 수를 셀 수 있다고 이해했다. 하지만 아무런 설명을 듣지 않은 아이들에 비해 당근과 크래커를 먹는 데 큰 관심을 갖지 않았다.

사람들은 종종 특정 음식을 먹으면 예뻐지고, 오래 살고, 기분이 좋아질 거라고 말한다. 하지만 식품 마케팅 연구에 따르면 건강한 식품이라는 광고가 오히려 성인들의 식욕을 떨어뜨릴 수 있다고 한다.[34] 한 연구에서는 몇몇 미국 대학의 구내식당을 대상으로 '건강한 선택, 순무', '영양이 풍부한 껍질콩'처럼 건강을 강조한 라벨을 식품에 붙여 반응을 살펴보는 실험을 실시했다. 그 결과 '허브와 달콤한 발사믹 소스에 버무린 순무', '구운 양파를 곁들인 쓰촨식으로 구운 껍질콩'처럼 맛을 강조한 라벨을 붙였을 때보다 식품 소비량이 거의 30퍼센트나 줄어들었다. 약과 달리 음식 섭취의 주된 목적은 맛에 있다. 맛이 아닌 다른 이유가 붙으면 사람들은 음식의 맛이 덜할 것이라 생각하는 경향이 있다.

이러한 연구들은 유인책이 추가되면 동기가 저하된다는 과잉 정당화 효과가 그저 기대했던 유인책이 제거됐을 때 느끼는 실망감에 대한 반응이 아니라는 것을 보여준다. 물론 가성비가 떨어지거나 노력에 비해 얻는 게 적으면 실망하고 화가 나서 동기가 저하된다. 하지만 과잉 정당화 효과를 유발하는 데는 또 다른 이유가 있다. 바로 유인책이 추가된 것만으로도 어떤 행동을 하게 만드는 핵심 이유가 훼손되거나 희석되는 것이다.

핵심 목표를 흐리게 하는 유인책을 피하라

레퍼가 유치원 아이들에게 매직펜을 건네고 보상을 제공하기 전까지 아이들은 즐겁게 그림을 그리며 자신을 표현했다. 그런데 상을 준다고 하자 그림이 가진 원래 의미의 일부가 사라졌다. 매직펜은 더 이상 처음과 같은 동기를 부여하지 못했다.

레퍼는 눈앞에서 '희석 원리'dilution principle를 경험했다. 희석 원리란 하위 목표인 유인책을 포함해 하나의 활동이 추구하는 목표가 많으면 많을수록 핵심 목표나 활동의 의미가 약해질 수 있다는 것이다. 따라서 핵심 목표가 점점 잊힐 가능성이 있다. 핵심 목표가 마음에서 잊히면 목표 달성을 위한 활동이 목표에 도움이 되지 않는 것처럼 보인다. 아이들에게서도 그와 같은 모습을 볼 수 있다. 상을 받고 나자 그림은 더 이상 아이들에게 자신을 표현할 수 있는 수단이 아니었다. 결국 아이들은 그림을 그리고 싶어 하지 않았다.

희석 원리에 따르면 목표 지향적인 활동에 새로운 목표를 추가하면 활동과 원래 목표 사이에 연관성이 약해진다. 만약 당신이 당근이 혈압을 낮추는 데 좋다는 말을 듣는다면 시력에는 크게 도움이 되지 않을 거라고 생각할 것이다. 또한 내가 당신에게 내 친구 중에 요리를 잘하는 의사 친구가 있다고 말하면 당신은 내 친구가 의사로서는 별로일 거라고 생각할지도 모른다.

희석의 효과는 특히 추가된 유인책이 매력적이지 않을 때 발생한다. 예를 들어, 직장에서 재활용 분리수거를 철저히 하자는 방침이 정해졌는데, 그 이유가 고용주에게 세금 우대 혜택이 생기기 때문이라는 사실을 알게 되면 직원들의 분리수거 동기가 점차 약해질 것이다. 자신이 관심 없는 목표나 유인책이 목표 수행 활동에 끼어들면 수행 중인 활동이 원래 목표에 도움이 되지 않아 보이기 마련이다. 새로운 목표가 고용주의 주머니나 채워주는 것이라고 생각하면 기존의 목표보다 나은 것일지라도 그냥 내버려둔 채 동기부여를 중단할 가능성이 크다.

와인을 예로 들어보자. 나는 와인을 구매할 때 종종 '맛'과 '적당한 가격'이라는 두 가지 유인책에 따라 선택한다. 하지만 두 가지 유인책은 마음속에서 서로 경쟁한다. 희석 원리에 따라 와인 가격이 적당하면 맛이 덜할 것 같고, 맛이 있으면 가격이 너무 비싼 것처럼 느껴진다. 한 가지 유인책이 덜 절실할 때도 있다. 내가 근무하는 대학에서는 해마다 연휴를 앞두고 음료를 무료로 제공하는 파티를 연다. 내가 돈을 내지 않으므로 이때만큼은 와인 가격을 신경 쓰지 않는다. 비싼 와인이 더 맛이 좋을 것 같으므로 비싸 보이는 와인을 고른다. 반면, 금전적 유인책으로 인해 값이 싼 와인은 맛이 별로일 거라고 희석된다. 이런 경우에 맛과 가격이라는 두 가지 목표를 모두 충족시키는 와인은 어느 한쪽을 충족시키는 와인에 비해 후순위로 밀려난다.

연말이면 추천 선물로 광고하는 다기능 도구들도 마찬가지다. 레이저 펜을 예로 들어보자. 나는 잉 장과 아리 크루글란스키Arie

Kruglanski와 함께 실험 집단의 절반에 해당하는 사람에게 레이저 포인터가 있는 펜을 사용해 설문지를 완성하도록 요청했다. 실험을 마친 후 실험 참여자가 접수대에서 서명할 때, 일반 펜과 설문지 작성 시에 사용한 것과 같은 레이저 펜 가운데 하나를 고르게 했다. 레이저 펜을 사용해본 사람들은 레이저 펜을 고르지 않고 일반 펜으로 서명했다.[35] 반면, 레이저 펜을 사용해보지 않은 사람들은 일반 펜을 선택할 거로 예상했다. 하지만 오히려 그들은 그냥 손에 잡히는 대로 사용했다. 사람들은 펜이라면 그냥 펜 기능만 있는 게 낫다고 생각한다. 이 실험을 통해 여러 기능을 가진 제품이 왜 인기가 없는지 알 수 있다.

희석 원리를 이해하면 언제 유인책을 적게 제공하면 되는지 결정하기에 유리하다. 레퍼의 연구에서 알 수 있듯, 유인책을 제공하다가 제공하지 않으면 실망감을 준다. 심지어 활동의 원래 목적을 약화시킨다. 더군다나 새롭게 추가된 유인책이 매력적이지 않다면 유인책을 아무리 제공해도 동기가 저하된다.

기존 목표에 유인책을 추가하고 싶다면 그 유인책이 과연 도움이 되는지 따져봐야 한다. 목표를 향해 자신을 나아가게 하는지, 아니면 행동의 목적을 모호하게 만들어 목표에서 멀어지게 하는 건 아닌지 고민해봐야 한다.

적절한 유인책을 선택하는 법

유인책이 동기를 저하시킨다고 하면 누구나 놀라움을 금치 못한다.

그동안 유인책의 효과를 경험해왔으니 그럴 수밖에 없다. 경영학 석사과정을 밟고 있는 학생 가운데 학위를 딸 수 있어서 학습 동기를 잃었다는 학생을 본 적이 없다. 월급이 너무 많아서 일할 마음이 안 난다고 불평하는 직원도 만난 적이 없다. 금전적 보상을 비롯한 다른 유인책들은 적어도 일정 기간에는 제 역할을 하는 것처럼 보인다.

하지만 많은 사람들이 금전적 보상과 같은 유인책이 동기를 저하한다고 믿게 된다면 그건 걱정스러운 일이다. 왜냐하면 그런 믿음을 이용해 자신의 경제적 부담을 덜 수 있기 때문이다. 사람들은 음악을 불법으로 다운로드 받거나 헤어진 연인의 계정으로 TV 프로그램을 시청하는 식으로 예술을 무료로 즐기곤 한다. 그러면서 예술가에게 동기를 부여하는 건 돈이 아니라 창의성이라 믿고 싶을지도 모른다. 만약 자신이 불경기로 어려움을 겪고 있는 회사의 관리직을 맡게 됐다면 임금 인상이 오히려 직원들의 동기를 떨어뜨린다고 믿고 싶을 것이다. 자신이 돈을 내는 입장이라면 돈이 동기를 떨어뜨린다고 생각하면 편리하다. 이러한 생각은 저임금을 정당화할 때 사용되기도 한다.

하지만 예술가들도 금전적 보상이 있을 때 더 많은 예술 작품을 만든다. 임금 인상은 직원들의 사기를 진작시키고, 이는 결국 경영진에게도 좋은 일이다. 누구나 금전적 보상을 기대한다. 금전적 보상은 일을 하는 이유이기도 하다. 작품을 판매한다고 해서 예술가들의 동기가 흐려지지 않는다. 일에 대한 대가를 기대하는 건 누구에게나 당연한 일이다. 애당초 대가를 받는 행위가 일하는 이유를 흐리지 않는다. 하지만 우리가 하는 일 중에는 이유도 모르고 하는 일들이 있다.

그럴 때 유인책이 실마리를 제공한다. 물론 그러한 실마리 때문에 길을 잃기도 한다.

유인책이 동기를 저하한다고 주장한 연구자들의 연구를 보면 주로 대상이 아이들이다. 아이들은 좋고 싫음이 정해져 있지 않다. 여덟 살짜리 나의 아들에게 무슨 과목을 좋아하냐고 물으면 생각해봐야 한다고 대답한다. 나를 비롯해 어른들처럼 직관적으로 대답하지 않는다. 아이들은 어른들이 통제하는 세상을 상대적으로 낯설어한다. 그래서 아이들의 행동을 이해하려면 설명이 필요하다.

아이들 스스로 이런 질문을 할지도 모른다. "나는 그림을 그리고 싶어서 그릴까, 아니면 선생님이 그리라고 해서 그릴까?", "이 음식이 나만 맛있을까, 아니면 디저트가 없어서 먹고 있을까?" 아이들은 자신이 좋아하는 것과 싫어하는 것을 구분할 때 유인책을 통해 구분하기도 한다. 만약 누군가 자신에게 어떤 일을 시키면서 대가를 준다면, 그 일은 내가 하기 싫은 일일 것이다.

반면, 어른들은 자신이 어떤 일을 하는 이유를 이해할 때 유인책의 영향을 덜 받는다. 대부분 이미 오래전에 자신이 무엇을 좋아하고 무엇을 싫어하는지 파악했기 때문이다. 우리는 대부분 매일 출근한다. 여러 해 동안 같은 일을 하거나 같은 분야에 있었다면 그 일에 대해 느끼는 감정을 정확히 알고 있다. 그러다 보니 유인책이 자신의 감정을 바꾸는 데 별 도움이 되지 못한다. 임금 인상은 동기를 저하하지 않으며 오히려 성공의 신호이므로 동기를 유발한다.

만약 확실치 않은 새로운 일에 도전한다면 도전의 이유를 유인책에서 찾을 수 있을 것이다. 그 일을 하는 주된 이유가 유인책을 얻기 위해서라고 결론지을 수도 있을 것이다. 나는 다른 나라에 파견돼 강의를 하게 됐을 때 이 같은 사실을 깨달았다. 처음 싱가포르에서 강의를 맡았을 때, 내가 그 일을 하는 이유는 시카고대학교에서 승진하는데 필요한 점수를 얻기 위해서라고 생각했다. 하지만 싱가포르를 몇 번 다녀오고 난 후 생각이 달라졌다. 점수보다 훌륭한 교수 경험과 흥미로운 나라를 경험할 수 있는 기회에 마음이 더 끌리게 된 것이다.

새로운 일에 뛰어들 때 유인책이 핵심 목표를 제대로 보지 못하게 만들어 잘못된 길로 들어서기도 한다. 또한 자신이 특정 목표에 투자를 덜 했기 때문이라고 착각하기도 한다. 자신이 하고 있는 일과 유인책이 맞지 않을 때는 오히려 동기부여에 해가 된다. 가령, 누군가 내게 돈을 줄 테니 할머니에게 전화하라고 한다면 기분이 이상할 것이다. 정당하지 않다고 느껴지는 금전적 보상은 동기를 저하시킨다. 하지만 업무를 수행하거나 수당을 받는 것처럼 금전적 보상이 핵심인 활동의 경우에는 동기를 높인다. 한 연구에서는 아이들이 블록을 가지고 놀 때 돈을 줬더니 블록 놀이를 덜 즐기는 것으로 나타났다.[36] 반면, 현금 획득과 관련이 있는 동전 던지기 게임을 할 때는 돈을 주자 오히려 더 신이 났다. 많은 사람이 도박에 흥분하는 것도 금전적 보상으로 동기를 부여하기 때문이다. 즉, 금전적 보상을 기대할 때 돈을 지급하면 동기 수준이 높아진다.

유인책의 역효과를 막으려면 자신이 그 일을 하는 이유를 다른 사람도 이해할 수 있을지 자신에게 물어보자. 다른 사람이 이해하지 못한다면, 그리고 스스로 이유를 분명하게 이야기할 수 없다면, 유인책을 바꿔보도록 하자.

유인책이 없어도 흔들리지 않는 법

24시간 동안 투명 인간이 된다고 상상해보자. 다른 사람에게 보이지 않고, 들리지 않고, 느껴지지 않는다. 무엇이든 할 수 있다. 자, 이제 당신은 무엇을 할 것인가? 지난 몇 년간 수백여 명의 학생들에게 같은 질문을 던졌다. 학생들이 내놓은 답변 중에는 '은행 털기', '무단 침입', '스파이 활동', '상사나 친구, 다른 학생들, 가족들을 도청'이 압도적으로 많았다. 물론 농담이겠지만 자신이 싫어하는 사람을 독살하겠다는 대답도 있었다. 이런 대답들이 무엇을 의미할까? 이처럼 부정적 유인책이 제거되고 처벌받을 일이 없어지면, 사람들은 나쁜 생각을 쉽게 떠올린다.

학생들의 대답을 통해 타인을 신경쓰는 사람들의 심리를 알 수 있다. 보통 사람들은 처벌에 대한 두려움 때문에 기본 도덕 원칙을 지킨다. 그런데 도덕 원칙은 자신을 지켜보는 사람이 없어도 지켜야 하는 것이 아닐까? 하지만 나는 사람들, 적어도 내 학생들이 도둑질, 무단 침입, 스파이 활동, 살인을 하지 않는 건 체포되기 싫어서가 아니라 타인을 신경쓰기 때문이라고 믿고 싶다.

이것은 유인책이 의도하지 않은 또 다른 결과다. 다시 말해, 유인책은 행동이 미치게 될 영향을 모호하게 만든다. 누군가 자신을 지켜보는 사람이 없다고 해도 범죄는 사회와 자신에게 해를 끼친다. 하지만 사회가 만들어놓은 부정적 유인책 때문에 사람들은 누군가에게 잡히지만 않으면 범죄를 저질러도 괜찮다고 생각할지 모른다. 사회가 약물 규제법을 완화한다고 해도 마약을 사용하면 건강상에 문제가 반드시 생긴다. 또 장소마다 속도 제한 규정은 다르지만 어디를 가든 과속은 위험하다.

긍정적 유인책도 마찬가지다. 기부는 세상에 도움이 되는 행위지만 단지 세금 감면 혜택을 받기 위한 목적이라면 세금 감면이라는 유인책이 기부의 목적을 흐린다. 이처럼 유인책은 목표 수행을 격려하기 위한 수단이지만 어떤 일을 하려는 이유나 그 일을 피하려는 이유를 흐려놓을 수도 있다.

따라서 유인책을 정할 때 유인책이 목표에 대한 태도를 어떻게 형성하는지, 유인책이 제거됐을 때 어떤 일이 벌어질지 따져봐야 한다. 음주는 건강에 좋지 않지만 스물한 살이 되면 누구나 합법적으로 술을 마실 수 있다. 불법이라는 부정적 유인책이 사라졌다고 해서 건강 유지라는 목표를 해치면서까지 과음하라는 것은 아니다. 유인책 때문에 목표를 수정해서는 안 된다. 우리의 행동이 목표에 미치는 영향을 외면해서도 안 된다. 한 번쯤 상이나 벌이 없어져도 자신이 하던 일을 계속할 것인지 스스로 물어보자.

불확실한 보상이 도전 의식을 자극한다

2000년대 초반, 나는 어린 두 딸을 데리고 남편과 함께 이스라엘에서 미국으로 이주했을 때 눈앞이 깜깜했다. 물 떠난 물고기처럼 문화적 충격으로 힘들었다. 새로운 환경에서 살려면 돈이 얼마나 들지 막연히 생각만 했던 터라 생활비 걱정이 이만저만이 아니었다. 비록 지출은 알 수 없었지만, 수입은 어느 정도 예측할 수 있었다. 월급제였던 이스라엘과 달리 미국은 연봉제였다. 이스라엘에서는 달마다 월급이 달라 1년 수입을 정확히 알 수 없었던 반면, 미국에서는 고정 수입을 받으며 생활했다.

나는 개인적으로 예측 가능성을 중시한다. 미국에서 연봉을 받으며 일하게 되자 고정 수입이 동기에 어떤 영향을 미치는지 궁금해졌다. 고정적인 보상과 유동적인 보상, 어떤 조건에서 더 열심히 일할까? 두 가지 가정을 해보자. 연봉이 10만 달러인 직업 A가 있고, 연봉이 8만 5,000달러 혹은 11만 5,000달러일 가능성이 반반인 직업 B가 있다고 해보자. 확실성을 중요시하는 사람이라면 A를 선택할 가능성이 크다. 하지만 사람들은 급여가 확실치 않을 때 대부분 더 열심히 일한다.

왜 불확실한 유인책이 동기를 높일까? 오래전 심리학 입문 수업에서 들었을 법한 행동주의 이론에서 답을 찾을 수 있다. 행동주의는 보상을 두 가지의 '강화 계획'reinforcement schedule으로 나눈다. 하나는 '연속적 강화 계획'continuous schedule으로 원하는 반응을 보일 때마다 보상을 주는 것이다. 또 하나는 '간헐적 강화 계획'intermittent schedule으로 임의로 보상을 주는 것이다. 놀랍게도 간헐적 강화가 보상으로서 더 효과적이다. 개에게 새로운 기술을 가르치든, 비둘기에게 탁구를 훈련시키든, 연구자가 원하는 반응을 보일 때 음식을 간헐적으로 제공하자 효과가 제일 컸다. 동물들은 보상이 언제 올지 모르는 상황에서 보상을 기대하며 연구자가 시키는 대로 행동했다. 심지어 보상이 사라져도 행동을 지속했다.

인간 역시 동물이기에 같은 속임수를 적용할 수 있다. 예를 들어, 한 그룹의 학생들에게는 연속적 강화 계획에 따라 질문에 정확하게 대답할 때마다 "훌륭한 대답이군요!"라고 칭찬했다. 또 한 그룹의 학생들에게는 간헐적 강화 계획에 따라 이따금 칭찬을 했다. 동물들과 마찬가지로 동기부여 측면에 있어서는 간헐적 강화가 연속적 강화보다 효과적이었다. 강도나 횟수가 정해져 있지 않을 때, 즉 유인책이 확실하지 않을 때에는 유인책이 기대보다 작거나 없으면 실망을 덜 한다. 또한 좋은 결과를 냈다고 해서 늘 보상이 따르는 것은 아니므로 다음번에는 보상을 받을 수 있다고 생각한다.

때로는 불확실한 유인책이 얻기가 더 어려워 동기를 부여하기도 한다. 즉, 불확실한 보상을 얻으려면 운이 좋거나 더 열심히 노력해야 한다. 적당히 어려운 목표가 동기를 유발하듯 도전 의식을 자극하는 불확실한 유인책도 동기를 유발한다. 승리가 보장되지 않은 경기에서 운동선수들이 더 열심히 뛰는 것을 떠올려보라.

불확실한 유인책은 흥미를 자극하기도 한다. 아이들이 무척 좋아하는 오락실을 예로 들어보자. 내 경험상, 오락실 기계는 공평하지 않다. 번쩍번쩍하고 빛나고 요란한 소리가 나는 기계에 돈을 넣으면 싸구려 플라스틱 장난감이 나온다. 도대체 이런 거래 방식에 왜 열광하는 걸까? 아마도 약간의 기술과 운이 작용하는 게임이기 때문일 것이다. 레버를 당기고 밀고, 혹은 공을 던진다. 운이 좋으면 대박이 날 수도 있다. 이처럼 승산을 알 수 없고 자신의 운을 시험해보는 일은 흥미진진하다.

자신의 노력이 성과를 가져올지 알 수 없을 때 우리는 호기심을 갖는다. 하지만 불확실성 자체만으로는 재미가 없다. 언제나 어둠 속에 머물고 싶어 하는 사람은 없다. 불확실성을 깨고 노력에 대한 보상을 받으며 어둠에서 빛으로 나아갈 때 인간은 심리적으로 보람을 느낀다.

이러한 불확실한 유인책의 흥미진진한 면이 우리를 더 열심히 일하게 만든다. 루시 센Luxi Shen, 크리스 씨Chris Hsee와 함께 나는 이러한 현상을 살펴보기 위해 다소 이상한 실험을 해봤다. 우선 실험 참여자들에게 2분 안에 물 1.4리터를 마시면 상금을 주는 작은 게임을 제안했다. 물의 양이 상당했지만 대부분 성공했다. 우리는 참여자들 모르게 2달러를 고정적으로 받는 그룹과 동전 던지기를 통해 1달러 혹은 2달러를 받는 그룹을 구분했다. 2달러라는 확실한 보상을 보장받은 그룹에 비해 50퍼센트의 기회를 가진 집단은 불확실한 보상 조건으로 게임에 참여했다. 하지만 결과적으로 불확실한 보상 조건으로 게임에 참여한 사람들이 제한 시간 안에 더 많은 물을 마셨다.[37] 이 연구는 1달러를 받을지 2달러를 받을지 모르는 불확실성을 해결하려는 생각이 2달러를 고정적으로 받는 것보다 동기부여에 더 효과적이라는 사실을 보여준다.

하지만 사람들은 선뜻 불확실성을 선택하지 않는다. 대체로 200만 달러를 보장받거나 아무것도 얻지 못하는 복권 구입보다 100만 달러를 보장받기를 선호한다. 이처럼 불확실성이 늘 흥미로운 것은 아니지만 행동에 동기를 부여한다.

다행히 불확실한 유인책은 주변에서 흔히 볼 수 있다. 결과를 알 수 없을 때 사람들은 최선을 다한다. 회사나 학교에 지원할 때 합격 여부를 알 수 없기 때문에 사람들은 더 열심히 일하거나 공부한다.

프러포즈를 할 때도 연인이 받아줄지 말지 알 수 없다. 이제부터는 동기를 부여하는 불확실성을 받아들이자.

유인책에 관한 연구에 따르면 목표 달성의 이유를 추가할 때 주의를 기울여야 한다. 유인책이 행동을 유도하지만, 지나치게 많으면 역효과를 낳을 수 있다. 목표의 진짜 이유를 바꿔버리거나 희석해버려 흥미와 의욕을 떨어뜨릴 수도 있다. 게다가 애초에 행동이 목표에 미치는 영향을 깨닫지 못하게 할 수 있다. 확실한 유인책은 불확실한 유인책보다 더 강력해 보이지만 오히려 그 반대다. 그리고 확실성은 더 이상 유인책을 신경 쓰지 않도록 만들어 습관화를 초래한다. 이러한 위험 요소를 염두에 두고 유인책에 관해 다음의 질문을 해보자.

1 목표에 어떤 유인책을 추가하면 좋을까? 예를 들어, 독감 예방 주사를 맞거나 중요한 프로젝트를 마치고 심야 영화를 보거나 장시간 거품 목욕을 즐기는 것은 어떨까?

2 목표 달성에 필요한 유인책인가? 목표의 의미를 바꾸는 유인책이라면 수정해야 한다. 예를 들어, 독서의 즐거움을 빼앗아가는 외적 보상이라면 제거해야 한다.

3 아직 진행 중인 목표 수행에 유인책을 추가했는가? 자신이 끌려다닐지도 모를 유인책을 놓고 아직 고민 중이라면 과감하게 제거해야 한다.

4 유인책이 적합한가? 금전적 보상은 관계 추구에 적합하지 않다. 관계에 돈이 개입되면 관계를 지속하고 싶은 마음이 줄어들 것이다. 그러한 유인책은 제거하자.

제4장

행동의 원동력,
내적 동기를 찾아라

마크 트웨인의 소설《톰 소여의 모험》에서 주인공 톰은 어느 날 밤 먼지를 뒤집어 쓴 채 집에 돌아왔다. 그 모습에 화가 치밀어 오른 폴리이모는 톰에게 벌을 주기로 했다. 벌은 앞마당에 있는 울타리에 페인트칠을 하는 것이었다. 친구들과 놀지도 못하는 데다 놀림거리가 될 생각에 톰은 실망했다. 바로 그때 친구 하나가 등장하고 그는 좋은 생각을 떠올렸다. 톰은 벤 로저스의 비웃음을 가장 우려하고 있었다. 아니나 다를까, 벤은 야유를 퍼붓기 시작했다. "난 수영하러 가지롱! 너도 가고 싶어 죽겠지?" 하지만 톰은 마치 위대한 예술 작품 바라보듯 담장을 바라보며 수영 따윈 하고 싶지 않다고 말했다. 그러곤 몹시 흐뭇해하며 "우리 같은 남자애들이 담벼락에 페인트칠 할 기회가 날이면 날마다 오는 게 아니잖아?"라고 말했다.

그러자 벤은 자기도 한번 칠하게 해달라고 애원했다. 그러고는 톰에게 기회를 주는 대가로 자신이 갖고 있던 맛있는 사과를 건네줬다. 이를 본 소년들이 점점 더 많이 몰려들었고, 톰은 연과 구슬, 분필, 올챙이, 외눈박이 고양이를 받고 페인트칠을 허락했다. 저녁 무렵까지 울타리에 페인트칠을 세 번이나 하는 동안 톰은 손 하나 까딱하지 않았다.

톰은 마치 페인트칠이 전례 없는 즐거운 일인 양 친구들을 속여 넘겼다. 트웨인은 이 유명한 장면을 통해 내적 동기의 심리적 측면을 날카롭게 꼬집는다. 그는 "일은 어쩔 수 없이 하는 것이고 놀이는 하라고 하지 않아도 알아서 하는 것"임을 알고 있었다.

일찍이 트웨인이 보여준 통찰력에도 불구하고, 내적 동기는 지금까지도 동기 과학 분야에서 밝혀진 것이 많지 않은 개념이다. 사람들은 내적 동기라는 용어를 금전적 보상 없이 어떤 활동을 하는 것, 혹은 단순한 호기심 정도로 사용해왔다. 하지만 내적 동기란 '그 자체가 목적처럼 느껴져 활동을 하게 만드는 것'이다. 내적 동기가 부여되면 사람들은 동기 그 자체를 위해 행동한다.

내적 동기는 모든 일에 있어서 참여 정도를 예측할 수 있는 강력한 요인이다. 애덤 그랜트_{Adam Grant}에 따르면 내적 동기가 소방관들의 근무 시간[38]과 보안요원들의 업무 창의성[39]을 증가시킨다고 한다. 내적 동기를 부여하는 목표를 설정하거나 내적 동기를 높이는 전략을 사용할 때 일의 성공 가능성도 커진다. 플라잉 요가 배우기를 단기적 목표로 정하거나 중국어 배우기를 장기적 목표로 정하면 기분이 들뜬다. 의무감이 아니라 스스로 원해서 하는 일이기 때문이다.

　새해 결심을 생각해보자.[40] 해마다 1월의 문턱에 들어설 때면 많은 사람이 새해 결심을 한다. 하지만 결심을 하면서 자신이 반드시 해내리라는 생각에 가슴이 벅차는 흥분감을 느끼진 않는다. 내적 동기가 차고 넘친다면 매해 1월 1일마다 올해 어떤 일을 하겠다고 결심까지 할 필요는 없을 것이다. 그럼에도 불구하고 울타리 페인트칠처럼 새해 결심은 내적 동기를 부여하는 정도가 다양하며 그 정도의 차이가 변화에 있어 중요하다.

　케이틀린 울리Kaitlin Woolley와 나는 1월에 목표를 세운 사람들을 3월까지 추적 관찰해봤다. 예상대로 내적 동기의 정도에 따라 실천 정도가 달랐다. 실험 참여자 대다수가 새해를 맞아 운동을 더 많이 하기로 결심했다. 하지만 성공한 사람과 실패한 사람을 가르는 기준은 각자가 운동을 어떻게 느끼는지에 달려 있었다. 운동을 즐기는 사람들은 내적 동기를 좀 더 갖추고 있는 편이다. 따라서 운동을 덜 즐기는 사람과 비교해 운동을 더 많이 한 것으로 나타났다. 다른 결심도 마찬가지였다. 하지만 흥미롭게도 자신의 결심을 중요하게 생각하는 정도와 결심을 실천에 옮기는 빈도는 상관이 없었다. 건강을 위해 운동의 중요성을 강조하는 사람이 덜 중요하게 생각하는 사람에 비해 실제로 운동을 더 많이 하는 것은 아니었다. 새해 결심을 얼마나 오래 유지할지 예측해보고 싶다면, 얼마나 결심을 중요하게 생각하는지보다 결심을 실천에 옮기는 데 얼마나 관심이 있는지 따져봐야 한다.

　목표를 설정할 때는 목표에 대해 얼마나 관심이 있는지 분명히 밝혀야 한다. 목표를 향해 나아가는 과정을 즐겁고 신나는 일로 바꿔줄 방법을 찾는다면 내적 동기가 생긴다. 다시 말해 목표를 향해 계속 나아갈 수 있다. 하지만 목표가 이미 자신이 좋아하는 일이라면 내적 동기의 도움이 그다지 필요 없다. 클래식 음악을 좋아하는 사람은 모차르트를 매일 들을 수 있고, 야구팬들은 몇 시간이고 경기를 시청할 수 있고, 아이스크림을 좋아하는 사람은 몇 통이고 먹을 수 있다. 그러므로 본질적으로 재미없거나 흥분되지 않는 일을 목표로 삼을 때 내적 동기를 적극 이용하면 된다. 운동이나 일, 심지어 뒤죽박죽인 옷장 정리를 즐기면서 할 수 있는 방법을 찾는다면 자신의 중요한 목표를 더욱 쉽게 이뤄낼 수 있다.

내적 동기란 무엇인가

행동 그 자체가 목적이라는 말은 무슨 의미일까? 행동과 행동이 주는 혜택을 분리할 수 없을 때 내적 동기가 부여된다. 당신이 자신의 일을 사랑한다면 그 일을 하는 것을 당연하게 느낀다. 마찬가지로 당신이 땀 흘리는 것을 좋아한다면 헬스장에 가는 것이 힘들지 않을 것이다. 주된 목적이 행동 그 자체이기 때문이다. 이때 만약 당신에게 일을 하거나 운동을 해서 얻는 게 무엇인지 물어도 당신은 마땅한 대답을 하지 못할 것이다. 당신의 마음 안에서는 내적 동기에 따르는 행동과 목적이 섞여 하나로 인식하기 때문이다.

목표를 이루는 순간은 당연히 내적 동기가 부여되는 순간이다. 근사한 식사, 봄날의 공원 산책, 불꽃놀이 구경, 수수께끼 풀이, 섹스,

모두 내적 동기에 의한 행동이다. 이러한 행동들은 대개 실행하는 순간 바로 목표가 달성된다. 불꽃놀이를 보고 무엇을 성취했냐고 물으면 불꽃놀이를 봤다고 말할 것이다. 그러나 대부분의 행동은 행동마다 내재성이나 목표를 달성했을 때의 성취감이 다양하다. 자기 충족을 위한 직업과 활력을 주는 운동은 돈 벌기, 건강하게 오래 살기와 같은 마음속 다른 목표에도 도움이 된다. 그렇다고 해도 일과 운동이 항상 내적 동기를 부여하는 건 아니다. 어떤 행동이 내적 동기를 부여하는지 알아보려면 그 행동이 목표 수행의 한 단계보다는 목표 달성의 일부로 느껴지는지 물어봐야 한다.

사람마다, 행동마다 그리고 환경마다 대답이 다를 수 있다. 앞서 언급했던 행동들을 예로 들어보자. 대체로 근사한 식사는 내적 동기를 유발하는 활동이다. 하지만 면접의 일부로 식사를 해야 한다면 식사를 즐기는 것보다 취업 제의를 받는 것이 이면에 숨은 목표라 할 수 있다. 따라서 당신은 양복을 더럽힐 수 있는 볼로네제 파스타는 피하고, 식사 예절을 지키고, 와인을 조금만 마시면서 근사한 식사라는 즉각적인 목표보다 취업이라는 장기적 목표에 주의를 기울일 것이다. 공원 산책과 불꽃놀이 구경에도 동료의 기분 전환을 도와주려는 다른 동기가 숨어 있을 수 있다. 섹스 역시 임신이라는 다른 동기가 있을 수 있다. 이처럼 이면에 다른 동기가 있을 때는 행동과 목표가 분리돼 내적 동기가 줄어든다.

어떤 일을 해내도록 만드는 내적 동기가 얼마나 되는지 파악하려면 행동(수단)과 목표(목적) 간의 융합 정도를 따져보면 된다. 자신이 어떤 행동을 하고 있을 때 목표를 달성하고 있는 것처럼 느껴지는가?

만약 그렇지 않다면 행동을 마쳤을 때 최종 목표로부터 얼마나 떨어져 있다고 느끼는가? 예를 들어, 전적으로 아주 먼 미래를 위해 운동을 한다면 수십 년간 운동과 목표가 분리될 수 있다. 하지만 내적 동기가 낮은 행동이라고 해서 무시해선 안 된다. '외적으로' 동기부여가 이뤄지는, 다시 말해 외적 보상을 얻는 중요한 활동일 수 있다. 대표적인 예가 정기 건강 검진이다. 재미없는 일이지만 건강을 위해 매우 중요한 일이기도 하다.

만약 내적 동기를 극대화하고 싶다면 무엇이 내적 동기가 아닌지 이해해야 한다. 첫째, 내적 동기는 호기심 해결에만 국한되지 않는다. 20세기 중반, 당시 연구자들은 내적 동기를 오해하고 있었다. 그들은 아무런 외적 보상을 주지 않아도 동물들은 그저 호기심에 주변을 탐색한다고 주장했다. 또한 탐색을 통한 호기심 충족이 동물들의 내적 동기이자 목적이라고 결론지었다. 그 후 몇 년간, 동물들의 탐색 활동이 내적 동기에 의한 것이라는 결론이 유효하게 받아들여졌고, 내적 동기는 탐색을 통한 호기심의 충족을 뜻하게 됐다.

탐색이 종종 내적 동기가 되기도 하지만 늘 그런 것은 아니다. 만약 한 번도 가본 적 없는 먼 나라에 대한 호기심에 승객들 틈에 끼어 장거리 비행을 하고 있다면 내적 동기보다는 외적 동기에 영향을 받았다고 느끼기 쉽다. 로키산맥 등반과는 달리 비행은 목적에 이르는 수단이다. 여행의 목적이 호기심 충족이라고 해도 비행은 내적 동기가 낮은 편이다. 그리고 불꽃놀이 구경과 기분 좋은 산책처럼 내적 동기가 부여된 행동들은 호기심과는 아무런 상관이 없다. 우리는 불꽃놀이가 어떻게 생겼는지 이미 알고 있다. 또 해마다 미국의 독립기념일에는 불꽃놀이가 하늘을 수놓는다. 그런데도 우리는 여전히 불꽃놀이를 보고 싶어 한다.

둘째, 내적 동기가 모두 선천적인 것은 아니다. 동기 과학 연구자들은 선천적 동기innate motive와 후천적 동기learned motive를 구분한다.[41] 선천적 동기란 태어날 때부터 모든 인간에게 프로그램화된 동기를 말한다. 인간은 자율성과 능력을 표현하려는 동기뿐만 아니라, 사회 관계를 형성하려는 동기를 가지고 태어난다. 우리는 갓난아이와 걸음마를 시작하는 아이들에게서 그 과정을 목격할 수 있다. 갓난아이는 자발적으로 웃는 법을 배울 때까지 부모의 관심을 받기 위해 반사적으로 웃는다. 걸음마를 배우는 과정에서는 소위 '끔찍한 네 살'이 될 때까지 독립심을 과시하려 든다. 또한 신체적으로나 인지적으로 자신의 선천적 능력을 확인하는 시험대에 놓인다. 반면, 권력과 지위, 돈을 얻고자 하는 동기는 성장하면서 문화와 사회를 통해 학습된다. 이처럼 동기의 원천이 다르다는 이유로 때때로 선천적 동기만이 내적 동기라고 생각하곤 한다. 쉽게 말해 부의 추구는 내적 동기가 될 수 없다고 생각한다.

하지만 그렇지 않다. 라스베이거스에 가본 적이 있다면 누군가가 내적 동기에 의해 도박을 하는 모습을 목격했을 것이다. 보통 사람들은 도박을 반드시 해야 하는 일로 여기지 않는다. 하지만 도박꾼은 행동(도박)과 목적(돈)을 하나로 여기곤 한다. 즉, 도박을 목적으로 받아들인다. 도박과 같은 확률 게임에서는 부의 추구(후천적 동기)를 곧 내적 동기로 받아들인다. 반대로 돈을 버는 일을 지루한 일과로 여길 때는 같은 목표라도 외적 동기로 받아들일 수 있다.

자신을 포함해 누군가에게 내적 동기가 있는지 확인하려면 무엇이 내적 동기이고 무엇이 외적 동기인지 폭넓게 이해해야 한다. 다음의 증상을 살펴보자. 첫째, 내적 동기가 있으면 특정 행동을 계속하고 싶어 한다. 그만두고 싶어 하지 않는다. 예를 들어 퇴근 무렵에 기분이 어떤지 스스로에게 물어보자. 몇 분의 시간을 더 할애해 잔업을 끝내고 싶은지, 아니면 소지품들을 챙겨 마침내 퇴근할 수 있게 돼 후련한지 물어보자.

이를 설명하기 위해 동기 과학 연구자들은 '자유 선택 패러다임'free-choice paradigm이라는 개념을 내놓았다. 그들은 실험 참여자들에게 우선 과제를 주고 종료 시간이 되면 계속 과제를 수행해도 되고 집에 가도 된다고 말했다. 그리고 종료 시간 후에도 사무실에 남아 있거나 과제를 마치고도 계속 머물러 있다면 내적 동기를 갖췄다고 결론 내렸다.

만약 누군가가 내적 동기를 갖췄는지 알아보려면 그 행동을 하는 동안 무엇을 경험하고 느꼈는지 물어보면 된다. '그 일을 하면서 간절했나요, 호기심이 생겼나요, 즐겼나요?', '일이 아니라 놀이에 가깝다고 느꼈나요?', '그 일을 하면서 목표를 달성하고 있다고 느꼈나요?' 만약 상대방이 그렇다고 대답한다면 내적 동기를 갖춘 것이다.

스스로 즐겁게 해내는 힘을 기르는 법

운동이나 돈을 벌기 위해 일하는 행위는 본질적으로는 내적 동기를 일으키지 않는다. 그럼에도 과연 무엇이 이처럼 내적 동기를 유발하지 않는 행동을 목표로 만드는 것일까? 어떤 행동은 처음부터 목표가 아니었음에도 불구하고, 목표를 달성하는 순간에 내적 동기를 불러일으킨다고 느끼게 만든다. 건강을 위해 운동을 시작했다고 해보자. 운동을 하면서 활력이 생기면 운동과 활력이 마음속에서 하나가 되고 운동에 대한 내적 동기가 높아진다.

실험 심리학과 행동 치료에 사용되는 조건 형성 기술에서 원리를 찾을 수 있다. 사람과 동물은 '조작적 조건 형성'operant conditioning 훈련 과정에서 행동이 보상으로 이어진다는 것을 반복을 통해 학습한다. 파블로프의 개를 생각해보자. 음식과 종소리를 서로 연결짓는 조건을 학습한 개는 종소리를 들으면 침을 흘린다. 반복을 통해 특정 행동(운동)과 특정 보상(활력)을 서로 연결짓도록 조건화가 이뤄지면 사람과 동물은 더 자주 특정 행동을 수행하게 되고 그 행동으로 인한 긍정적인 감정을 더 느끼려고 한다.

보상에 대한 흥분은 보상을 얻는 행동으로 이어진다. 예를 들어, 레버를 누르면 음식을 받을 수 있다고 학습한 비둘기는 레버를 누르는 순간 음식이 나오기도 전부터 눈에 띄게 흥분한다. 비둘기와 마찬가지로 운동에 내적 동기를 가진 사람은 운동 효과를 느끼기도 전부터 운동할 생각에 흥분한다.

또한 전적으로 특정 행동에 의해 목표가 달성될 때 내적 동기가 부여된다. 목표를 달성하는 데 도움이 되는 특정 행동이 있고, 오직 그 행동에 의해서만 특정 목표가 달성된다면 우리는 그 행동과 목표를 강하게 연관 짓게 된다. 가령, 평온한 상태에 이르기 위해 명상을 하고 명상을 통해서만 평온해질 수 있다면, 명상이 내적 동기를 부여한다. 이러한 일대일 관계는 제3장에서 언급한 희석 원리와 연관이 있다. 하나의 행동이 여러 목표를 수행한다면 어느 목표에도 도움이 되지 않을 수 있다. 와인이 저렴한 데다 맛까지 좋을 순 없다고 생각하는 것과 유사하다. 행동과 목표의 관계에서 발생하는 또 다른 희석 효과는 행동의 내적 동기를 낮출 수 있다는 것이다. 밖에서 시간을 보내는 것이 유일한 목적이라면 출근길을 산책과 겸할 때보다 산책만 하러 나갈 때 내적 동기가 더 부여될 것이다. 하지만 행동과 목표의 관계가 특별할수록 대가가 따를 수 있다는 점에 주의하자. 오직 명상만이 평온을 찾아준다면 바쁜 일과 때문에 명상할 시간이 없을 때에 냉정을 유지하기 위해 고군분투해야 할 것이다. 평온함을 찾을 수 있는 한 가지 이상의 다른 방법을 찾는 유연함이 목표 달성에 도움이 될 것이다.

행동과 그와 연관된 목표가 유사할 때에도 내적 동기를 높일 수 있다. 행동과 목표가 딱 맞아떨어질 때 둘은 마음속에서 더욱 긴밀하게 연결된다. 만약 휴식보다 자아 성장이 목표라면 피아노, 농구, 스페인어 회화를 배우고 싶을 것이다. 앞 장에서 언급했듯, 누군가 돈을 줄테니 할머니에게 전화하라고 한다면 가장 먼저 왜 그래야 하는지 의문이 생긴다. 즉, 행동과 목표의 관계가 서로 맞지 않으면 동기를 저하시킨다. 따라서 목표를 설계할 때 유인책과 내적 동기가 목표에 부합하는지 따져봐야 한다.

마지막으로, 목표 도달 시기가 내적 동기 유발에 중요하다. 행동 수행 시간과 목표 도달 시간 사이의 간격이 짧을수록 내적 동기가 부여된다. 행동과 목표 달성이 동시에 일어날 때, 매우 강한 내적 동기를 경험할 수 있다. 낭만적인 저녁 식사, 파리에서의 휴가, 지적 혹은 감정적 성장, 햇살 좋은 날 반려견과의 산책을 생각해보자. 이러한 행동들은 연인에게 친밀감을 느끼거나 새로운 도시를 경험하거나 자아 성장을 하거나 휴식을 취하는 등의 목표 달성으로 곧장 이어진다. 즉각적인 만족감은 내적 동기를 가장 강하게 끌어당긴다.

매일매일 쏟아지는 뉴스처럼 좀 더 평범한 일상을 생각해보자. 많은 사람이 세상의 다양한 소식을 듣기 위해 심야 쇼를 시청한다. 농담 없이는 세상이 돌아가는 모습을 참고 들을 수 없기 때문이다.[42] 울리와 나는 사람들을 모아 존 올리버가 진행하는 〈라스트 위크 투나잇〉Last Week Tonight 쇼를 시청하게 했다. 달라이 라마와 티베트의 정치적 상황에 관해 다룬 뉴스 클립을 틀어준 다음, 한 그룹의 사람에게는 뉴스 쇼를 시청하면 무엇을 즉각적으로 얻을 수 있는지 물었다. '쇼를 시청하는 동안 어떤 정보를 얻을 수 있는가?' 다른 그룹의 사람에게는 뉴스 쇼를 시청하고 나서 얻을 수 있는 정보의 지연 효과delayed benefit에 대해 물었다. '쇼를 시청하고 몇 주 뒤에 어떤 정보를 더 얻을 수 있는가?' 실험 내용은 간단했지만, 각각의 질문은 쇼를 보는 사람들에게 영향을 미쳤다. 그리고 즉각적인 이득을 생각한 그룹에게서 내적 동기가 더 많이 유발됐다.

시간적 연관성은 내적 동기를 높일 수 있는 강력한 도구다. 심지어 외적 보상도 빠르게 주어지면 내적 동기를 높인다. 몇 주 뒤에 보수를 받는 것보다 일을 마치고 곧바로 보수를 받을 때 일이 더 즐거워진다. 앞서 소개한 과잉 정당화 효과처럼 보수를 기대하지 않던 일에 대해 보수를 지급하면 동기 수준이 저하될 수 있지만 보수를 기대한 일에 대해서는 보수를 빨리 지급할수록 내적 동기를 높인다. 반면, 행동에 대해 대한 보상 지급 시기가 늦춰질수록 내적 동기가 낮아진다.

지루한 일을 재밌게 만드는 세 가지 전략

내 지인 중 한 명이 자신의 딸, 올리비아에 관해 편지를 보내왔다. 스물아홉 살인 그녀에겐 자폐증과 당뇨가 있었다. 미국 서부의 작은 시골 마을에 살며 매일 3.2킬로미터씩 걷고 있다고 했다. 그런데 그녀는 불과 몇 년 전만 해도 걷는 걸 싫어해 조금도 걷지 않았다고 한다. 운전을 하지 않는 그녀는 누군가의 도움이 없으면 가까운 마트나 식당 정도만 걸어 다닐 뿐, 주로 집에만 있었다. 그러던 어느 날 그녀가 포켓몬고Pokémon GO를 다운받으면서 사정이 달라졌다.

1990년대 후반부터 올리비아는 포켓몬스터의 열렬한 팬이었다. 2016년 포켓몬고가 출시되자 그녀는 게임을 할 생각에 흥분했다. 이 게임의 작동 원리는 간단하다. 사용자의 휴대전화 GPS와 시계를 이용해 게임에 접속한 시간과 장소를 감지하면 포켓몬 캐릭터들이 사용자 주변에 나타난다. 사용자들은 캐릭터들을 따라가 잡으면 된다. 올리비아는 게임을 다운받고 얼마 지나지 않아 3.2킬로미터를 걷기 시작했다. 포켓몬을 잡기에 가장 적당한 경로다. 포켓몬고 게임은 열 살 때부터 포켓몬을 찾아 떠나는 여행을 꿈꿔온 올리비아에게 밖으로 나가 걸어야 할 이유를 제공했다.

올리비아 외에도 많은 사람이 포켓몬고 덕분에 운동할 동기를 얻었다. 나 또한 같은 이유로 여덟 살짜리 아들과 동네를 산책하기 시작했다. 2016년 여름 게임이 처음 출시됐을 당시 인기가 가히 폭발적이었다. 포켓몬고가 한창 유행하던 시기 미국 전역에서 사용자들이 돌아다니며 기록한 걸음 수만 해도 1,440억 걸음에 달했다고 한다.[43] 일각에서는 지나치게 많은 사람이 게임에 정신이 팔려 거리를 활보하고 다닌다며 포켓몬고를 비난했다.

포켓몬고는 사람들의 내적 동기를 이용한 덕분에 다른 운동 관련 앱에 비해 운동에 대한 동기를 더 많이 자극했다. 걷기를 게임으로 바꿔놓은 것이 가장 주효했다. 지루하고 어려운 행동의 내적 동기를 유발하는 방법에는 세 가지가 있다. 첫째, 말 그대로 '재미있게 만들기'make-it-fun 전략이다. 먼저 행동과 즉각적인 유인책(일명 하위 목표)을 적극적으로 연관 짓는다. 다시 말해 지루한 행동에 즉각적인 보상이라는 유인책을 도입해 행동을 즐겁게 만든다. 울리와 나는 고등학생들을 모아 음악을 듣거나 간식을 먹거나 밝은색 펜을 사용해 숙제를 하도록 요청했다. 그러자 숙제를 하는 시간이 길어졌다. 학생들은 즉각적인 청각·미각·시각적 즐거움 덕분에 수학 숙제를 재미있게 받아들였다. 포켓몬을 잡는 것 역시 포켓몬고 이용자들에게 즉각적인 유인책이다.

목표와 마음을 움직이는 요소를 묶어 목표를 재미있게 만들 때 종종 '유혹 묶기'temptation bundling[44]라는 원리를 적용할 수 있다. 운동하면서 TV 시청하기, 숙제하면서 음악 듣기가 대표적인 예다. 이 원리를 통해 극적인 효과를 얻으려면 목표를 수행하는 동안으로 제한하면 된다. '업무용 이메일에 답장을 쓰는 동안에만 초콜릿 한 조각 먹기'

처럼 유혹을 목표와 묶으면 목표 달성을 향한 내적 동기를 높일 수 있다. 단, 반드시 보상이 즉각적으로 주어져야 한다. '금요일까지 초콜릿 다섯 조각 먹기'처럼 지연된 보상을 더하면 효과가 없다.

두 번째, '재미있는 방법을 찾기'find a fun path 전략이다. 목표를 세우고 목표 수행 방법에 대해 생각할 때 즉각적인 즐거움을 고려해야 한다. 예를 들어, 운동을 많이 하고 싶다면 재미있어 보이는 운동을 찾아야 한다. 헬스장에서 자전거를 열심히 타는 것보다 신나는 음악에 맞춰 페달을 굴리는 스피닝을 시도해보자. 신나는 음악을 좋아한다면 쿵 쾅거릴 정도로 음악을 크게 틀어놓고 하는 운동을 추천한다. 매우 효과적인 전략이다.

울리와 내가 연구한 바에 따르면 근력 운동을 좋아해서 선택한 사람들은 운동 효과를 생각해 선택한 사람들에 비해 50퍼센트나 더 반복해 운동하는 것으로 나타났다.[45] 물론 목표 달성에 근본적으로 도움이 되는 행동을 선택해야 한다. 건강 때문에 운동을 선택한다면 신체 움직임이 적은 요가는 크게 도움이 되지 않는다. 같은 조건이라면 자신이 가장 재미있어 하는 운동을 선택하자.

세 번째, '이미 존재하는 재미를 찾기'notice the fun that already exists 전략이다. 어떤 행동을 할 때 지연 효과보다 즉각적인 효과에 초점을 두면 내적 동기를 높여 꾸준히 지속할 가능성도 커진다. 당근을 더 많이 먹기로 했다고 해보자. 이때 당근이 건강에 좋다거나 시력 개선에 도움된다는 이유보다 아삭아삭한 식감, 달콤한 맛, 향긋한 향기처럼 자신이 좋아하는 당근의 특징에 집중한다면 당근을 더 많이 먹을 수 있다.

울리와 나는 연구를 통해 이 같은 사실을 발견했다. 먼저 꼬마 당근이 담긴 똑같은 봉투 두 개를 준비한 뒤, 실험 참여자들에게 선택하게 했다. 한 그룹의 사람에게는 '더 맛있어 보이는' 쪽을 선택하라고 했고, 또 다른 그룹의 사람에게는 '더 건강해 보이는' 쪽을 선택하라고 했다. 그 결과, '더 맛있어 보이는' 쪽을 선택한 그룹에서 당근을 먹는 비율이 50퍼센트나 더 높았다. 이처럼 즉각적이고 긍정적인 경험에 주의를 기울이는 것만으로도 자신이 선택한 목표에 더 집중할 수 있다.

하지만 주의점도 있다. 열두 살이 넘으면 인생이 항상 즐겁지 않다는 것을 안다. 모든 일에 내적 동기가 생길 순 없다. 처음 임신했을 때 나는 출산이 놀라운 경험일 거라고 생각했다. 어쨌든 모든 사람이 출산의 아름다운 기적에 대해 말했다. 하지만 나는 곧 출산이 긴 고통 끝에 찾아오는 잊을 수 없는 대장정의 마지막이라는 것을 깨달았다. 다행히 출산에는 내적 동기가 필요 없다. 비교적 짧지만 고통스러운 경험을 통해 내적 동기보다 일의 완수와 앞으로 나아갈 일에 대해 더 많이 걱정해야 한다.

내적 동기는 최고의 결과를 얻도록 돕지만 만약 최소한의 결과만 기대한다면 내적 동기가 필요치 않다. 경영학 교수인 나는 싫어하는 일을 하면서 자신을 '임금의 노예'로 느낀다는 사람들과 이야기를 나눈다. 그들은 더 나은 대안이 없는 한 대체로 일을 그만두지 않는다. 그리고 대다수가 실직에 대한 두려움 때문에 출근한다. 결과적으로 그들은 최선을 다하지도, 그렇다고 일을 그만두지도 않는다.

내적 동기에 대한 우리의 오해와 편견

내적 동기가 가진 힘에 대한 근거 없는 믿음과 오해를 불식시키는 강력한 증거에도 불구하고 사람들은 여전히 내적 동기를 신경 쓰지 않는다. 심지어 미래에도 지금만큼 내적 동기를 신경 쓰지 않을 거라고 생각한다. 하지만 내적 동기에 대한 근거 없는 믿음과 오해를 걷어낸다면 목표를 더 잘 세울 수 있을 뿐만 아니라 다른 사람들과 관계 맺기도 더 잘할 수 있다.

사람들은 자신을 다른 사람들과 비교할 때 대부분 비슷하게 행동한다. 대부분 자신이 긍정적인 특성 면에서 평균 이상이라고 생각한다. 하지만 이것은 편견, 즉 '평균 이상 효과'better-than-average effect다. 예를 들어, 관대함이라는 긍정적 자질을 생각해보자. 관대함에 있어서 인구의 반은 평균 이하여야 하고 반은 평균 이상이어야 한다. 모두 평균 이상으로 관대할 순 없다. 하지만 자신이 평균보다 덜 관대하다고 말하는 사람을 본 적 있는가? 덧붙여 이야기하자면, 통계학적으로 대다수가 중간값보다 높진 않지만, 평균 이상일 수는 있다. 따라서 이러한 현상은 '중간값 이상 효과'better-than-median effect라 부르는 것이 더 정확할 것이다.

'평균 이상 효과'는 강력하다. 심지어 유죄 판결을 받은 죄수들조차 자신이 감옥에 있지 않은 보통 사람들보다 더 도덕적이고 더 신뢰할 수 있으며 더 정직하고 더 자제력이 있다고 평가했다.[46] 그만큼 모두들 자신을 긍정적인 시각으로 보고 싶어 한다.

목표와 동기도 마찬가지다. 자신의 동기가 더 강력하고 자신의 목표가 더 시급하다고 생각한다. 직장 내 모든 직원이 임금 인상을 원하는 걸 알면서도 자신에게 더 중요한 문제라고 받아들인다. 또한 흥미로운 프로젝트에 모두 관심이 있겠지만 자신이 더 관심 있다고 생각한다.

동기 과학 연구자들은 우리가 '평균 이상 효과'의 희생자라는 사실을 알고 있다. 그들은 사람들에게 자신의 내적 동기가 다른 사람의 내적 동기보다 더 강력하다고 믿는지 물었다. 자신의 일이 남들의 일에 비해 훨씬 더 흥미로운지 신경 쓰는가, 아니면 자신이 받는 보수가 남들에 비해 다소 많은지 신경 쓰는가? 대체로 사람들은 예측 가능한 답변을 내놓았다. 외적 동기보다 내적 동기에 있어 자신을 평균 이상으로 보는 경향이 더 뚜렷한 것으로 나타났다.

매년 나는 학생들에게 다른 학생들과 비교했을 때 자신의 동기에 대해 얼마나 관심이 있는지 평가하게 한다. 학생들은 보수나 직업의 안정성과 같은 외적 동기와, 새로운 분야에 대한 학습, 기분 좋은 일을 하는 것과 같은 내적 동기에 대한 자신의 관심 정도를 평가한다. 대부분 자신의 동기가 더 중요하다고 생각했다. 이러한 편견은 내적 동기 면에서 더 두드러졌다. 다른 학생들도 보수나 직업의 안정성에 관심이 있을 거라고 생각했지만, 새로운 분야를 배우거나 기분 좋은 일을 하는 데 있어서 자기만큼 관심이 있을 거라곤 생각하지 않았다.

다른 사람들도 내적 동기부여를 원한다는 사실, 즉 그들도 좋아하는 사람과 함께 즐겁고 의미 있는 일을 하고 싶어 한다는 사실을 알지 못하면 가족이나 친구, 동료들과의 관계에 방해가 될 수 있다.[47] 가령, 자신의 자녀가 인생을 바꿀 만한 의미 있는 경험보다 높은 성적에 관심을 가지고 있다고 많은 부모가 착각하듯, 자녀의 내적 동기 탐색 과정을 과소평가하면 관계가 훼손될 수 있다. 직장에서도 마찬가지다. 관리자가 직원의 내적 동기를 폄하하고 직원이 관리자의 내적 동기를 과소평가한다면 조직 전반에서 상호작용이 매끄럽지 않을 것이다.

연구에 따르면 입사 지원자들은 면접에서 자신의 내적 동기를 강조하지 않는다고 한다.[48] 지원자들은 내적 동기부여를 바라면서도 자신의 내적 동기를 밖으로 드러내면 면접관이 싫어할 거라고 생각한다. 관리자는 승진에 대한 야망을 가진 지원자를 찾고 있다고 생각해 자신의 내적 동기를 언급하지 않는다.

이러한 편견을 극복하려면 다른 사람의 우선순위가 무엇일지 입장을 바꿔 생각해봐야 한다. 때때로 우리는 다른 사람이 우리와 다르다는 것을 인식하지 못한다. 심지어 음식 취향이나 정치관이 서로 다르다는 것조차 인식하지 못한다. 하지만 내적 동기에 관한 문제에 있어서 대부분의 사람이 비슷하게 생각한다는 점을 기억해야 한다. 따라서 상대방의 입장에서 생각해보면 도움이 될 것이다.

우리는 다른 사람의 내적 동기를 과소평가할 뿐 아니라, 자신의 내적 동기마저 제대로 예측하지 못한다. 지금은 내적 동기가 중요하다고 생각하지만, 미래에도 중요할 거라고는 생각하지 못한다.

대부분의 사람들은 자신이 좋아하는 동료들과 적당히 흥미로운 일을 한다는 사실이 자신을 침대에서 일으켜 사무실로 가도록 이끄는 중요한 요인이라고 생각한다. 일이 싫다면 보수와 혜택이 아무리 좋아도 침대에서 나오기가 쉽지 않다. 하지만 나중에 이직할 때에도 좋아하는 사람과 재미있는 일을 중요하게 생각할까? 대체로 크게 생각하지 않는다. 사람들은 직업을 선택할 때 개인적 즐거움 같은 내적 동기보다 보수와 같은 경제적 이익을 기준으로 삼는 경향이 있다.

내적 동기를 부여하는 활동을 과소평가하면 나중에 후회할 수 있다. 나는 한 연구에서 사람들에게 비틀스의 노래 〈헤이주드〉와 시끄러운 알람 중 하나를 선택해 1분간 들으면 수고비를 준다고 제안했다. 결과는 뻔해 보였다. 하지만 알람에 10퍼센트 수고비 추가 지급이라는 외적 동기를 부여했다. 그러자 대다수가 알람을 선택했다. 그들은 더 많은 이득을 원했다. 하지만 끔찍한 소음을 선택한 사람은 상대적으로 수고비가 적은 노래를 선택한 사람에 비해 자신의 결정을 후회하는 경향이 더 많았다. 실험 참여자들은 자신이 소리보다 돈에 더 관심이 있다고 생각했지만, 결국 소리에 더 신경을 쓰는 것으로 나타났다.[49]

내적 동기를 부여하는 활동보다 외적 동기를 부여하는 활동을 선택하면 후회하기도 하지만 또 다른 단점이 있다. 자신이 좋아하는 일보다 이익을 가져다줄 일을 선택했을 때 끝까지 완수하지 못하는 경우가 많다. 나는 실험 참여자들을 모아 재미있는 이야기를 읽고서 평가하는 활동과 컴퓨터 사용설명서를 읽는 활동 중 하나를 선택하는 실험을 실시했다. 실험에 앞서 나는 재미있는 이야기를 읽는 흥미로운 활동이든 사용설명서를 읽는 지루한 활동이든 수고비를 더 많이 주는 쪽을 더 오래 지속할 거라고 생각했다. 하지만 수고비는 실제 활동의 지속 여부에 아무런 영향을 주지 않았다. 대부분 참여자들은 지루한 활동보다는 재미있는 활동에 더 많은 시간을 할애했고 그 결과 수고비도 더 많이 받았다.

자신이 앞으로 내적 동기를 얼마나 갖출지는 알 수 없다. 이러한 경향을 설명하기 위해 '공감 격차'empathy gap라는 개념을 들여다봐야 한다. 공감 격차란 현재 자신이 경험하고 있지 않은 것을 과소평가하는 경향을 말한다. 예를 들어, 현재 자신이 더위를 타고 있으면 아스펜으로 떠나는 스키 여행에서 얼마나 추울지 가늠하기가 어려워 스웨터를 챙기지 못할 수 있다. 또 아침에 일어나자마자 운전대를 잡았을 때 장거리 운전이 얼마나 힘들지 미처 가늠하지 못하고서 몇 시간씩 운전할 계획을 세운다. 그뿐만 아니라 사람들은 감정적 경험이 일시적일 거라고 인지하지 못한다. 만약 누군가가 자신의 마음을 아프게 했다면 그 아픔이 영원할 거라고 생각한다. 그래서 적어도 당장은 또다시 사랑에 빠질 거라고 생각하지 못한다.

이렇듯 미래의 자신에 대한 공감이 부족하다 보니, 미래의 내적 동기를 과소평가한다. 지금 문제가 없다면 더더욱 그렇다. 결국 다른 사람들뿐만 아니라 나 스스로도 재미나 흥미에는 관심이 없고, 외적 이익에만 집중하는 냉정한 사람으로 여긴다. 만약 내적 동기가 낮은 목표에도 최선을 다하고 미래의 자신을 보다 현실적으로 바라본다면, 목표를 계획하고 행동을 선택할 때 더욱 현명한 선택을 할 수 있다. 미래의 자신에 대한 공감을 키우려면 현재 상황에서 미래의 목표를 세워야 한다. 직장을 다니고 있을 때 이직을 계획하고 배가 부르지 않을 때 다이어트를 계획해야 한다. 내적 동기가 목표 수행의 지속성과 성공을 불러온다는 사실을 염두에 두면 더욱 현명한 선택을 할 수 있다.

목표를 고수할 때 중요한 요소는 행동의 경험 자체를 목적으로 정의할 수 있는 내적 동기다. 목표를 설정할 때 우리는 목표가 흥미롭고 즉각적인 보상을 제공하기를 바란다. 하지만 내적 동기가 행동의 원동력이라는 사실을 종종 과소평가하는 경향이 있다. 결국 내적 동기를 활용해 목표를 세우는 데 실패한다. 목표 달성의 가능성을 높이기 위해 먼저 다음 질문에 대답해 보자.

1 목표를 추구하면서 곧바로 보상을 받으려면 어떻게 해야 할까? 운동하면서 음악이나 팟캐스트, 오디오북을 듣는 건 어떨까?

2 재미있게 목표를 수행하려면 어떻게 해야 할까? 러닝머신을 사는 것보다 아쿠아로빅 수업을 듣는 건 어떨까?

3 목표를 추구하면서 집중할 수 있는 즉각적인 혜택은 없을까? 운동할 때 느껴지는 희열에 주의를 기울여보면 어떨까?

4 미래의 나 자신뿐만 아니라 다른 사람들도 현재의 나만큼 내적 동기에 관심이 있다는 사실을 기억하면 어떨까? 그러면 달성 가능한 목표를 세울 수 있을뿐더러 관계 향상에 도움이 될 것이다.

GET
IT
DONE

제2부

목표 수행의 절대 원칙

: 실패 없이 성공 없고,
과정 없이 결과 없다

이스라엘이 건국되고 몇 달 후, 1949년에 이스라엘 국민은 국방법에
따라 성별과 관계없이 국가방위군에 징집됐다. 나 역시 열여덟 살의
나이로 2주간의 군사 기초 훈련을 마치고 이스라엘 국가안보국에서
일하게 됐다.

내가 맡은 일은 내게 할당된 편지함에서 발송함으로 기밀문서 옮
기는 것이었다. 당시는 인터넷이 보급되기 전이라 책상 위에는 실제
편지함 상자들이 있었다. 말 그대로 허드렛일이었다.

나는 몇 가지 시험을 거쳐 해당 부대에 배치됐다. 업무 배치에 개
인의 선호도를 고려했지만 딱히 원하는 바가 없었다. 무엇보다 군에
서 무슨 일을 하든 내가 원하는 일과는 거리가 멀었다. 게다가 이스
라엘 방위군 업무가 대부분 그렇듯 내가 맡은 업무는 지루하기 짝이
없었다.

궁여지책으로 '절망의 달력'이라고 이름 붙인 달력에 다음 휴가를 표시하고 남은 날짜를 세며 지루함을 달랠 뿐이었다. 무슨 효과가 있을까 싶겠지만 의외로 제법 괜찮은 방법이었다.

'의사 되기'처럼 인생의 목표를 정하든, '읽지 않은 이메일에 답장 보내기'처럼 일상의 목표를 정하든, 목표를 이루려면 한 지점에서 다른 지점으로 넘어가야 한다. 의예과 과정에서 의학 박사 과정으로 넘어가든, 읽지 않은 메일 100통을 비우든 이러한 진행 과정에 계속 동기를 부여하려면 어떻게 해야 할까? 나는 군 복무를 하며 시간을 보내기 위해 진행 상황을 점검했다. 좀 더 구체적으로 말하자면 다음 휴가까지 남은 날을 헤아렸다.

목표 달성의 진행 상황을 점검하는 일은 지속적으로 동기를 부여하는 데 중요하다. 목표 수행에 진척이 있다고 느낄 때 계속 전진하고 싶어지는 법이다. 하지만 진행 상황을 파악하기가 어려울 때도 있다. 아날로그 시계를 예로 들어보자. 초침을 보면 시간의 흐름을 한눈에 알 수 있다. 반면, 시침은 움직임이 미미해 시간의 흐름을 알아차리기가 훨씬 어렵다. 시간을 초로 나누듯 목표를 작은 목표나 하위 목표로 세분화시킨다면 진행 상황을 파악하기가 훨씬 수월해진다. 제2장에서 이야기한 바와 같이 목표를 정량화하는 것 역시 도움이 된다. 즉, 목표가 분명해야 점검하기가 수월하다. 독서를 한다면 '25퍼센트를 읽었다' 혹은 '75퍼센트가 남았다'라고 말해보자. 어떤 식이든 시작 부분을 읽고 있다고 말하는 것보다 진행 상황을 파악하는 데 더 도움이 된다. 다음 휴가까지 남은 날을 헤아리며 군 복무를 하는 동안 나는 휴가를 기준으로 2년이라는 시간을 6개월씩 나누었다. 제5장에서는 목표를 향해 나아가며 중간중간 진행 상황을 파악하는 것이 동기부여에 어떻게 도움이 되는지 알아보려고 한다.

목표를 향해 나아가는 것도 중요하지만 진행 상황 점검을 하는 것도 중요하다. 얼마나 했는지, 얼마나 남았는지, 진행 상황 점검은 동기 유지에 영향을 준다. 25퍼센트를 읽었다거나 75퍼센트가 남았다는 식의 확인 과정은 정말 중요하다. 전자책 독서 앱을 이용하면 현재 28퍼센트를 읽었다고 말해주기 때문에 독서량을 정확히 알 수 있다. 제6장에서는 휴가가 끝나고 다음 휴가까지 날짜를 지워가는 대신, 남은 날짜를 세는 나의 방법이 과연 맞는지 살펴보고자 한다. 물이 반쯤 찬 컵을 반이 찼다고 보는 것과 반이 비었다고 보는 것 중 어느 쪽이 정신 건강에 좋을까? 같이 알아보도록 하자.

어떤 방법으로 진행 상황을 점검하든, 목표를 향한 여정의 출발 지점과 도착 지점에서는 동기를 유지하기가 쉽다. 제7장에서는 '중간 지점에 맞닥뜨리는 문제'를, 다시 말해 도로 한가운데 갇혀 오도 가도 못하는 것 같은 상황을 어떻게 하면 피할 수 있는지 살펴보고자 한다.

마지막으로, 목표를 향해 계속 나아가려면 행동에 대한 피드백이 필요하다. 이미 들어봤겠지만 과거를 잊지 말고 과거를 통해 깨달음을 얻어야 한다. 하지만 대체로 실패로부터 교훈을 얻기란 어렵다. 부정적 피드백은 모른 척 무시하고 긍정적 피드백에 집중하기 쉽기 때문이다. 제8장에서는 학습과 반응에 있어서 긍정적 피드백과 부정적 피드백의 불균형 현상에 대해 논의해보고자 한다. 실패와 좌절을 통해 얻은 교훈을 최대한 활용할 수 있는 전략을 세운다면 목표 달성에 한 발짝 더 다가갈 수 있을 것이다.

제5장

스스로에게
동기를 부여하라

나는 일주일에 한 번 사무실 컴퓨터에서 눈을 떼고 스무디를 마시러 카페테리아로 향한다. 사실 나는 스무디를 그다지 좋아하지 않는다. 스무디가 맛이 괜찮고 건강에 좋은 과일과 채소를 섭취하기에 좋다는 것도 안다. 하지만 내 미각을 자극하지는 못한다. 그런데 나는 왜 꼬박꼬박 스무디를 사 마시는 걸까?

카페테리아에서는 효과 만점의 보상 아이템을 마련했다. 작년 즈음, 한 직원이 내게 스무디 열 잔을 마시면 한 잔을 무료로 마실 수 있는 적립식 카드를 건네줬다. 스무디를 좋아하지 않아 처음엔 별생각이 없었다. 하지만 몇 번 스탬프를 찍고 나니 나도 모르게 스무디 가게로 향하고 있었다. 공짜 스무디에 가까워질수록 점점 더 마시고 싫어졌다.

동기 과학에서는 이를 가리켜 '목표 가속화 효과'goal gradient effect라 부른다.[50] 즉, 목표에 가까워질수록 더 속도를 낸다는 의미다. 사람뿐만 아니라 동물에게서도 이러한 현상을 볼 수 있다. 클라크 헐Clark Hull이 발견한 바에 따르면 미로에 놓인 쥐는 목표물인 치즈에 가까이 갈수록 더 빨리 달린다고 한다. 우리 집 개 역시 멀리서 나를 발견하면 더 빨리 내게 달려온다.

목표 수행의 여정에서 어디쯤 있는지, 다시 말해 목표 수행을 얼마나 했는지, 혹은 얼마나 하지 못했는지가 중도 포기를 결정하는 데 영향을 미친다. 대학 중퇴를 생각해보자.[51] 대학에 입학한 학생 중 절반이 졸업을 못 한다. 등록금 일부를 지급하고도 학위에 따른 경제적 혜택을 누리지 못하는 것이니 이중으로 손해를 보는 셈이다. 일정 기간 대학을 다녔기 때문에 대학에 가지 않은 사람과 비교해도 경제적으로 더 어려워진다.

경제적 이유를 비롯해 학교를 그만두는 이유는 여러 가지다. 가장 큰 이유는 학위를 따는 일이 4년간 쉬지 않고 가파른 언덕을 오르는 것과 비슷해서다. 앞으로 나아가지 못하고 뒤처지면 낙담하기 마련이다. 결국 많은 학생이 1학년을 채 마치기 전에 자퇴한다. 언덕 아래에서 올려다보면 경사가 매우 가파르게 보인다. 하지만 첫 번째 구간을 통과하면, 다시 말해 1학년을 마치면, 그다음부터는 앞으로 나아가기가 좀 더 수월해진다.

목표를 수행할수록 왜 더 열심히 앞으로 나아가고 중도 포기를 하지 않는 것일까? 한 가지 이유는 분명하다. 목표를 수행할수록 모든 행동이 목표 달성에 더 큰 영향을 미치는 것처럼 보이기 때문이다. 그리고 목표를 향해 나아갈수록 목표를 이루고자 하는 열정이 커지기 때문이다.

나를 행동하게 만드는 두 가지 원리

목표 수행에 미치는 영향력이 클수록 그것은 강력한 동기 요인이다. 목표에 가까워질수록 행동 하나하나의 영향력이 이전의 어떤 행동보다 크게 느껴진다. 처음 스무디를 사고 적립식 카드를 받았을 때 나는 공짜 스무디의 10퍼센트, 즉 열 잔 중 한 잔을 달성했다. 일곱 번째 스무디를 샀을 때는 25퍼센트, 즉 남아 있는 네 잔 중 한 잔을 달성했다. 그리고 열 번째 잔으로 100퍼센트를 달성했다. 다들 카페에서 주는 적립식 카드나 항공사 마일리지 제도를 통해 나와 비슷한 경험을 했을 것이다. 음료를 연속해서 마시거나 비행기를 많이 탈수록 보상을 받을 수 있는 기회는 커진다.

앞서 언급한 대학생들 역시 매 학기를 마칠 때마다 감정의 동요를 느낀다. 그들은 매 학기 학위 취득이라는 목표까지 남은 거리를 채워나간다. 1학년을 마치면 4년제 대학의 4분의 1을 수료하고, 마지막 해를 마치면 학위를 얻는다. 4학년이 되면 1년만 지나면 학위를 받을 수 있다고 기대한다. 이때 마지막 1년은 1학년을 마쳤을 때의 1년보다 의미가 크다. 무료 커피든 학위든, 앞으로 나아갈수록 가성비는 커진다. 노력한 만큼 보상이 따른다.

심지어 목표를 향해 앞으로 나아가고 있다는 생각도 동기를 증가시킨다. 또한 실제보다 목표 달성에 더 가까워졌다고 느끼게 한다. 종종 대학에 지원해 첫 수업을 받기까지 꼬박 1년이 걸리기도 한다. 따라서 1학년이 끝나갈 즈음 목표까지 얼마나 왔는지 따져보면 5년 중 2년을 끝낸 것이나 다름없으니 목표의 40퍼센트를 달성했다고 할 수 있다. 물론 1학년이 시작되는 시점을 기준으로 계산하면 25퍼센트를 달성한 것이다. 즉, 목표 수행 정도를 측정할 때는 측정 방법을 신중히 선택해야 한다. 목표 달성을 얼마나 했는지 측정할 때 약간 과장한다면 결승선에 더 가까워졌다고 잘못 판단하게 된다.

카페의 적립식 카드를 다시 한번 생각해보자. 란 키베츠Ran Kivetz와 올레그 유르민스키Oleg Urminsky, 유후앙 쩐Yuhuang Zhen은 뉴욕의 한 카페와 협력해 목표 수행 정도에 대한 착각이 동기부여에 어떤 영향을 미치는지 실험했다.[52] 그들은 고객들에게 열 잔을 마시면 한 잔을 무료로 마실 수 있는 카드를 줬다. 손님 중 절반은 스탬프를 찍는 칸이 열 개인 카드를 받았고 나머지 절반은 열두 개인 카드를 받았다. 스탬프를 열두 개 찍어야 하는 카드에는 스탬프 두 개를 보너스로 미리 찍어줬다. 엄밀히 말해 두 카드에 찍어야 할 스탬프 개수는 같았다. 즉, 카드를 가진 사람들 모두 커피 한 잔을 무료로 마시려면 열 잔을 마셔야 했다. 하지만 보너스 스탬프 두 개가 갖는 매력은 엄청났다. 남들보다 이득이라고 생각한 사람들은 더 자주 카페에 들렀고 그 결과 더 빨리 스탬프를 완성했다. 열두 개의 칸 중 이미 두 개가 채워진 카드는 시작도 하기 전에 목표를 이미 16퍼센트나 달성했다는 기분이 들게 했다. 이처럼 목표에 가까워졌다고 느낄수록 결승선 도달에 대한 동기도 커진다.

위에서 언급한 모든 사례에는 한 가지 공통점이 있다. 바로 '전부 아니면 전무'all-or-nothing라는 목표다. 카드에 마지막 스탬프를 찍든, 대학을 졸업하든, 긴 하루를 보낸 반려견이 주인을 재회하든, 목표를 달성해야만 보상을 받을 수 있다. 이러한 목표는 '일주일에 5회 운동하기'나 '올해 책 스무 권 읽기'와 같은 '누적'accumulative 목표와는 확연히 다르다.

'전부 아니면 전무' 목표는 달성 여부에 따라 보상이 주어진다. 보상에 필요한 점수를 거의 다 모은다고 해도 완성하지 못하면 아무것도 받지 못하고, 졸업에 필요한 모든 과목을 전부 이수하지 못하면 졸업장을 받지 못한다. 목표까지 남은 과정을 줄일수록 앞으로 쏟아야 할 노력 대비 보상도 커진다.

반면, '누적' 목표는 목표에 가까이 갈수록 혜택이 쌓인다. 건강을 위해 운동을 한다면 운동할 때마다 혜택이 차곡차곡 쌓인다. 다독을 목표로 1년에 책 스무 권 읽기를 목표로 한다면 한 권의 책이 곧 하나의 작은 목표와 같다. 누적 목표로부터 얻는 이익은 시간에 따라 쌓이기 때문에 종종 '한계 가치'marginal value, 즉 각각의 활동에 매겨지는 가치가 감소한다. 경제학자들은 이를 '한계 가치의 감소'diminishing marginal value라고 부른다. 이번 주에 하는 첫 번째 운동은 다섯 번째 운동보다 건강에 미치는 영향이 크다. 한 번의 운동을 마친 것과 아예 하지 않는 것의 차이는 네 번째 운동과 다섯 번째 운동의 차이보다 크다. 만약 올해 목표가 책 스무 권 읽기라면 책을 한 권도 읽지 않았을 때와 한 권 읽었을 때의 지적 성장의 차이는 열아홉 권과 스무 권의 차이보다 크다. 예를 들어 한 권을 읽은 사람은 한 권도 읽지 않은 사람에 비해 지적으로 성장했다고 느끼겠지만 스무 권을 읽은 사람은 열아홉 권을 읽은 사람에 비해 아주 미미하게 성장했다고 느낄 것이다. 게다가 스무 권째 책을 읽지 못하면 겨우 한 권 차이로 목표에 도달하지 못해 실망할 것이다. 제2장에서 목표에 아주 살짝 못 미쳤던 경우를 생각해보자. 심지어 스무 권이 목표인데 서른 권을 읽는다면 그것은 과잉이라고 생각할 것이다.

누적 목표는 목표에 살짝 못 미치더라도 대부분의 이득을 얻을 수 있다. 하지만 목표를 수행할수록 동기가 높아질 거라고는 기대할 수는 없다. 대학 진학을 '전부 아니면 전무' 목표인 학위 취득이 아니라 '누적' 목표인 교육으로 생각한다면, 마지막 필수 과목이 지적 성장에 미치는 영향은 크지 않을 것이다. 오히려 마지막 수업을 건너뛰는 편이 나을지도 모른다. 물론 '누적' 목표를 수행할 때에도 목표 수행 정도가 동기를 높이기도 한다. 다만 그 이유는 다르다.

목표를 향해 나아갈수록 몰입한다

목표 수행에 진전이 없다면, 심지어 진전이 있다는 착각마저 들지 않는다면 어떻게 해야 할까? 시작부터 길을 잘못 들었거나, 길을 잘못 들었다는 것을 깨달았을 땐 이미 목적지에서 더 멀어졌을 수도 있다. 온라인 수업을 등록하려다가 잘못된 링크로 접속했을 수도 있다. 새 스웨터를 주문했는데 판매자가 주문서를 분실해 주문을 취소하고 다시 주문할 거냐고 물어볼 수도 있다. 아무런 진전이 없는 것처럼 보이는 목표 수행도 우리에게 계속 동기를 부여할까? 나는 그렇다고 생각한다.

인간은 일단 투자를 시작하면 지속하려는 경향이 있다. 온라인 뜨개질 강좌에 등록했다면 자신이 뜨개질을 싫어한다는 것을 알게 돼도 계속 수업을 듣는다. 이러한 현상을 '매몰 비용의 오류'sunk-cost fallacy라고 부른다.[53, 54] 목표 수행을 멈추기에 너무 멀리 왔든, 목표에 가까이 다가가고 있든, 심지어 최고의 선택을 했든, 그것과 상관없이 일단 투자를 했다면 현재 시점에서 멈추지 않고 계속 진행할 수밖에 없다고 생각한다.

오류라는 말에서 알 수 있듯, 단지 어떤 행동을 하고 있어서 증가하는 동기는 도움이 되지 않는다. 사람들은 자신이 이미 투자했다는 이유로 더 나은 대안을 무시한 채 매번 매몰 비용 오류의 희생양이 돼왔다. 비싼 값을 지불했다는 이유로 불편한 신발을 신기도 하고, 배가 부른데도 다시 데울 수 없다는 이유로 음식을 먹어치우곤 한다. 이미 손해를 봤기 때문에 수익성 없는 투자를 포기하지 못하는 경우도 있다. 또 그동안 만나온 시간이 아까워 애초에 사귀지 말았어야 할 사람과의 이별을 망설이거나 불편한 관계를 유지하려는 심각한 경우도 있다.

경제 이론에 따르면, 회수할 수 없는 과거 투자 비용(매몰 비용)이 현재 동기에 영향을 주어선 안 된다. 하지만 현실에서는 그렇지 못하다. 인간뿐만 아니라 동물에게서도 이러한 행동을 찾아볼 수 있다. 연구자들은 실험 집단을 인간, 들쥐, 생쥐로 나누어 별도의 실험실을 마련해 설치류에게는 음식을, 인간에게는 재미있는 영상을 각각 보상으로 제공했다.[55] 실험 대상들은 이 실험을 기다리는 동안 즉시 이용가능한 더 좋은 보상으로 바꿀 수 있는 기회를 얻었다. 연구자들은 실험 대상이 더 좋은 보상으로 곧바로 바꿀 거라고 예상했지만, 대부분 첫 번째 보상을 한참 동안 기다렸다. 기다림이 길어질수록 보상을 바꿀 가능성은 낮아졌다. 쥐의 경우, 평범한 맛의 곡식 알갱이를 기다리는 시간이 길어질수록 더 맛있는 초콜릿 맛의 알갱이가 있는 곳으로 덜 이동했다. 인간 역시 자전거 사고 영상처럼 조금 덜 관심이 가는 영상을 기다리는 시간이 길어질수록 고양이 영상처럼 보고 싶은 영상으로 바꿀 가능성이 감소했다.

매몰 비용은 도움되지 않으니 그냥 무시하라고 하고 싶지만, 그것은 말처럼 쉽지 않다. 심지어 이성적으로 판단해 포기하는 것이 최선일 때에도 포기하지 못한다. 왜 그럴까? 일단 자신이 무언가를 시작했다는 것은 열심히 하겠다는 신호이기 때문이다. 이미 투자한 것을 놓지 못하는 것은 '적응적 동기부여의 원리'adaptive motivational principle 때문이라고 스스로 위안을 삼을 수도 있다. 즉, 일단 무언가를 시작하면 그것만으로도 동기가 부여되며 이를 바람직한 현상으로 생각한다. 비록 큰 진전을 이루지 못했더라도 목표에 투자한 노력을 생각할 때 우리는 목표를 바라보며 계속 나아가라는 신호를 받는다. 만약 자신이 원하는 목표에 더 몰입하고 싶다면 이 원리를 이용하면 된다.

목표에 몰입하려면 두 가지 요소가 필요하다. 즉, 가치와 달성 가능성이다. 목표에 몰입하는 사람은 목표 수행에 진심이다. 자신의 일이라고 생각하며 목표에 높은 가치를 부여한다. 또한 자신의 힘으로 목표를 달성할 수 있다고 확신하고 기대한다. 이때 목표가 충분히 가치 있고 성공할 가능성이 매우 크다면 노력할 만하다.

목표가 자신에게 가치가 있는지 궁금하다면 종종 자신의 과거 행동들을 살펴보자. 목표에 가치가 없었다면 지금껏 쏟아부은 노력을 어떻게 설명한단 말인가? 때로는 이미 진 선거와 같은 과거 행동에 가치를 부여해 현재 관심과 반대로 행동하기도 한다. 하지만 지금껏 해온 행동이 때로는 목표에 몰입하도록 바람직한 도움을 주기도 한다. 그 덕분에 한동안 관계를 유지하거나 자신이 하던 일을 계속하기도 한다. 또는 목표 달성이 얼마 남지 않았으며 어찌 보면 목표 달성에 부분적으로 성공했다고 생각하게 만든다. 목표가 가치 있고 달성할 만하다는 생각은 목표 수행 과정에 최선을 다하도록 자신을 이끈다. 그 결과 동기 유지에 도움을 준다.

예를 들어, 첫 데이트를 거절당하고 나면 사랑을 찾는 일에 자신감을 잃게 된다. 하지만 달리 생각해보면 여전히 짝을 찾는 일에 관심이 있다는 말이기도 하다. 목표 달성을 위해 행동에 나섰지만 아무런 진전이 없다면 목표가 그만큼 어렵고 가치 있다는 것이다. 게다가 목표 수행이 성공을 거둘수록 목표에 대한 몰입은 더 강해진다. 그럼 목표에 대한 확신이 생기고 목표를 달성할 수 있다고 생각하게 된다. 첫 데이트, 그리고 이어지는 두 번째 데이트는 곧 우리가 짝을 찾을 수 있다고 말해주는 신호다.

행동의 지속engagement이 몰입을 낳는다는 견해와 비슷한 개념을 설명하는 사회 심리학의 고전 이론 두 가지가 있다. 우선, 레온 페스팅거Leon Festinger의 '인지 부조화 이론'cognitive dissonance theory이다.[56] 인지 부조화 이론에 따르면 인간은 행동과 신념이 일치하지 않을 때 행동에 맞춰 신념을 변화시킨다. 사람들은 말과 행동이 다른 것을 좋아하지 않는다. 그래서 인지와 행동의 부조화, 불일치를 없애려고 노력한다. 낙태에 대한 사람들의 생각을 예로 들어보자.

낙태를 경험한 사람이라면 낙태에 찬성할 가능성이 크다. 생물학적 성과 성 정체성이 일치하는 남성의 경우 낙태를 경험할 일이 없다는 점을 고려하면, 그들이 왜 낙태를 지지하지 않는지 인지 부조화 이론으로 설명할 수 있다. 이런 논리로 여성보다 남성의 낙태 반대 비율이 높은 것도 설명할 수 있다.[57] 인지 부조화 이론을 동기부여에 적용해보면 자신의 행동과 일치하는 목표를 선택하고, 행동에 일치하지 않는 목표를 포기하는 이유를 알 수 있다.

다음으로 데릴 벰Daryl Bem의 자기 인식 이론self-perception theory이다.[58] 이 고전 이론 역시 행동이 목표에 제공하는 정보에 대해 같은 태도를 보인다. 자기 인식 이론에 따르면 기본적으로 우리가 타인의 행동을 통해 타인을 알아가듯, 자신의 행동을 관찰하고 설명하며 자신에 대해 배운다.

가령, 내가 개를 산책시키는 모습을 본다면, 당신은 내가 개를 좋아한다고 결론 내릴 것이다. 이와 같은 논리로, 당신이 사실은 돈을 벌기 위해 애완견 산책 도우미로 일하고 있더라도 즐거운 시간을 보내며 개를 산책시킨다면, 자신이 개를 좋아한다고 결론 내릴 것이다. 즉, 우리는 종종 행동의 원래 목적을 인지하지 못하거나 잊어버리곤 한다는 말이다. 자신이 애견인이라고 생각하는 산책 도우미는 돈을 목적으로 개를 산책시키기 시작했다는 사실을 잊는다. 데이트 상대에게 잘 보이려고 정치 집회에 참석한 사람은 시간이 지나면 그 동기를 잊고 자신이 집회의 정치적 입장을 지지한다고 생각한다. 심지어 다른 상대를 만날 때에도 이 태도를 고수할지 모른다.

행동이 몰입을 만든다는 생각은 설득의 기본 원리다. 목표 수행에 끌어들이기 위해 친구를 설득하든, 직장 내 팀원들을 설득하든, 사회 전반을 설득하든 먼저 목표에 부합하는 행동부터 하도록 유도해야 한다. 그 행동 하나하나가 그들을 적합한 목표에 몰입하게 만든다.

약 50년 전, 조너선 프리드먼Jonathan Freedman과 스콧 프레이저Scott Fraser가 실시한 실험을 살펴보자. 먼저 그들은 사람들에게 창문에 '안전 운전하세요'라고 적힌 작은 안내문을 붙여달라고 부탁했다. 나중에는 대형 안전 운전 표지판을 마당에 설치해달라고 부탁했다. 그 결과, 작은 안내문 부착 요청에 응한 사람들은 처음부터 대형 안내판을 마당에 설치해달라는 요청을 받은 사람들에 비해 두 번째 요청을 받았을 때 더 많이 응하는 것으로 나타났다.

안전 운전은 사회의 오랜 관심사지만 우선순위에 놓는 목표는 아닐 것이다. 하지만 작은 요청이 안전 운전에 대한 자각심을 불러일으켜 마음속에 무겁게 자리하게 된 것이다. 이를 가리켜 과학자들은 '문전 걸치기'foot-in-the-door 설득 전략이라고 한다.[59]

자선 단체 역시 작고 상징적인 기부를 요청하거나 탄원서 서명을 받을 때 이 같은 심리를 이용하는 경향이 있다. 물론 자선 단체는 기부의 상징성을 이용해 대중적 홍보를 의도하기도 한다. 또 기부를 통해 도움을 준 사람이 후에 실질적 도움을 주기를 바라는 마음이나 의도도 있다. 일반적으로 사람들은 과거에 베푼 도움의 명분을 소중히 여긴다. 만약 나무를 심었다면 그 숲을 소중히 여기고, 애완동물을 구했다면 그 동물의 보호자가 되고자 한다.

심지어 회피 목표 추구도 목표에 대한 몰입을 높인다. 사람들은 달갑지 않은 상태를 피하려고 노력하면 할수록 더 오랫동안 그 상태를 피하게 한다. 자외선 차단제 덕분에 햇볕에 타지 않았다면 햇살이 비치는 날 집을 나설 때 자외선 차단제를 바른다. 이러한 부정적 강화는 효과적이다. 햇볕에 타면 따갑고 아프니까 다음부터는 자외선 차단제를 잊지 않는다. 하지만 도둑을 맞은 적이 없어도, 그래서 집 안의 물건을 도둑 맞은 고통을 느껴본 적이 없어도 우리는 매번 문을 잠그고 열심히 문단속을 한다. 즉, 특정 상황을 피할 수 있다는 것을 알게 됐을 때, 바람직하지 않은 상태를 피할 수 있을 때, 사람들은 그 상황을 피하고자 계속 노력한다.

목표에 대한 몰입을 높이고 싶다면 실제로 얼마나 목표를 수행했는지와 상관없이 목표에 쏟아부은 노력을 생각해보자. 진행 상태의 초점을 어디에 두는지에 따라 효과가 어떻게 달라지는지 알아보기 위해 구민정과 나는 시카고대학교의 학생들을 대상으로 실험을 실시했다. 우리는 학생들에게 다가올 시험을 앞두고 얼마나 동기가 부여돼 있는지 물었다. 이미 시험 범위의 반을 공부했다고 생각하는 학생들은 아직 공부할 분량이 반이나 남았다고 생각하는 학생들에 비해 시험 공부에 대한 동기가 높았다.[60] 몰입은 앞을 내다볼 때보다 뒤를 돌아볼 때 강해지는 법이다.

때로는 부족함이 동기를 부여한다

지금까지 우리는 목표 수행 정도, 혹은 목표를 수행하고 있다는 착각이 어떻게 동기를 높이는지 알아봤다. 그런데 목표 수행에 진전이 없다면 어떻게 해야 할까? 때로는 뒤처지고 있다는 생각이 행동을 유발하기도 한다. 어느 날 무심코 집 안 바닥을 내려다봤는데 커다란 토끼 인형이 먼지 구덩이 속에서 뒹굴고 있다고 생각해보자. 한 무더기의 머리카락과 먼지 덕분에 집을 좀 더 자세히 들여다보고 청소할 때가 됐다고 느낄 좋은 기회다. 또는 욕실 세면대의 물때와 책상 위 커피 자국을 보고 갑자기 청소함을 열기도 한다.

평소 잘하고 있어서 더 열심히 하려는 목표도 있지만, 집 안 청소처럼 평소보다 뒤처지고 있어서 시작하는 목표도 있다. 평소 집을 깨끗한 상태로 유지한다면 굳이 세제에 손을 뻗지 않아도 된다. 이상적(깨끗한) 상태와 현실적(더러운) 상태 사이에 격차가 생겼음을 인식한 것이 바로 행동하라는 신호다.

심리학에서 말하는 사이버네틱 모델Cybernetic model은 현재 상황과 목표 간의 불일치나 진행 정도의 부족을 감지해 행동에 박차를 가하는 동기부여 시스템을 보여준다.[61] 제2장에서 언급한 토트(점검-작동-점검-종료) 모델을 떠올려보자. 토트 모델의 기본 심리는 사무실이나 집의 온도 조절 장치와 같다. 온도 조절 장치는 현재 온도와 희망 온도 간에 차이가 생길 때 냉난방 작동 시스템에 신호를 보낸다. 현재 온도가 희망 온도에 가까워지면 온도 간 차이가 없음을 감지하고 냉난방 시스템은 정지 모드에 들어간다. 현재 내가 있는 위치와 내가 바라는 위치 사이의 차이를 평가하고 진행 정도가 부족하다고 느낄 때 우리의 뇌에서도 같은 현상이 발생한다.

때로는 뒤처지고 있는 상황이 회피 목표에 동기를 부여한다. 회피 목표를 달성하려면 현재 상태와 질병, 외로움, 가난과 같이 회피하려는 상태 간의 간격이 벌어져야 한다. 그러다 회피하고 싶은 상태에 아주 근접하게 되면 동기가 부여될 수 있다. 그래서 사람들은 몸이 아플 때 의사를 찾고, 외로울 때 친구에게 전화를 걸고, 빈곤할 때 급여가 많은 직업을 찾는다.

목표를 얼마나 많이 달성했는지에 집중해도 도움이 되는 것처럼, 때로는 목표를 얼마나 달성하지 못했는지에 집중해도 동기를 유지하는 데 도움이 될 수 있다. 우리는 한 그룹의 학생들에게 합격/불합격을 결정하는 간단한 시험을 보는 실험을 통해 이를 밝혀냈다. 학생들은 시험 전까지 마치지 못한 공부보다 시험 전까지 마친 공부가 얼마나 되는지에 관심을 가질수록 앞으로 다가올 시험을 대비해 공부하는 데 동기부여를 받았다. 하지만 학기 평점에 반영되는 매우 중요한 시험에 대해 묻고 동기부여 정도를 측정해봤더니 정반대의 결과가 나왔다. 시험 전까지 남은 공부에 초점을 둔 학생들이 그동안 마친 공부에 초점을 둔 학생들보다 시험 공부에 대해 높은 동기를 보였다. 이처럼 뒤처지는 상황이 더 큰 동기를 부여하기도 한다. 때로는 매우 중요한 목표를 마주했을 때 이미 이뤄낸 것보다 아직 이루지 못한 것을 중심으로 계획을 세운다면 동기 수준이 높아질 수 있다.

감정이 동기부여에 미치는 영향

일반적으로 목표 수행에 진전이 있을 때 동기가 유지되지만, 오히려 뒤처지고 있을 때 더 큰 동기가 유발되기도 한다고 했다. 다음 장에서는 진행 상황 점검법을 비롯해 진전과 뒤처짐이 어떻게 동기부여에 도움이 되는지 각각의 상황을 심도 있게 다뤄볼 예정이다. 하지만 우선 진행 상황 점검 시 감정의 역할에 대해 살펴보자.

감정은 감각 기관의 역할을 한다. 우리는 기분이 좋을 때 무언가가 제대로 굴러가고 있다고 생각한다. 날씨일 수도 있고, 연인 관계일 수도 있고, 목표 수행의 진전 정도일 수도 있다. 반면, 기분이 나쁠 때 무언가가 잘못되고 있다고 생각한다. 그리고 목표 수행과 관련해 기분이 좋지 않을 때, 뒤처지고 있다고 판단한다.

목표까지 도달하는 과정이 괴롭다는 말이 아니다. 만약 그렇다면 기분 좋을 일이 거의 없을 것이다. 목표 달성을 위한 여정에서는 행복, 흥분, 안도감, 자부심을 흔하게 느낄 수 있으며 이는 매우 중요한 일이다. 사실상 목표에 도달하는 과정에서 느끼는 긍정적인 감정은 목표에 도달했을 때 느끼는 경험을 초과할 수 있다. 즉, 목표에 대해 우리가 긍정적으로 느끼든 부정적으로 느끼든, 목표까지의 절대적 거리가 그러한 감정을 유발하는 것이 아니다. 그보다 목표 수행의 정도와 기대 사이의 차이가 감정을 유발한다. 따라서 목표를 수행하면서 기대보다 빠르게 진행되고 있다면 긍정적 감정을, 기대보다 뒤처지고 있다면 부정적 감정을 느낀다.

목표를 달성하려면 장기적인 계획과 지속적인 노력이 필요하다. 몇 달, 몇 년에 걸쳐 목표를 수행해야 할지도 모른다. 하지만 언제든 실제 진행 정도와 기대 정도를 비교해볼 수 있다. 예를 들어 러시아어를 배우기로 결심했다고 하자. 몇 달 후에는 간단하게 대화를 할 수 있을 거라 기대했는데, 겨우 숫자를 열까지 세거나 색깔을 몇 가지 말할 수 있는 정도라면 실망하고 만다. 하지만 일주일 만에 숫자나 색을 말할 수 있다면 아마 뿌듯할 것이다.

제1장에서 이야기했듯이 앞으로 나아가든 뒤처지든 목표 유형에 따라 느끼는 감정은 다르다.[62] 접근 목표의 경우 예상보다 진행 속도가 빠르다면 행복, 만족, 열정, 흥분을 느낀다. 반면, 진행 속도가 느리다면 슬픔, 실망, 좌절, 분노를 느낀다. 회피 목표의 경우 예상보다 진행 속도가 빠르다면 안도감, 침착함, 편안함, 만족감을 느끼고, 진행 속도가 느리다면 불안, 공포, 죄책감을 느낀다.

감정은 목표 수행의 진행률에 피드백을 제공함으로써 동기부여 시스템에 신호를 보낸다. 긍정적 감정은 우리가 더 열심히 일할 수 있도록 용기를 북돋는다. 운동이나 요리 실력이 늘어 자랑스러움을 느끼거나 행복해지면 더 열심히 운동하고 더 어려운 요리에 도전하게 된다. 하지만 실력이 형편없다고 느낀다면 노력을 덜 쏟게 된다. 사람들은 실망과 좌절을 느끼면 의욕을 잃고 만다. 극단적으로는 목표를 아예 포기해버릴 수도 있다.

때로는 목표 수행에서 뒤처지고 있을 때 동기가 증가하고 감정의 영향이 역전된다. 진행 속도가 느려 속상할 때 더 열심히 일하고, 속도가 빨라 자만할 때 느슨해지기도 한다. 겨우 1킬로그램 감량하고서 다이어트를 그만두기도 하고, 현금을 인출하고 체크카드를 두고 나오기도 하고, 가스 밸브 레버를 열어두기도 한다. 일단 현금을 손에 쥐면 카드 챙기기를 잊어버리기 쉽고, 가스를 다 쓰고 나면 레버를 잠그는 마지막 중요한 단계를 잊어버리기 일쑤다. 기대 이상의 성과를 거뒀을 때 만족감이라는 신호를 느끼지만, 종종 '필요 이상'이라고 느끼기 때문에 우리는 노력을 지나치게 빨리, 그리고 느슨하게 늦춘다.

이렇듯 감정으로 목표 달성의 진행 정도를 판단할 수 있다. 하지만 감정이 동기에 미치는 영향은 조금 더 복잡하다. 마리아 로루Maria Louro, 릭 피터스Rik Pieters, 마르셀 질렌버그Marcel Zeelenberg가 체중 감량 중인 대학생들을 대상으로 진행한 연구에 잘 드러나 있다. 체중 감량에 성공해 만족한 학생들은 바로 다음 날부터 식단에 주의를 덜 기울이는 것으로 나타났다.[63] 그리고 체중 감량에 대한 걱정이 줄어들자 공부에 더 집중하는 모습을 보였다. 단, 체중 감량을 많이 한 학생들만이 이러한 패턴을 보였다. 이제 막 체중 감량을 시작한 학생들은 오히려 그 반대였다. 그들은 일정 수준 체중 감량에 만족하는 동시에 더 집중하는 모습을 보였다.

이와 비슷한 패턴은 목표 수행에 대한 피드백을 감정에 의지하기보다 사람들에게 얼마나 잘하고 있는지 말해줄 때 발생한다. 쓰치 황Szu-Chi Huang과 잉 장은 연구 참여자들에게 와인을 나눠주고 원산지와 생산 연도를 비롯해 라벨에 있는 세부 정보를 외우게 했다.[64] 몇몇 사람에게 평균보다 빠르게 암기하고 있다고 알려주자 암기하는 데 시간을 덜 투자했다. 단, 이미 와인에 대한 경험이 많아 남들보다 앞서나간 사람들에 한했다. 초보자들에게 남들보다 빠르게 암기하고 있다고 알려주자 더 많은 시간을 투자해 암기하려고 노력했다. 그들의 행동은 목표 수행 과정에서 뒤처져 있을 때보다 진전이 있을 때 동기가 부여된다는 우리의 예상과 맞아떨어졌다.

이렇듯 감정은 목표 수행 정도를 판단할 때 도움이 되지만, 동시에 역효과를 가져오기도 한다. 때로는 앞서가고 있다는 긍정적 감정이 동기를 높이지만 때로는 뒤처지고 있다는 부정적 감정이 더 열심히 하도록 자극하기도 한다.

반드시 끝내는 사람들의 체크포인트

목표 수행 정도는 자신의 능력에 대한 자신감을 키우고, 목표의 가치를 확인하고, 목표 수행에 대한 열정을 높여 동기를 유지하도록 돕는다. 따라서 수시로 진행 상황을 점검할 때 좋은 결과를 얻을 수 있다. 대체로 어느 정도 목표를 수행했다면 앞으로 나아가기가 수월해진다. 하지만 때로는 목표 수행에서 뒤처져 있는 경우가 동기를 유지하는 데 도움이 되기도 한다. 결과적으로 목표를 계속 수행하려면 목표까지 남은 과정을 예상할 때 도움이 된다. 진행 상황을 점검해 동기를 부여하려면 다음의 질문을 해보자.

1 지금까지 무엇을 성취했는지 돌아보라. 목표를 향한 열정을 되찾는 데 도움이 되는가? 애초에 목표를 선택한 이유를 떠올리게 하는가?

2 목표까지 남은 과정을 예상하라. 그것이 다시 앞으로 나아가는 데 도움이 되는가? 목표 수행 과정에서 진행 상황을 점검하도록 도와주는가?

3 감정을 살펴보라. 목표에 대해 어떻게 생각하는가? 진행 상황이 만족스럽지 못하더라도, 목표를 유지하고자 한다면 목표 수행과 관련된 감정이 행동을 유발하고 동기를 유지하는 데 도움을 줄 것이다.

제6장

반쯤 찬 컵과 반쯤 빈 컵: 관점에 따른 동기부여의 원리

11년 전, 남편과 나는 연구직을 찾아 메릴랜드로 이주했고, 2년 후 시카고대학교의 교수직을 제안받아 두 딸과 함께 시카고에 정착했다. 미국 시민이 되기 위해서는 귀화 인터뷰를 통과해야 한다. 우리는 귀화 인터뷰를 기다리며 시카고의 한 연방 건물에 있는 넓고 탁 트인 대기실에 앉아 있었다. 인터뷰를 위해 우리는 약 한 달간 100개의 미국 시민권 문제를 공부했다.

면접관이 내 이름을 불렀다. 나는 잘 다녀오겠다는 의미로 남편의 손을 꼭 잡았다. 지원서 양식을 받은 나는 책상과 의자 두 개가 놓인 작은 방으로 들어갔다. 면접관은 내게 앞에 놓인 의자에 앉으라고 했다. 그렇게 면접이 시작됐다.

인터뷰는 긴장감 속에 진행됐지만, 질문에 대한 답을 대부분 알고 있어서 자신이 있었다. 인터뷰에 앞서 우리는 '미국 초대 대통령은 누구인가'와 같은 쉬운 문제부터 공략했다. '수전 브로넬 앤서니(미국의 사회개혁가—옮긴이)의 업적은 무엇인가?', '아메리칸 인디언 부족의 이름을 대보시오'와 같은 문제들도 있었다. 미국에서 자라지 않았으니 문제가 대부분 어려울 거라며 서로를 다독이며 공부를 이어갔다.

다행히 공부한 보람이 있었다. 면접관은 예상 질문 100개 중 10개를 물었고, 10개 중에서 6개만 맞히면 인터뷰에 통과할 수 있었다. 비록 남편이 늘 따라 부르던 미국 국가에 등장하는 '성조기'라는 단어에서 삐걱했지만, 우리 둘 다 가뿐히 통과했다.

목표 수행의 진행 상황 점검은 동기 유지에 매우 중요하다. 그럼 진행 상황을 어떻게 점검하는 게 좋을까? 이에 대해 동기 과학의 분야별로 각기 다른 대답을 내놓는다. 우선 너무나 유명한 이 질문에 어떻게 대답할지부터 생각해보자. '컵에 물이 반쯤 찼는가, 아니면 반쯤 비었는가?' 일반적으로 반쯤 찼다고 보는 사람은 낙관론자이고, 반쯤 비었다고 보는 사람은 비관론자라고 한다. 하지만 동기 과학에서는 조금 다르게 바라본다.

먼저 목표 수행에 진척이 있을 때 동기를 유발한다고 보는 입장, 즉 컵에 물이 절반 정도 찼다고 보는 입장에서는 모든 일이 지금껏 해온 대로 잘 진행되고 있다고 보는 것이 동기 유지에 도움이 된다고 여긴다. 반면, 목표 수행에 뒤처질 때 동기를 유발한다고 보는 입장, 즉 컵에 물이 절반 정도 비었다고 보는 입장에서는 하려고 하는 것을 파악해나가는 것이 동기를 유발한다고 생각한다.

앞 장에서 이야기했듯 두 입장은 모두 일리가 있다. 목표 수행에 진척이 있을 때 동기 수준이 높아지기도 하고, 뒤처질 때 동기 수준이 높아지기도 한다. 사람마다 상황마다 다른 법이다. 귀화 인터뷰를 준비하면서 남편과 나는 두 가지 입장을 모두 경험했다. 우리는 먼저 쉬운 문제부터 시작해 자신감을 쌓았고 점점 어려운 문제를 풀어나갔다. 인터뷰가 어려울 거라고 생각하자 우리의 준비가 부족하다는 생각이 들었고 자연스럽게 인터뷰 준비에 대한 동기가 높아졌다. 나중에는 어려운 질문을 더 열심히 외워야 인터뷰에 통과할 수 있다고 생각했다.

이 장에서는 컵에 물이 반쯤 찼다고 보는 입장과 반쯤 비었다고 보는 입장이 언제 어떻게 동기를 부여하는지 알아보고자 한다. 먼저 목표 동기의 역학 구조인 일명, '자기 조절의 역학 구조'dynamics of self-regulation 두 가지를 살펴보자.

일관성을 유지할 것인가, 균형을 맞출 것인가

당신이 밖에서 친구와 저녁 식사를 한다고 치자. 메뉴를 쭉 살펴보다가 건강한 음식을 먹어야겠다고 생각한다. 버거와 다소 부담스러운 파스타를 건너뛰고 구운 콜리플라워와 케일, 당근과 조리된 렌틸콩을 올린 라이스볼을 먹기로 한다. 맛있고 건강한 선택이다. 자신과의 약속을 지킨 것 같아 뿌듯한 기분이 든다. 잠시 후 다들 접시를 비워갈 때쯤 디저트로 무엇이 좋을지 이야기한다.

당신은 또다시 선택의 갈림길에 들어선다. 과일처럼 건강한 디저트를 먹을지, 셔벗을 먹을지, 디저트를 포기할지, 아니면 부드러운 치즈케이크처럼 달콤한 것을 먹을지 고민에 빠진다. 건강한 선택을 할 것인가, 아니면 이미 한 번 건강한 선택을 했으니 이번에는 슬쩍 넘어갈 것인가?

이러한 두 가지 선택은 목표를 수행하는 과정에서 일상적으로 만나는 기본 역학 구조다. 첫 번째 역학 구조는 '몰입이 일관성을 높인다'commitment promotes consistency이다. 목표에 몰입하면 자신이 취하는 모든 행동이 몰입을 높이고 비슷한 행동을 강화한다. 사람들은 인지 부조화를 원하지 않기 때문에 이전 행동과 비슷한 행동을 하는 경향이 있다. 이 같은 역학 구조에 따라 앞서 건강한 음식을 먹었다면 디저트도 건강한 음식을 선택하거나 아예 먹지 않을 가능성이 크다. 반면, 목표를 추구하지 않는 것은 몰입이 부족하다거나 동기가 저하됐다는 신호다.

두 번째 역학 구조는 '진전이 균형을 촉진한다'progress promotes balancing이다. 목표 수행 과정이 뒤처질 때 목표 추구를 위한 동기가 부여된다는 주장이다. 자신이 아직 많은 진전을 이뤄내지 못했다고 느낄 때 계속 노력할 동기를 얻는 경우다. 하지만 그동안 목표 달성을 위해 성취해온 것들을 돌아보면 잠시 고삐를 늦춰도 괜찮다고 느낄 수 있다. 목표를 수행하기 위해 그동안 소홀했던 일을 하거나 잠시 쉬어가며 목표 수행 과정의 균형을 맞출 수도 있다. 가령, 건강한 음식을 주문했다면 맛있는 디저트로 균형을 맞춰도 좋다. 이처럼 잠시 속도를 늦췄을 때 다시 동기가 유발되기도 한다.

일부 동기 과학 학파에서는 몰입이 일관성을 높인다고 주장하고, 또 다른 학파에서는 진전이 균형을 높인다고 주장한다. 간단히 말해, 일관성 대 균형으로 입장이 나뉜다. 이들은 각기 다른 동기부여 방법을 추천한다. 사회 단체 역시 각기 다른 역학 구조를 따르라고 권한다.[65] '익명의 알코올 중독자들'AA, Alcoholics Anonymous 모임에서는 완전한 금주, 즉 일관성의 역학 구조를 옹호한다. 그들은 금주 기간을 몰입의 의미로 해석한다. 술에 취해 있지 않은 시간을 축하하고 단계별 금주의 이정표에 도달한 대가로 보상을 받는다. 금주하는 날이 이어질수록 술에 취하지 않겠다는 몰입의 정도도 커진다. 그들은 하루 정도 술을 마시며 금주 결심을 살짝 내려놓거나 균형을 맞추는 것을 금기시한다.

반면, 체중 감량 프로그램에서는 전통적으로 균형의 역학 구조를 옹호한다. 그들은 하루 칼로리 섭취량만 지키면 된다고 말한다. 아침에 적게 먹었다면 저녁에 조금 더 먹어도 괜찮다고 여긴다. 알코올 중독자들에게는 재발로 여겨지는 행위가 체중 감량을 하는 사람들에게는 목표량 초과일 뿐이다. 즉, 저칼로리 음식과 고칼로리 음식으로 균형을 맞추면 된다.

종교적 이념에도 추종자에 따라 다양한 역학 구조가 존재한다. 가톨릭에서는 균형을 허용한다. 죄는 목표를 수행하는 데 차질을 빚지만, 일종의 지체나 후퇴에 해당할 뿐이다. 종교 활동을 추가적으로 수행함으로써 극복될 수 있다고 본다. 반면, 칼뱅주의에서는 일관성을 옹호한다. 칼뱅주의자들은 죄를 용서하지 않으며 신도들이 선한 삶을 살아가기를 기대한다.

두 가지 역학 구조에 따르면 진전(할 일을 끝냄)과 뒤처짐(할 일을 끝내지 못함)은 다른 방식으로 동기를 유발한다. 일을 완수하면 목표에 몰입하고 있다는 신호가 동기를 유발한다. 일을 완수하지 못하면 어서 앞으로 나아가라는 신호가 동기를 유발한다.

줄서기라는 행위를 통해 동기 유발의 두 가지 경로를 이해할 수 있다. 카페에서든, 진료실에서든, 교통국에서든, 사람들은 잠시 기다리는 동안 뒤를 돌아보며 지금까지 얼마나 왔는지 확인한다. 또한 앞을 내다보며 얼마나 남았는지 살피며 목표 지점에 도달할 때까지 기다림과 인내심(제11장에서 더 다룰 예정이다)을 키운다. 자신이 얼마만큼 왔는지 확인하는 행위는 줄서기에 대한 몰입을 높인다. 또한 무엇을 기다리든 뒤를 돌아보는 행위는 기다릴 만한 가치가 있다는 믿음을 주어 계속 기다리게 만든다. 방법은 다르지만 얼마나 남았는지 확인하는 것 역시 동기 수준을 높인다. 앞을 내다보면 줄이 얼마나 빠르게 줄어드는지 진행 속도를 가늠할 수 있어 인내심을 가지고 기다릴 수 있다. 구민정과 나는 각각 미국과 한국에서 줄을 선 사람들을 대상으로 설문을 실시했다. 그 결과, 진전이 있거나 뒤를 돌아보는 것은 뒤처지거나 앞을 내다보는 것과 다른 방식으로 동기부여를 한다는 사실을 발견했다.[66]

점심시간 무렵이면, 많은 사람이 시카고의 아인슈타인 브로스Einstein Bros에 줄을 선다. 보통 가게 밖까지 줄이 이어진다. 아지아고 치즈asiago cheese(담황색 원반 형태의 단단한 이탈리아 치즈—옮긴이) 베이글, 갈릭 베이글, 크랜베리 베이글로 만든 맛있고 간단한 샌드위치를 찾는 사람들로 가게는 넘쳐난다. 구민정과 나는 매일 가게 앞에 줄을

서는 사람들 중 네 번째부터 열네 번째 사이에 선 사람들을 조사했다. 그들에게 자신의 뒤로 몇 명이 있는지, 자신의 앞으로 몇 명이 있는지 세어보게 했다. 그리고 베이글 샌드위치 맛에 대한 기대감이 어떠한지 물었다. 사람들은 자신의 뒤로 몇 명 없을 때보다 사람이 많을 때 베이글 샌드위치가 더 맛있을 거라고 기대했다. 자신이 얼마나 많이 진전했는지 살펴볼수록, 즉 자신의 뒤에 사람이 많을수록 샌드위치에 대한 기대가 높아졌다. 또한 사람들은 자신이 얼마나 뒤처졌는지 살펴볼수록, 즉 자신의 앞에 사람이 많을수록 더 오래 기다릴 준비를 하는 것으로 나타났다.

우리는 줄을 서 있는 동안 뒤를 돌아보는 것(진전)과 앞을 내다보는 것(뒤처짐)은 다른 방식으로 동기를 부여한다는 결론을 내렸다. 한국의 놀이공원에서 줄을 선 사람들을 조사한 결과에서도 같은 패턴을 발견했다. 영화 〈인디아나 존스〉의 스타일을 본떠 만든 '파라오의 분노'라는 놀이기구는 롯데월드에서 인기가 높은 놀이기구다. 관람객들은 낡고 오래된 지프차 모양의 차에 올라탄 채 뱀, 박쥐, 거미, 악어, 미라 같은 으스스한 조형물이 튀어나오는 어두운 지하터널로 곤두박질친다. 어두운 터널을 돌아나오고 나면 파라오의 입을 거쳐 황금 방으로 들어간다. 이곳 역시 많은 사람이 놀이기구를 타기 위해 줄을 선다. 우리는 객관적 평가를 위해 중간쯤에 서 있는 사람들을 인터뷰하기로 했다. 뒤를 돌아보라는 요청을 받은 관람객들은 앞을 내다보라는 요청을 받은 사람들에 비해 놀이기구에 대한 기대감이 높았다. 반면, 대기 시간을 따져보진 않았지만 앞을 내다본 사람들은 더 오래 기다릴 준비가 돼 있어 보였다.

관점에 따라 달라지는 열정의 차이

이제 자신이 얼마나 열정적인지 한번 생각해보자. 열정이 넘치는 사람이 있는가 하면 현재 상태에 만족하는 사람이 있다. 이러한 열정은 자신이 어떤 목표 동기의 역학 구조를 따르는지에 따라 달라진다.

열정의 정도를 결정하는 것은 야망이다. '출세'라는 말을 들어봤을 것이다. 보통 출세의 사다리를 빠르게 오르는 사람은 야망이 있고, 사다리의 한 칸에 오래 머무르는 사람은 야망이 없다고 여겨진다. 사람들을 대체로 목표를 향해 놓인 사다리를 한 칸 한 칸 오른다. 자신의 경력 중에서 신입이라는 위치는 하나의 조직 내에서 더 나은 자리로 나아가기 위한 하나의 단계다.

이러한 사다리의 개념이 다른 목표에도 적용된다. 자신이 남들보다 더 많은 관심을 가지는 분야가 있는 것처럼 목표에 따라 야망의 정도도 다르다. 직장인이라면 자신이 맡은 업무에서 성공하고픈 야망은 있어도 테니스 선수로서 성공하고픈 야망은 거의 없을 것이다. 절망의 달력에 표시한 날짜를 세던 군 시절의 내게 야망이라곤 없었다. 그저 2년이라는 시간을 채우고 군에서 나가고만 싶었다. 결국 군대라는 사다리에서 아래 칸에 해당하는 하사로 전역했다. 반면, 2002년 시카고대학교에서 조교수로 일을 시작했을 때는 늘 더 높은 곳으로 올라가려 했다. 현재 나는 종신교수로 재직 중이다.

우리 사회에는 훈련병에서 상등병에 이르는 군대 계급이라든가 빨간 띠에서 검은 띠로 이어지는 가라테처럼 매우 구조화된 사다리를 가진 조직이나 문화도 있고, 요가처럼 덜 구조화된 사다리를 가진 활동도 있다. 목표에 대한 관심이 얼마나 크고 목표를 향한 사다리가 얼마나 구조화돼 있는지를 넘어서 행동과 목표 동기의 역학 구조를 점검하는 방식은 목표를 향한 열정의 수준에 영향을 미친다.

목표 수행의 진행 과정에 관심을 기울이면 현재 위치를 더 중요하게 생각하게 된다. 앞을 내다보고 현재 위치에 만족해 변화의 필요성을 느끼지 못할 수도 있고, 뒤를 돌아보고는 현재에 더 몰입할 수도 있다. 대조적으로 자신이 성취하지 못한 것에 관심을 기울이면 변화를 갈망하고 앞으로 나아가도록 용기를 얻는다. 결국 승진을 하거나 자리를 옮기고 싶어 하게 된다.

진로 때문에 내게 조언을 구하는 많은 학생과 친구들의 이야기 속에서 이 같은 사실을 확인할 수 있다. 한번은 예전에 가르친 학생이 승진 문제로 조언을 받으러 나를 찾아왔다. 프로그래밍을 좋아하는 컴퓨터 엔지니어였던 그녀는 매니저 승진 기회를 놓고 고민하고 있었다. 엔지니어링 매니저가 되면 실제 코딩 작업은 다른 엔지니어들에게 위임하고 프로젝트 설계를 맡아야 한다. 또한 엔지니어로서 그동안 성취한 것들을 바탕으로 현재 위치에서 아직 이루지 못한 것들을 해볼 수 있다. 하지만 그동안 자신이 성취한 것들을 돌아본다면 코딩에 대한 열정이 다시금 샘솟아 자신이 진정으로 원하는 일을 하고 싶다는 생각에 승진을 포기할 수도 있었다. 반대로 아직 성취하지 못한 일에 초점을 맞춘다면 새로운 방향으로 경력을 발전시켜 나가고 싶을 수도 있었다. 결국 그녀는 반쯤 빈 컵에 초점을 맞추고 승진하기로 마음먹고 사다리를 오르기로 했다.

구민정과 나는 한 광고회사의 직원들에게 성취와 관련된 질문을 던졌다. 한 그룹에게는 무엇을 성취했는지, 나머지 그룹에게는 무엇을 성취하고 싶은지 물었다. 그 결과, 미래에 성취하고 싶은 것을 생각한 직원들은 더 큰 야망을 나타냈고 승진이라는 사다리에 더 큰 관심을 보였다.[67] 반면, 과거에 성취한 결과에 대해 생각한 직원들은 자신의 역할을 중요하게 여기고 자신의 현재 위치를 충실하게 지키고 싶어 했다.

만약 한 과학자가 당신에게 앞을 내다보거나 뒤를 돌아보라고 하면 어떻게 할 것인가? 대부분 무의식적으로 둘 중 하나를 선택한다. 본질적으로 야망을 가지고 승진을 열망하는 사람들은 자연스럽게 그동안 완수하지 못한 행동에 관심을 둔다. 일의 진행 상황을 물었을 때, 자신이 완수하지 못한 것 위주로 이야기한다면 다음 단계로 올라갈 준비를 하는 사람이다. 예를 들어 "이번 분기에 끝내야 할 프로젝트가 세 개나 더 있습니다."라고 대답한다면 지금의 일을 끝내고 다음 일을 생각하는 것이므로 높은 수준의 열정을 가진 사람으로 여겨진다. 하지만 "이번 분기에 벌써 두 개의 프로젝트를 끝냈습니다."라고 대답한다면 그동안 성취한 것 위주로 이야기하는 사람이기에 현재 위치에 충실하며 승진에 대한 야망이 적은 사람으로 여겨진다.

몰입과 진전, 나의 열정은 어느 쪽인가

성취한 것에 초점을 두어 몰입을 높일 것인지, 성취하지 못한 것에 초점을 두어 동기를 높일 것인지 중 무엇이 최고의 선택인지는 상황에 따라 다르다. 둘 중 나은 전략을 찾기보다 언제 어떤 전략을 사용할지가 더 중요하다.

어떤 전략이 더 적합한지 고민된다면 현재 자신의 몰입 여부를 따져보자. 만약 목표에 완전히 몰입하고 있다면 그동안 해온 행동들이 달라지지 않는다. 자신이 이미 성취한 것에 초점을 두면 지금껏 잘해왔으니 잠시 쉬어가도 된다고 생각할지 모른다. 마찬가지로, 현재 목표에 대한 확신이 없고 다른 무언가를 할지 고민 중이라면 그동안 성취하지 못한 것들이 있다고 해도 목표 수행 과정에 동기부여가 되지 않을 것이다. 이때는 목표 수행 과정에서 뒤처지는 것에 신경을 써봤자 몰입이 부족하다는 결론을 얻고 포기로 이어진다.

긍정적이든 부정적이든 일에 대한 확신이 있다면 일을 끝냈다고 해서 확신이 달라지지는 않을 것이다. 목표 수행 과정에서 많이 성취할수록 더 몰입하는 사람이 있는가 하면, 일단 일을 끝내고 나면 목표 수행 과정에서 진전을 이뤘다고 여기고 휴식을 취하거나 심지어 일찍 퇴근하는 사람도 있다. 반대로, 자신이 하고 있는 일이 적성에 맞는지 잘 몰라 일에 대한 확신이 없는 경우가 있다. 이때는 자신의 예상보다 일이 빠르게 쌓여 계속 목표 수행 과정에서 뒤처진다고 해도 더 열심히 하거나 승진이라는 사다리를 오르고 싶다는 생각이 들지 않을 것이다. 목표 수행 과정에서 뒤처지면 더 열심히 일하는 사람이 있고, 그저 자신의 적성에 맞지 않는다고 생각해서 사직을 고민하는 사람도 있다.

따라서 사람들이 따르는 목표 동기의 역학 구조는 행동에 대한 '해석'에 따라 달라진다. 다시 말해 자신의 행동을 몰입의 신호로 보느냐, 아니면 진전의 신호로 보느냐에 의해 달라진다.

몰입으로 해석하는 사람은 자신의 행동으로 몰입 여부를 알아차린다. 그들은 "내 행동이 목표에 관심이 있다는 뜻인가?"를 묻는다. 그리고 자신의 성취를 바탕으로 목표에 대한 개인적 관심 여부와 성공 여부를 판단한다. 이러한 행동에 대한 해석은 동기에 직접적 영향을 준다. 성공 후에 더 몰입하는 사람은 목표를 위해 일관적인 행동을 취하는 경향이 있다. 이들은 목표 수행 과정에서 뒤처질 때 동기가 저하된다. 따라서 이들은 컵에 물이 반쯤 차 있다는 생각에 동기부여가 된다. 성공의 경험이 일의 동기부여 수준을 높이는 직원들이 이에 해당된다.

반대로, 진전으로 해석하는 사람은 행동으로 진전 여부를 확인한다. 그들은 "내 행동이 충분히 발전하고 있다는 뜻인가?"를 묻는다. 또한 성공과 휴식의 균형을 맞추는 경향이 있다. 그리고 무언가 성취했을 때 자신이 목표를 잘 수행하고 있으므로 속도를 늦춰도 된다고 생각한다. 그러나 발전하지 못했다고 판단되면 따라잡기 위해 노력한다. 따라서 이들은 컵에 물이 반쯤 비어 있다는 생각에 동기부여가 된다. 그리고 이들에겐 성공이 속도를 늦추는 데 정당성을 부여한다.

이러한 구분이 명확한 것은 아니다. 어느 한 상황에 몰입한다고 해서 꼭 과거 성취가 동기를 부여한다고 할 순 없다. 사실, 우리 주변의 많은 사람들은 우리가 목표를 열심히 추구하도록 돕고자 우리의 행동에 대한 해석에 영향을 준다. 상사, 선생님, 정치가, 판매사원들은 우리의 행동에 대한 해석에 영향을 주어 목표 수행을 도우려고 애쓴다. 어떤 회사는 우리의 과거 구매 행동을 몰입의 표현으로 규정하고 우리를 우수 고객이라고 칭찬한다. 그러면 우리는 제품을 많이 구매했기 때문이 아니라 우수고객이기 때문에 다시 상점을 방문해야 한다. 만약 최근 구매 내역이 없다면 "고객님, 보고 싶습니다."와 같은 메일이 날아올지도 모른다. 이 메일을 통해 해당 제품의 매장을 방문하지 않은 우리의 행동은 진전의 부족으로 규정된다. 그리고 왜 매장을 방문하지 않느냐는 비난 대신 한동안 매장을 방문하지 않은 것을 강조하며 구매 욕구를 부추긴다.

셀프 동기부여를 위한 기본 전략

나의 군대 시절로 다시 돌아가보자. 다음 휴가까지 남은 날에 초점을 두는 전략, 다시 말해 앞을 내다보는 전략이 옳았을까? 동기에 대해 알고 난 후 뒤를 돌아보는 전략이 더 나았을지도 모른다는 생각이 들었다. 우선 시작부터 몰입이 낮았다. 만약 뒤를 돌아보는 전략을 썼더라면 그동안 잘한 일들을 뿌듯하게 여겼을 수도 있고 내가 맡은 일에 열의가 생겼을 수도 있다.

지금껏 살면서 우리는 목표 수행의 과정을 몰입의 관점에서 바라보기도 하고, 진전의 관점에서 바라보기도 했을 것이다. 자신이 어떤 사람이고, 어느 쪽으로 동기부여를 받았든 대개는 목표와 환경에 달려 있다.

어떤 일을 처음 접하거나, 얼마나 좋아하는지, 얼마나 중요한지 확신이 없을 때 사람들은 자신의 행동을 곧 몰입의 증거로 받아들인다.

자신이 새롭게 시작한 일을 잘하고 있는지 알고 싶을 때 이미 완수한 행동은 몰입을 높이고, 자신이 미처 하지 못한 행동은 몰입을 낮춘다. 결론적으로 말해, 초보자는 '물이 반쯤 찬 컵'에 동기부여가 된다. 전문가와 매우 중요한 업무를 수행 중인 사람은 이미 자신이 몰입하고 있다는 것을 알고 있기에 몰입에 의구심을 갖지 않는다. 어떤 일을 오랫동안 해왔다면 그 일을 즐기는지, 그 일이 중요한지 물어볼 필요가 없다. 오히려 전문가는 자신이 하지 못한 일에 초점을 둘 때 동기를 더욱 잘 유지할 수 있다. 그들이 바라보는 컵은 '물이 반쯤 빈 컵'이다.

헬스장 출석에 대입해 생각해보자. 신규 회원이라면 결석한 날보다 출석한 날을 생각할 때 동기 유지에 도움이 될 것이다. 반면, 헬스장이 안방같이 편한 사람이라면 결석한 날을 따질 때 동기 유지에 도움이 된다. 신규 회원도 시간이 지나면 헬스장에서 살다시피 할지 모른다. 상황이 변하면 동기 유지 방식도 변한다. 처음엔 몰입의 정도를 평가하다가 시간이 흐르고 경험이 쌓이면서 목표 수행의 진행 상황을 점검하게 된다. 예를 들어, 통장을 처음 만들 때는 목표 금액을 저축할 수 있을지 궁금해하지만, 일정 기간 동안 저축하다 보면 목표 금액을 달성할 수 있다고 생각하게 되고 점차 관심이 진행 상황 점검으로 바뀐다. 목표 평가에서 목표 수행으로,[68] 계획 검토에서 계획 실행[69]으로 바뀌게 된다.

하지만 몰입 정도의 점검이 진행 상황의 점검으로 완전히 바뀌는 것은 아니다. 우리는 계속 몰입 여부를 평가하고 의심한다. 확신에 찬 사람들조차 때로는 자신의 확신을 의심한다. 아마도 상황에 따라 전문가가 되기도 하고 초보자가 되기도 하기 때문일 것이다. 트레이너

138

앞에서는 초보자처럼 느껴지다가도 소파와 한 몸이 된 채 누워 있는 친구를 보면 전문가처럼 느껴질 것이다.

때로는 목표의 중요도가 목표 수행 과정에서 진전이 있을 때 동기부여를 하는지, 뒤처질 때 동기부여를 하는지를 결정한다. 대부분의 사람들은 휴가 대비용 저축보다 노후 대비용 저축을 더 중요하게 여긴다. 따라서 노후 대비용 저축을 할 때는 그동안의 저축액을 돌아보는 것보다 저축을 준비하지 않았을 때를 생각하면 저축액을 늘릴 수 있다. 반면, 휴가 대비용 저축이라면 그동안 얼마나 저축했는지를 돌아봤을 때 동기를 유지할 수 있다.

자신은 어떤 컵으로 동기부여를 받는지 따져봐야 한다. 상황과 목표의 중요도도 함께 살펴야 한다. 자신이 전문가인지, 초보자인지를 판단하고, 자신의 목표가 달성해야 하는 목표인지, 달성하면 좋은 목표인지도 확인해야 한다. 그동안 성취한 행동을 살펴보기도 하고 미처 성취하지 못한 행동을 점검하기도 하고, 뒤를 돌아보기도 하고 앞을 내다보기도 하며 유연하게 대처해야 한다.

가끔은 컵에 물이 반쯤 찼다고 생각하고, 가끔은 컵에 물이 반쯤 비었다고 생각할 필요가 있다. 목표 수행 정도를 효과적으로 점검하려면 뒤를 돌아보는 전략과 앞을 내다보는 전략을 유연하게 전략적으로 사용해야 한다.

1 목표 수행 과정에서 뒤처질 때 더 열심히 일하며 자신의 노력에 균형을 맞추는가? 목표를 향해 노력을 일관적으로 쏟아붓고 있는가? 목표 수행의 패턴이 목표에 적합한가? 현재 상태를 유지하려면 균형을 맞추는 게 더 적합하지만, 변화를 추구하려면 더 집중해야 한다.

2 자신의 목표에 얼마나 확신이 있는가? 목표에 확신이 없을 때는 컵에 물이 반쯤 찼다고 생각하면 동기를 유지할 수 있다. 그동안 무엇을 성취했는가? 목표에 확신이 있을 때는 컵에 물이 반쯤 비었다고 생각하면 동기 유지에 도움이 된다. 자신은 어느 쪽인지 생각해보자.

3 자신의 목표와 관련해 경험이 많은가? 초보자라면 컵에 물이 채워져 있는지, 전문가라면 컵에 물이 비워져 있는지 확인하자.

제7장

흔들림 없이
중간 과정을 지나는 법

우리 학교에서는 신입생이 들어오면 일주일간 파티를 열어 그들의 시작을 축하한다. 신입생은 재학생보다 먼저 학기를 시작한다. 고등학교 시절과 작별하고 새로운 삶에 적응할 수 있도록 시간을 주기 위한 배려다. 부모들은 자녀들이 학교 정문으로 들어서는 모습을 보며 감격한다. 그 옆에서 자원봉사자들은 눈물을 흘리는 부모들에게 휴지를 건네기 위해 대기하고 있다. 신입생들은 부모와 눈물의 작별 인사를 한 후, 캠퍼스를 둘러보고, 저녁을 먹고, 학교 주관 파티에 참석하고, 여러 단체와 클럽으로부터 열렬한 환영을 받는다. 이 기간 동안 신입생들은 거의 잠을 자지 못한다.

　대략 4년 후 신입생들은 졸업생의 신분으로 축하를 받는다. 대학에서는 다시 여러 행사를 마련하고 부모들을 초청해 화려한 졸업 축하 파티를 연다. 비록 코로나19로 모든 행사가 온라인으로 치러졌지만, 변함없이 입학과 졸업을 축하했다.

하지만 2, 3학년 때는 파티를 열지 않는다. 시작과 끝은 특별하지만, 대개 중간은 평범하게 지나간다. 하지만 이처럼 평범한 시기일수록 열정과 동기를 유지하기가 제일 어렵다. 처음에는 누구나 의욕이 넘친다. 목표에 도달하고 싶고 무엇이든 제대로 하고 싶어 한다. 시간이 지날수록 열기는 식고 의욕도 줄어든다. 만약 분명한 종착역이 있는 목표라면 종착역에 다다를 때쯤 동기가 다시 살아날 것이다. 그런 면에서 졸업장은 '전부 아니면 전무'의 목표라 할 수 있다.

중간 과정이 길어진다면 목표를 잃을 위험이 있으므로 조심해야 한다. 목표 달성을 위한 높은 수준의 동기와 제대로 해내려는 동기도 열정과 열의가 넘치는 시작과 끝에 비해 저하되곤 한다. '동기 저하, 주의 요망'을 경고하는 알람 장치가 필요하다. 과연 동기가 저하되는 중간 과정에서 흔들림 없이 목표를 향해 계속 나아가려면 어떻게 해야 할까?

처음과 끝에 공을 들이는 심리를 이해하라

면접장에서 취업을 위해 거짓말까지 하는 사람이라면, 취업을 향한 동기가 매우 높다고 할 수 있다. 거울에 비친 자신을 보며 불편한 감정을 느끼겠지만, 그것마저 기꺼이 감수할 사람이다. 이런 사람들은 자신이 원하는 결과를 얻으려는 동기는 높지만 제대로 된 방법을 사용하려는 동기는 낮다고 할 수 있다. 즉, 목적을 위해 수단을 정당화하고 있다.

우리는 동기부여에 대해 생각할 때 종종 목표 달성을 향한 동기가 어떠한지에만 관심을 둔다. 어떤 일을 제대로 해내려는 마음에 대해서는 관심을 덜 가진다. 어쩌면 일을 빨리 끝내거나 많은 일을 해내기 위해 정신적·육체적 노력을 얼마나 쏟았는지를 포함해 과제를 끝내는 열망에 대해서만 언급하는지도 모른다. 때로는 빨리, 혹은 많이 수행하는 것이 제대로 일을 수행하는 것이기도 하다. 가령, 100미터 달리기라면 빨리 달려야 제대로 하는 것이다. 그리고 결승선에 먼저 도착한 사람은 금메달이라는 목표를 달성한다.

하지만 일을 빨리 끝내려는 열망이 일을 제대로 하려는 동기와 늘 일치하지는 않는다. 심지어 서로 충돌할 때도 있다. 리모델링을 맡은 인테리어 업자가 일을 빨리 마친다고 해서 반드시 제대로 완수한 것이라고 할 수 없다. 예산 수립에 많은 시간을 들이고, 좋은 자재와 소요량을 제대로 파악하고, 배관공, 전기기사, 목공기사 같은 공사 인력 등을 꼼꼼히 확인하고, 마무리까지 잘해야 훌륭한 성과가 나온다. 게다가 모든 과정을 제대로 수행하려면 시간이 걸린다.

어떤 일을 제대로 해내려 할 때의 동기는 대충 하거나 관심을 쏟지 않거나, 더 일반적으로 자신의 기준과 타협하는 자세와는 상반되는 것이다. 그것은 체계적이고 신중하게 과제를 해내려는 마음이라고 생각할 수 있다. 제대로 해내려는 동기는 종종 다른 무엇보다 우선시된다. 직장에서든, 헬스장에서든, 주방에서든 사람들은 단순히 끝내기보다 제대로 하고 싶어 한다. 절대로 결과가 수단을 정당화하지 않는다.

또한 제대로 해낸다는 것은 윤리적으로도 정당하다는 것을 의미한다. 누구나 자신이 원하는 것을 단순히 얻기보다 공정하고 정직하게 얻고자 한다. 앞서 면접관을 속이는 사람 이야기에 놀랐을 수도 있다. 자신이 실제보다 훨씬 능력을 갖추고 경험도 많은 척하는 것은 끔찍한 일이다. 다른 누군가에게 돌아갈 기회를 눈속임으로 가로챈다는 건 상상할 수 없는 일이다. 친구들과 재미로 농구 시합을 할 때와는 다른 문제다. 자기 팀을 최고라고 생각하면 이기고 싶은 마음이 드는 게 당연하다. 하지만 같은 팀에서 누군가 반칙을 한다고 의심되면 이기고 싶은 마음은 곧 사라질 것이다.

대부분의 목표에는 제대로 하려는 동기와 완수하려는 동기가 공존한다. 목표 달성의 여정에서 각각의 동기는 강화되기도 하고 약화되기도 한다. 경주에 나선 두 선수가 앞서거니 뒤서거니 하듯, 때로는 두 동기가 하나가 되고, 때로는 정반대 방향을 향하기도 한다. 또한 일의 완성을 위해 수행 기준을 완화하기도 한다. 가령, 인테리어 업자는 공사를 빨리 끝내기 위해 전기 작업 확인과 같은 중요한 단계를 건너뛰기도 한다. 하지만 대체로 둘은 별개의 동기다.

보통 사람들은 자신이 가진 기술과 지식으로 일을 제대로 해내고 싶어 한다. 행동을 통해 자신이 드러나기 때문이다. 또 누구나 남들에게 자신의 인상을 좋게 남기기 위해 엄격한 기준과 윤리 의식, 타당한 방법을 동원한다. 사람들은 자신이 스스로를 어떻게 생각하는지에도 신경을 쓰기 때문에 남들이 보지 않더라도 스스로 이미지 관리를 한다.

상대방의 행동을 보고 그 사람을 이해하듯 자신의 행동을 통해 자신을 알아간다는 사실을 기억하자. 만약 데이트 상대가 당신을 정치 집회에 데려간다면, 그 후로 당신은 해당 정당을 지지한다고 생각할 것이다. 만약 당신이 행동 기준을 완화한다면 그것은 당신이 낮은 기준을 가지고 있다는 신호다. 행동 기준이 높으면 남들로부터 존경을 받을 뿐 아니라 높은 자존감을 유지하는 데도 도움이 된다. 반대로 윤리적 기준과 목표 수행 기준을 낮추면 자신을 평가하는 방식뿐 아니라 남들이 자신을 평가하는 방식에 부정적 영향을 미친다.

공돈이 생겼을 때 어떤 생각이 드는가? 나 같은 경우 보통은 바닥에 떨어진 1달러를 발견하면 집어 들어 주머니에 넣는다. 그런데 한번은 스위스에 갔을 때 취리히 박물관에서 표를 사다가 바닥에 떨어진 100프랑짜리 스위스 지폐를 발견한 적이 있었다. 누군가 표를 사다가 떨어뜨린 모양이었다. 나는 돈을 떨어뜨린 사람이 돈을 찾으러 오길 바라며 로비에서 한참을 기다렸다. 그렇게 큰 액수의 지폐를 내 주머니에 넣는다면 결코 마음이 편할 수 없다. 결국 나는 나의 자존감과 윤리적 기준을 지키기 위해 그 돈을 동물 복지 단체에 기부했다. 대부분 나와 비슷한 생각을 할 것이다. 마트 계산원이 실수로 1달러를 덜 계산했다면 그냥 넘어갈 가능성이 크다. 1달러를 더 받고 덜 받고는 크게 중요하지 않다. 하지만 20달러나 30달러라면 어떨까? 대부분 계산에 실수가 있다고 말하며 돈을 더 내고 기분 좋게 마트를 나설 것이다.

모든 행동의 무게가 동일하지는 않다. 내가 스위스에서 지폐를 발견했을 때처럼 여러 번 철저하게 확인하는 행동이 있는가 하면 모른

척 지나치는 행동도 있다. 아무도 우리의 행동에 관심을 두지 않는다면 남들의 시선이나 자신의 시선 따윈 생각하지 않고 차선책을 선택할 수도 있다. 자신이 투명 인간이 된다면 은행을 털겠다고 대답한 학생을 떠올려보자. 말은 그렇게 했어도 학생들에게는 말처럼 행동하지 않을 나름의 옳고 그름에 대한 생각이 있을 것이다. 하지만 주방에 있는 맛있는 디저트를 먹을지 말지 고민하지 않고 후다닥 먹어버리는 행동은 자신의 행동을 모른 척 지나가는 것과 같다.

그럼 목표 수행을 제대로 해내려는 동기는 목표 수행의 과정 중에 어떻게 바뀔까? 답은 어떤 행동은 눈에 잘 띄지 않는 경향이 있다는 것이다. 특히 목표 수행의 중간 과정에서는 다른 사람의 눈이나 자신의 눈을 속이기가 더 쉽다. 마야 바-힐렐Maya Bar-Hillel이 실시한 시험 문제에 관한 실험에서 그러한 경향이 명백히 드러난다. 그녀는 실험 참여자에게 사지선다형 문제를 만들어보라고 했다. 만약 내가 그 실험에 참여했다면 "일리노이주의 주도는 어디인가? ① 시카고 ② 스프링필드 ③ 샴버그 ④ 디트로이트"라고 만들었을 것이다. 연구자들은 문제의 내용에는 관심이 없었다. 그들은 참여자들이 정답을 몇 번에 배치하는지를 살폈다. 사람들이 정답의 위치를 무작위로 배치한다면 각각의 번호가 정답이 될 확률은 25퍼센트다. 하지만 결과는 그렇지 않았다. 참여자들의 약 80퍼센트가 중간 위치인 ②번이나 ③번에 정답을 배치했다. 순진한 참여자들은 중간이 눈에 잘 안 띄지 않는다고 생각했기 때문에 중간에 정답을 배치했다.[70]

자기 자신을 속일 때도 마찬가지다. 사람들은 목표를 수행할 때 시작과 끝에서는 윤리적 기준을 엄격히 적용하고 중간 과정에서는 기준을 완화한다. 중간에 비해 시작과 끝은 기억에 더 남기 때문이다. 일주일 휴가 동안 무엇을 했는지 떠올렸을 때 휴가의 중간보다 첫날과 마지막 날에 했던 일들이 더 빨리 생각나는 것과 마찬가지다. 근사한 코스 요리에서도 첫 번째 음식과 마지막 음식이 전체 분위기를 결정한다. 이처럼 인간은 중간 항목보다 처음 몇 개의 항목과 마지막 몇 개의 항목을 더 잘 기억하는 경향이 있다. 이를 각각 '초두 효과'primacy effect[71]와 '최신 효과'recency effect라고 부른다. 행동에서도 마찬가지다. 중간 과정에서 한 일들보다 처음과 마지막에 한 일을 더 잘 기억한다. 중간에 했던 일은 잊어버리기 쉬우니 자신도 모르게 부정행위를 한다고 해도 자존심을 다치지 않고 모른 척할 수 있다고 생각한다.

'대충 하다'cutting corners라는 말은 질적인 면은 포기하고 빨리, 값싸게 일을 마무리할 때 흔히 쓰는 말이다. 마페리마 투르-티예리Maferima Touré-Tillery와 나는 실험을 통해 중간 과정에서 사람들의 목표 수행의 태도를 알아보고자 했다.[72] 우선 참여자들에게 가위를 주고 화살표 네 개가 사방으로 그려진 그림 다섯 개를 오리게 했다. 첫 번째 그림을 오릴 때는 아주 깔끔하게 오렸지만 세 번째부터는 점점 모서리가 잘려 나가기 시작했다. 그러다 다섯 번째는 다시 깔끔하게 오렸다.

실험을 통해 사람들이 중간 과정에서는 말 그대로 과제 수행을 대충 한다는 사실을 확인했다. 다른 실험 역시 같은 결과를 보여줬다. 사람들은 과제 수행 중간 과정에서 자신의 윤리적 기준을 낮췄다. 우리는 참여자들에게 열 개의 지문을 주고 철자나 문법 등의 오류를 찾는 실험을 했다. 참여자들은 두 개의 오류가 있는 짧은 지문과 열

개의 오류가 있는 긴 지문 두 종류 중에서 하나를 선택했다. 무작위 배분을 위해 동전 던지기를 통해 선택하도록 했다. 우리는 과제 수행의 결과보다 동전 던지기의 결과에 관심을 가졌다. 만약 짧은 지문을 선택하는 확률이 50퍼센트 이상, 즉 우연보다 높다면 부정 행위를 의심해야 했다. 또 참여자의 70퍼센트 이상이 짧은 지문을 선택한다면, 누가 부정행위를 했는지 알 수는 없지만 50퍼센트는 우연이고 20퍼센트는 편법을 사용했을 가능성이 있었다. 실제로 연구에 참여한 일부 참여자가 부정 행위를 했다는 사실을 찾아냈다. 하지만 다시 한번 중간 과정에 이르자 참여자들은 윤리적 기준을 완화했다. 실험의 시작과 끝보다는 중간 과정에서 속임수를 써 짧은 지문을 선택하는 일이 더 많았다.

심지어 종교 전통을 지키는 일에서도 중간 과정에 느슨해지는 경향이 있다. 하누카Hanukkah 명절 기간이 오면 유대인들은 8일 동안 매일 저녁 메노라menorah(유대교의 제식에 쓰이는 일곱 갈래 촛대―옮긴이)에 촛불을 켜야 한다. 전해지는 이야기에 따르면, 마카베오 일가가 사원에서 쫓겨났을 때 그들에게는 메노라에 불을 붙일 수 있는 기름이 단 하루치밖에 없었다. 하지만 기적적으로 하루치 기름으로 8일을 버텼고 그사이 그들은 새 기름을 만들 수 있었다. 이를 기념하기 위해 유대인들은 8일 동안 기름진 음식을 먹고 하루에 하나씩 촛불에 불을 붙였다. 하누카 명절을 지키는 유대인을 조사한 결과, 첫날과 마지막 날에 비해 중간에는 의식을 덜 지키는 것으로 나타났다. 또한 명절의 중간 기간보다 첫날과 마지막 날에 촛불을 켜지 않으면 신앙에 충실하지 않다고 비난하는 경향이 있었다.

이렇듯 사람들은 목표 수행의 과정 중 처음과 끝에 기준을 더 엄격히 준수한다. 따라서 중간 과정을 짧게 유지하는 것이 좋다. 주 단위로 식단을 짜면 월 단위로 짤 때보다 실패할 확률이 적다. 그래야 계획을 어기는 날이 줄어든다. 마감일이 한참 남은 대형 프로젝트라면 중간에 힘이 빠지지 않도록 주 단위로 과제를 나누는 것이 좋다. 또한 현재를 중간이 아니라 처음이나 끝이라고 생각하면 좋다. 가령, 점심 메뉴를 정할 때 점심을 하루의 중간보다 오전의 끝이나 오후의 시작이라고 생각하면 건강에 좋은 음식을 고르는 데 도움이 된다.

슬럼프에서 나를 구할 '작은 영역 법칙'의 힘

제5장에서 우리는 '전부 아니면 전무' 목표에 대해 알아봤다. 그와 같은 목표는 마지막에 보상을 받는 목표이기에 마지막을 향해 갈수록 이득도 커진다. 목표에 가까워질수록 행동이 차지하는 비율도 커진다. 가령, 1학년이 끝나면 학위 취득이라는 목표의 25퍼센트를 달성하지만 4학년이 끝나면 100퍼센트를 달성한다. 즉, '전부 아니면 전무' 목표는 목표 수행 정도가 동기를 부여한다.

'누적' 목표 역시 목표를 수행할수록 이득이 쌓인다. 반면, 중간에 보상이 없는 목표는 목표 수행이 진행될수록 작업을 통해 얻는 가치가 줄어든다. 천문학 관련 책을 읽는다면 다섯 번째 책보다 첫 번째 책을 읽을 때 더 많은 정보를 얻는다. 동기 역시 첫 번째 책을 읽을 때 가장 높고, 다음 책부터는 책을 읽을 때마다 점점 줄어든다.

하지만 인생의 많은 것들이 그렇듯, 목표가 항상 둘 중 하나인 것은 아니다. 대부분 두 가지 목표의 여러 특성을 가지고 있다. 목표를 수행할수록 행동의 한계 가치는 감소할지라도 동기 수준이 높아지기도 한다. 하루에 일정 걸음 이상 걷기로 했다고 해보자. 9,900보를 걷고 나면 100보의 한계 가치는 감소한다. 하지만 하루 만 보가 목표라면 마지막 100보는 단순히 걷는 100보보다 중요하다. 이처럼 마지막 단계는 목표 달성을 돕고 만족감을 높인다.

하나의 목표는 누적 목표일 수 있고 '전부 아니면 전무' 목표일 수도 있다. 이미 전채와 주요리를 먹었다면 오븐에서 꺼낸 파이를 먹고 싶은 마음이 줄어든다. 하지만 식사를 준비한 주최자에게 전채는 식사를 대접할 의무의 30퍼센트를 마쳤을 뿐이다. 디저트까지 대접해야 의무의 100퍼센트 채울 수 있다. 배고픔을 채우는 것은 '누적' 목표다. 따라서 각각의 코스가 끝날 때마다 코스의 한계 가치는 감소한다. 디저트까지 대접해야 성공이라는 주최자의 관점에서 보면 식사는 '전부 혹은 전무' 목표라고 할 수 있다.

결승선뿐만 아니라 출발선에서도 동기부여를 느낄 수 있는 충분한 이유가 있다. 목표 수행 초반에는 이득이 빠르게 축적된다. 마지막에 이르면 몇 가지 행동을 통해 빠르게 목표에 도달하고자 한다. 다시 말하지만 문제는 중간이다. 중간 과정에서는 슬럼프에 빠질 위험이 있다. 게다가 중간 과정에서는 다음에 수행할 행동을 지금껏 지나온 거리든, 앞으로 남은 거리든 그 무엇과 비교해도 영향력이 크지 않아 보인다. 이러한 현상은 소위 '작은 영역 원칙'small-area principle[73]에서 비롯된다.

작은 영역 원칙에 따르면, 다음에 할 일을 이미 한 일과 비교하든, 앞으로 할 일과 비교하든 더 작은 일과 비교해야 동기가 유지된다. 목표 수행 초반에는 진행 상황을 살펴봐야 한다. 중간 지점을 넘어서면 앞으로 무엇을 더 해야 할지 살펴야 한다. 예를 들어 '해리포터 시리즈' 전권을 읽기로 했다면 4권 《해리포터와 불의 잔》까지는 진행 상황을 점검해야 한다. 그리고 나서는 이제 작은 영역이 된 남은 상황을 점검해야 한다. 목표 수행 초반에는 앞으로 해야 할 일(큰 영역)보다 이미 한 일(작은 영역)에 초점을 두면 다음에 할 행동의 영향력이 커 보이기 때문이다. 하지만 중간 지점을 넘어서면 이미 한 일(큰 영역)보다 앞으로 해야 할 일(작은 영역)에 초점을 두어야 다음에 할 일의 영향력이 커 보인다.

기본 원칙은 간단하다. 지금 해야 할 일을 큰 것보다 작은 것과 비교하면 지금 해야 할 일의 영향력이 상대적으로 커 보인다. 이는 행동의 완료 여부와는 관계가 없다. 작은 영역 원칙은 행동에 동기를 부여하는 검증된 방법이다. 구민정과 나는 손님들이 식당을 다시 찾도록 유도하기 위해 작은 영역 원칙을 사용해봤다. 우리는 뉴욕 스타일의 초밥 정식을 파는 한국의 한 유명한 초밥집의 단골손님 명단을 확보했다. 그곳에서도 내가 자주 찾는 스무디 가게처럼 열 번 식사를 하면 무료로 점심 식사를 할 수 있는 고객 카드를 제공했다. 손님 중 반은 식사를 할 때마다 초밥 모양의 스탬프를 찍어 완료된 누적 횟수를 확인할 수 있는 카드를 받았고 나머지 반은 식사를 할 때마다 초밥 모양의 스티커를 하나씩 떼어내 앞으로 해야 할 남은 횟수를 확인하는 카드를 받았다. 과연, 어느 쪽이 더 효과적이었을까?

작은 영역 원칙이 말해주듯, 무료 점심이라는 목표 달성 여부는 고객이 관심을 어디에 두느냐에 달렸다. 초반에 빠른 진행 속도를 보인 고객들, 다시 말해 고객 카드를 받고 바로 점심을 여러 번 더 먹으러 온 손님들은 남은 횟수를 강조하는 카드를 받았을 때 더 자주 식당을 찾았다. 이들에게는 남은 횟수가 작은 영역이었다. 반면, 카드를 받고 식당을 몇 번 오지 않은 손님들은 누적 횟수를 강조하는 카드를 받았을 때 더 자주 식당을 찾았다. 이들에게는 누적 횟수가 작은 영역이었다. 따라서 목표 수행 초반에 속도가 나지 않는 경우는 이미 완료한 누적 횟수를 보여주는 카드를 받았을 때 사람들이 식당을 자주 찾았다. 이에 반해 초반 단계를 빠르게 지나 목표 지점에 다가가는 경우는 사람들에게 앞으로 해야 할 남은 횟수를 보여주자 식당을 자주 찾았다. 이 같은 연구 결과를 자발적 동기부여에 적용한다면 중간 지점까지는 누적 행동에 초점을 두고 중간 지점을 넘어서면서부터는 남은 행동에 초점을 두는 것이 좋다.

하지만 중간 과정에서는 어떻게 해야 할까? 중간은 시작에서도 멀고 끝에서도 멀다. 또한 작은 영역이 없기 때문에 동기가 저하된다. 따라서 중간 과정을 짧게 만들어야 한다. 목표를 세울 때 중간에 너무 오래 머무르지 않도록 해야 한다. 가령, 저축을 할 때는 1년을 기준으로 목표를 세우기보다 한 달을 기준으로 목표를 세우면 효과적이다. 비록 장기적 목표라 하더라도 경계를 설정해 중간 과정을 짧게 만들면 목표 달성에 효과적이다. 일주일 단위로 운동을 계획한다면 분명 다음 주에도, 그리고 그다음 주에도 계속하고 싶을 것이다. 한 달, 1년, 평생을 기준으로 운동을 계획하는 것과 달리 일주일 단위로 운동을 계획하면 중간 과정이 짧아진다.

중간 문제를 해결할 수 있는 또 다른 전략은 새로운 시작을 알리는 시각적 경계를 이용하는 것이다. 헝첸 다이Hengchen Dai와 캐서린 밀크맨Katherine Milkman, 제이슨 리스Jason Riis는 이를 '새 출발 효과'fresh start effect[74]라고 부른다. 사람들은 새해 첫날이나 생일처럼 특별한 날 직후에 목표한 바를 열심히 하려는 경향이 있다. 지난 몇 년간 수천여 가구를 중심으로 식품 구매 내역을 분석해봤다. 그 결과, 사람들은 1월에 건강에 좋은 음식을 가장 많이 소비했고 그 이후로는 건강한 음식 소비량이 매달 줄어드는 것으로 나타났다.[75]

새해, 생일, 월요일, 모두 새 출발 전략을 사용할 수 있는 날들이다. 흥미롭게도 많은 사람이 직관적으로 이 방법을 사용하고 있다. 예를 들어, '다이어트'는 월요일, 매달 1일, 1월 1일처럼 달력의 첫날 가장 많이 검색되는 단어다. 이 전략을 이용해 오늘을 남은 인생의 첫날이라고 생각하면 중간에 발생하는 문제를 쉽게 해결할 수 있다. 지금이 시작이라고 생각한다면 계속 목표를 향해 나아갈 수 있을 것이다.

시작과 끝은 명확하지만, 중간은 길고 애매하다. 언제부터 언제까지가 중간에 해당하는지 정확히 구분하기가 어렵다. 길고 명확하지 않은 기간 동안 어떻게 하면 동기를 유지해가며 목표 달성을 위해 최선을 다할 수 있을까? 전략을 짤 때 다음의 질문을 해보자.

1 목표 수행 중간 과정이 목표를 달성하려는 동기에 어떤 영향을 미치는가? 목표 수행 중간 과정이 목표 수행을 제대로 해내려는 동기에 어떤 영향을 미치는가? 목표 달성과 제대로 수행하기 중 어느 것이 더 중요한가?

2 때때로 우리는 중간 과정을 대수롭지 않게 여기고 게으름을 피운다. 중간 과정에 집중하고 중간 과정을 중요하게 여길 수는 없을까?

3 중간 과정을 단축하기 위해 목표를 월 단위, 주 단위, 심지어 더 짧게 세분화할 수 있을까? 하위 목표를 설정하면 중간 과정을 단축할 수 있고 그 결과, 중간 과정을 대충 넘어가려는 경향을 최소화할 수 있다.

4 임의로 시작점을 정해 새롭게 출발할 수 있을까? 월요일, 매달 1일, 생일 등이 중요한 목표 수행에 새로운 시작점이 될 수 있다.

제8장

부정적 피드백으로부터
배울 수 있는 것들

세계적으로 유명한 테니스 선수 세리나 윌리엄스Serena Williams는 "나는 승리가 아닌 패배를 통해 성장해왔다."고 말했다. 리더십 전문가 존 맥스웰John Maxwell은 "실패를 딛고 전진하라."고 조언했다. 또한 소설가 이자 극작가인 사뮈엘 베케트Samuel Beckett는 자신의 가장 유명한 소설 에서 "다시 도전해봐. 또 실패해봐. 더 잘 실패하면 돼."라고 말했다.

　우리 사회는 실패를 교훈의 순간으로 생각한다. 또한 실패를 통해 소중한 교훈을 얻는다고 누누이 강조한다. 많은 유명한 지도자들이 실패를 통해 배우라고 강조하는 것은 실은 우리가 실패로부터 배우 려고 하지 않기 때문이다. 나는 매일 밤 여덟 살짜리 아들에게 양치 하라고 잔소리를 한다. 내가 말하지 않으면 양치를 하지 않을 거란 걸 알고 있기 때문이다. 윌리엄스와 맥스웰 역시 우리가 실패에서 교훈을 얻지 못하고 있는 걸 알기에 실패로부터 배워야 한다고 강조한다.

실패에서 얻는 교훈은 강력한 힘이 될 수 있다. 인간은 종종 긍정적 사건을 경험하기보다 부정적 사건을 예방하는 데 더 신경 쓴다. 만약 누군가 배우려고만 든다면 '긍정'보다 '부정'을 통해 더 강력한 교훈을 얻을 수 있다.

지난 50년간 진행된 '전망 이론'prospect theory 연구와 손실-회피에 관한 연구를 통해 부정적 사건을 피하려는 사람들의 심리가 많이 밝혀졌다.[76] 제2장에서 이야기했듯, 득보다 실이 더 크게 보이는 법이다. 예를 들어, 우리는 100달러를 얻는 것보다 100달러를 잃지 않으려고 더 애쓴다.

손실-회피의 예는 일상에서 흔히 볼 수 있다. 몇 년 전, 미국 전 지역에서 1회용 비닐 봉투에 세금을 도입했다. 그러자 하룻밤 사이 소비자들이 재활용 봉투로 갈아탔다. 1회용 봉투를 사용하면 벌금을 내야 한다는 생각이 사람들의 행동을 단번에 바꿔버린 것이다. 그런데 당시 많은 가게에서 이미 재활용 봉투 사용자들에게 혜택을 주고 있었다. 다만 세금에 비해 가게가 주는 혜택이 소비자들에게 효과가 없었을 뿐이다. 10센트 할인에는 관심조차 없던 소비자들은 정부에서 10센트 과세를 제시하자 쇼핑 습관을 바꿔버렸다. 이처럼 손실-회피는 이득과 손실이 똑같다 하더라도 이득보다 손해를 더 싫어하는 우리의 모습을 잘 보여준다. 더구나 손해를 보지 않으려고 무척 애를 쓰면서도 그동안 자신이 경험한 손해, 즉 부정적 피드백으로부터 제대로 된 교훈을 얻지는 못한다.

사소한 질문에 대한 답을 어떻게 학습하는지 살펴보면 이해하기 쉽다. "'yaad'는 히브리어로 손입니까, 발입니까?" 당신이 답을 말했을 때 내가 틀렸다고 해도 당신은 정답을 학습할 수 있다. 양자택일 문제의 경우, 오답을 안다면 정답을 아는 것이나 마찬가지다. 발이 정답이 아니라면 정답은 손일 수밖에 없다. 물론 처음부터 정답을 맞히면 학습이 더 쉬워진다. 로런 에스크레스-윈클러Lauren Eskreis-Winkler와 내가 실시한 실험에서 이러한 사실이 여실히 드러난다. 우리는 양자택일 문제의 정답을 추측해나가는 과정을 통해 부정적 피드백이 학습으로 이어지지 않는다는 사실을 확인했다.[77] 그 이유는 무엇일까?

첫째, 부정적 피드백이 학습 동기를 저해하기 때문이다. 부정적 피드백을 받으면 기분이 상해 학습을 포기하고 집중을 멈춤으로써 소중한 정보를 배우지 못한다(동기적 장벽). 실제로 연구 참여자들에게 정답이 아니라고 말하자 그들은 정답을 추론하는 대신 문제에 집중하지 않았다. 둘째, 객관적으로 실패에서 교훈을 얻기란 쉽지 않은 일이다. 처음에 정답을 맞히면 무엇을 해야 할지 배우지만, 정답을 맞히지 못하면 단지 무엇을 하지 말아야 하는지를 배운다(인지적 장벽).

이처럼 부정적 피드백은 동기와 학습 능력을 저해하는 경향이 있다. 하지만 실수로부터 배워야 성장할 수 있다. 윌리엄스가 말했듯, 그녀는 성공보다 실패를 통해 테니스 선수로 성장했다. 목표 수행의 진행 상황을 점검할 때 긍정적 피드백과 부정적 피드백은 목표를 향해 잘 나아가고 있는지, 잘 나아가고 있다면 최선의 길로 가고 있는지 보여준다. 우리에겐 두 가지 피드백이 모두 필요하다. 이 장에서는 실수로부터 배우지 못하게 하는 장애물을 어떻게 극복할지 살펴볼 것이다.

실패로부터 배우지 못하는 이유

정치이론가 안토니오 그람시Antonio Gramsci는 "역사는 가르친다. 하지만 제자는 없다."[78]라고 말했다. 부정적 피드백도 마찬가지다. 실패로부터 배우려면 어떻게 해야 할까? 첫째, 앞서 언급한 두 가지 장벽, 즉 '동기적 장벽'과 '인지적 장벽'을 뛰어넘어야 한다. 다시 말해 자존심을 다쳤을 때 외면하는 경향과 실수로부터 배우는 데 방해가 되는 사고 방식을 극복해야 한다.

장애물 1: 외면

에스크레스-윈클러와 나는 한 그룹의 텔레마케터들에게 "미국 회사들이 고객 서비스 문제로 연간 얼마나 많은 돈을 낭비할까요?"라고 질문했다. 그들은 '① 약 900억 달러 ② 약 600억 달러' 중에서 답을 선택해야 했다. 또 다른 실험에서는 일반 참여자들에게 우리가 임의로 만든 낯선 문자를 고대 문자라고 보여주며 "이 표시는 무엇일까요?"라고 질문했다. 그들은 '① 동물 ② 무생물' 중에서 답을 선택해야 했다. 참여자들이 답을 제출하면 우리는 맞았는지 틀렸는지만 말해줬다. 몇 분 후 우리는 같은 질문을 던지고 그에 대한 피드백을 통해 학습이 이루어졌는지 확인했다.

각각의 질문은 보기가 두 개이므로 처음에 고른 답이 정답이거나 오답, 둘 중 하나일 수밖에 없었다. 따라서 참여자들은 쉽게 정답을 알 수 있었다. 하지만 처음에 오답을 골라 "틀렸습니다!"라는 부정적 피드백을 받았을 때보다 정답을 골라 "맞았습니다!"라는 긍정적 피드백을 받았을 때 학습이 더 잘 이루어졌다.[79] 오답을 고른 사람들은 두 번째 질문에 관심을 두지 않았으며, 첫 번째 질문 때와 똑같이 대답했다. 그들은 부정적 피드백을 받자 더 이상 질문에 관심을 기울이지 않았다. 그들은 실수로부터 배우지 못했다. 두 번째 실험 참여자들은 부정적 피드백을 받자 두 번째 질문에 정답은커녕 자신이 처음에 말한 답조차 기억하지 못했다. 실패가 자존심을 건드리면 사람들은 실패를 외면하고 더 이상 주의를 기울이지 않는 것으로 나타났다.

실패로부터 배우는 데 실패하는 경우는 굉장히 아이러니한 상황일 뿐만 아니라 학습에 매우 중대한 영향을 미친다. 테니스 시합에서 승리할 때만 발전한다면 발전 속도는 반으로 줄어든다. 학습 대상에 관심을 두지 않으면 학습은 결코 일어나지 않는다. 더군다나 사람들은 자기 능력을 착각할 수도 있다. 투자자가 투자에 성공할 때는 자신의 예측이 맞다고 기뻐하면서 투자에 실패할 때 자신의 예측이 틀릴 수 있다는 것을 배우지 못하면 근거 없는 자신감만 갖게 될 것이다.[80] 만약 실패도 하고 눈부신 성공까진 아니지만 어느 정도의 성공도 한다면 자신이 투자에 재능이 있다고 믿으며 자신의 능력을 과대평가할 것이다. 성공에만 관심을 쏟으면 투자에 성공할 때만 자신의 능력을 긍정적으로 바라볼 것이고, 실패할 때는 부정적으로 바라볼 것이다.

물론 실패는 우리의 기분을 상하게 만든다. 사람들은 부정적인 감정을 마음에 담아두고 싶어 하지 않는다. 종종 실패로부터 배우지 못하는 이유다. 자신이 받아들이는 정보가 부정적이거나 실패의 조짐을 나타내면 사람들은 일단 피하고 본다. 냉정하고도 경제적으로 분석하자면 정보는 의사결정에 영향을 미칠 때만 가치를 인정받는다.

정보가 기분에 미치는 영향은 중요하지 않다. 의사결정에 영향을 미치는지 여부만 중요할 뿐이다. 하지만 인간은 의사결정에 얼마나 유용한지보다 기분에 어떤 영향을 미치는지에 따라 정보를 찾거나 피하는 경향이 있다. 예를 들어, 사람들은 병원에 잘 가려고 하지 않는다. 자신의 몸에 대해 제대로 아는 것이 나중에 도움이 되겠지만 좋지 않은 말을 들을까 봐 두렵기 때문이다. 자신의 기분이 나빠지는 게 싫어 부정적 피드백을 피하는 경우다. 그래서 자신의 몸에 일어난 비정상적인 현상이 혹시 암일까 걱정하면서도 진료를 미루고 모른 척한다. 즉, 모르는 게 약이라고 생각하는 심리다.

목표 수행을 위한 진행 상황을 점검할 때 도움이 되는 불쾌한 정보를 의도적으로 피하려는 경향을 '타조 효과'ostrich effect라고 부른다.[81] 타조가 궁지에 몰리면 모래에 머리만 박고는 몸을 숨겼으니 안전할 거라고 믿는 데서 비롯된 용어다. 우리 역시 다가올 감정적 위협을 피하고자 눈앞의 정보를 외면하는 경향이 있다.[82] 예를 들어, 당뇨 환자는 혈당 측정을 피하려고 하고, 많은 사람이 전기 사용량이나 통장 잔고를 일부러 확인하지 않는다. 또한 한 연구에 따르면 주가가 하락할 때 투자자들은 잔고를 확인하지 않는다고 한다.[83] 비록 나중에 건강과 재산에 타격을 입을지라도 눈앞의 상황을 모르면 당장은 기분이 나쁘지 않으니 정보를 피하고 본다.

또한 부정적 피드백은 자존감을 낮추기 때문에 학습을 방해하기도 한다. 사람들은 자존감이 개입되지 않은 상황일 때 실패를 통해 더 잘 배운다. 피드백이 자신을 드러내는 게 아니라 피드백을 통해 새로운 것을 배운다고 생각하면 부정적 피드백을 통해 배울 수 있는 기회는 더 많아질 것이다. 같은 맥락에서 자신의 실패보다 다른 사람의 실패를 통해 더 많은 것을 배울 수 있다. 누군가 미끄러져 넘어져도 자신은 상처를 입지 않는다. 하지만 일반적으로 사람들은 다른 사람의 일에 자신의 일만큼 주의를 기울이지 않는다. 그런 만큼 다른 사람의 경험을 통해 배우는 대리 학습은 쉽지 않다. 교육 현장에서 직접적인 경험을 강조하는 것도 그런 이유에서다. 교사가 하는 것을 지켜보기보다 자신이 직접 해보면 학습에 도움이 된다. 하지만 다른 사람의 실패는 내 자존감에 상처를 내지도 않으니 학습을 방해할 일도 없다.

따라서 부정적 피드백으로부터 학습하는 경우에 직접 경험하기보다 주변을 관찰할 때 효과적일 가능성이 크다. 에스크레스-윈클러와 내가 이전 실험에 사용한 양자택일 문제를 사용해 실험한 결과도 같았다. 자신이 틀렸을 때보다 다른 사람이 틀리는 것을 봤을 때 학습 효과가 더 있는 것으로 나타났다. 그러니 뜨개질을 배우든, 새로운 일을 시작하든, 무언가를 새롭게 시작할 때는 먼저 남들의 실패를 살펴보자. 뜨개질 수업에 참여해 처음 바늘과 실을 잡고 끙끙대는 사람들을 지켜보면 무언가를 배우게 될 것이다.

스스로 항상 배우고 발전하고 있다고 되새긴다면 실패했을 때 자존심을 지킬 수 있다. 그리고 자신의 기술과 지식이 발전하는 중이라고 생각하면 주의를 집중해 더 많이 배울 수 있을 것이다.

장애물 2: 사고방식

강아지를 훈련시켜본 사람이라면 보상이 처벌보다 빠르고 효과적이라는 사실을 안다. 벌을 받는 강아지는 우리가 화났다는 사실은 알지만 우리의 기분을 풀어줄 방법은 모른다. 자신이 바닥에 오줌을 싸서 우리가 소리를 지른다는 것은 알지만, 소리를 지르지 않게 하려면 잔디에 볼일을 봐야 한다는 것은 모른다. 처벌이 이뤄진 행동을 제거하고 바람직한 행동이 무엇인지 알아내는 일은 정교한 추론 과정이며 강아지에게는 어려운 일이다.

이러한 논리를 '사고의 전환'mental flip이라고 부른다. 성공으로부터 무언가를 배우려면 처음에 성공했던 대로 반복하면 된다. 실패로부터 생각하지 말아야 할 것, 말하지 말아야 할 것, 하지 말아야 할 것을 배우려면 사고의 전환이 필요하다. 또한 우리는 실패를 통해 하나씩 제거해가며 해결책을 찾는다. 가령, 만약 둘 중 하나가 정답이 아니라면 나머지가 정답일 게 틀림없다. 어떤 물건이나 사람이 마음에 들지 않는다면 다른 물건, 다른 사람을 선택해야 한다.

이러한 사고의 전환은 혼란을 가져올 수 있다. 개가 앉자마자 간식을 얻는다면 앉는 행위가 옳은 일이라고 추론할 것이다. 바닥에 오줌을 누지 않는 것을 옳은 일로 추론하기는 이보다 어렵다. 인간은 동물보다 발달된 뇌를 가졌지만, 사고의 전환이 어렵기는 마찬가지다.

다음의 사고 실험을 살펴보자. 당신은 상자 세 개 중 하나를 골라야 한다.[84] 각각의 상자에 100달러, 20달러, −20달러가 적힌 카드가 들어 있고 어느 상자에 무엇이 들어 있는지 알 수 없다. −20달러를 고르면 게임 비용으로 20달러를 내야 한다. 상자를 선택하기에 앞서서 게임의 진행자가 20달러와 −20달러 카드가 어디에 들어 있는지 알려주겠다고 제안한다. 당신은 둘 중 하나의 위치를 알고 난 뒤 세 개의 상자 중 하나를 열어볼 수 있다. 그럼 당신은 어떤 상자를 알려 달라고 할 것인가?

20달러 카드가 든 상자를 선택하고 싶겠지만 −20달러 상자를 선택하는 게 맞다. −20달러 상자의 위치를 알면 나머지 두 상자 가운데 무엇을 고르든 이득이기 때문이다. −20달러 상자만 피하면 둘 중 무엇을 선택하든 기댓값은 100달러와 20달러의 평균값인 60달러다. 따라서 20달러 상자를 골라 20달러를 받는 것보다 훨씬 유리하다. −20달러 상자의 위치를 알면 손해를 피하고 이익을 볼 수 있는 유리한 위치를 차지한다. 이렇듯 실패가 드문 상황이라면 실패를 피하는 법을 알아야 성공으로 나아갈 수 있다.

이득이 뻔히 보이는 상황이지만 사람들은 이를 쉽게 알아차리지 못할 수 있다. 많은 게임 참여자가 −20달러 대신 20달러의 위치를 알려달라고 했다. 사람들은 자신이 피해야 할 금액보다 자신이 얻을 수 있는 금액의 위치를 알려달라고 말하는 경향이 있다. 마찬가지로 실패로부터 무언가를 배우려면 의미 없는 해결책을 제거함으로써 해결책을 찾아야 한다.

이 실험에서 −20달러 카드가 든 상자에 주의를 기울일지 20달러 카드가 든 상자에 주의를 기울일지는 어떤 상황인지에 따라 달라진다. 다시 말해 살면서 실패가 도움이 될지 성공이 도움이 될지는 자신이 처한 환경에 달려 있다. 실패가 성공보다 드문 상황이라면 실패가 도움이 된다. 식당에 맛있는 메뉴가 많은데 자신이 못 먹는 게 하나 있다면 어떤 메뉴를 피해야 할지 알고 싶을 것이다. 반대로 성공이 드문 상황이라면, 가령 자신이 가질 수 있는 직업이 하나뿐이거나 당신에게 행복을 가져다주는 사람이 연인 한 사람뿐이라면, 피해야 할 직업이나 연인에 대한 정보는 도움이 되지 않는다.

긍정적 선택과 부정적 선택의 절대적 크기 또한 중요하다. 만약 하나만 빼고 다 괜찮다면, 즉 직장 내에서 당신을 비참하게 만드는 그 관리자만 빼고 누구라도 괜찮다면, 피해야 할 하나의 대상에 대해 알아야 한다. 하지만 하나가 월등히 좋고 나머지가 별로라면, 즉 직장 내 모든 직원이 다 괜찮지만, 특별히 그 관리사와 일할 때 행복하고 일이 잘된다면 월등히 좋은 그 하나의 대상에 대해 알아야 한다.

실패로부터 배우는 일이 어려운 또 다른 이유는 실패가 불시에 닥치기 때문이다. 누구나 실패를 생각하고 목표를 수행하지 않는다. 즉, 실패를 기대하지 않는다. 그래서 실패를 하고 나면 애초에 자신이 원했던 정보가 아니므로 쉽게 외면한다. '확증 편향'confirmation bias이란 자신의 기대에 부합하는 정보를 찾고 그 정보에 주의를 기울이는 경향을 말한다.

성공을 기대하는 사람은 성공의 증거를 찾는다. 예를 들어, 요리 수업을 잘 따라갈 거라고 생각하는 사람은 자신의 믿음을 확인시켜줄 증거를 기다린다. 음식을 제대로 만들면 요리를 잘한다는 증거로 받아들이지만, 음식을 열 번이나 태워 먹으면 자신의 믿음을 뒷받침하지 못하는 증거이므로 곧바로 외면한다. 마찬가지로 연인과 사이가 좋다고 믿는 사람은 두 사람이 함께 보낸 많은 시간처럼 자신의 믿음에 부합하는 증거에 집중하고 연인이 자신과 있을 때 불행해 보이는 경고 신호를 외면한다.

1966년에 고안된 유명한 논리 실험인 웨이슨의 선택 실험Wason

selection task에서 이를 확인할 수 있다. 먼저 네 장의 카드를 한쪽 면만 보이도록 테이블 위에 놓는다. 카드의 한쪽 면에는 알파벳이, 다른 한쪽 면에는 숫자가 적혀 있다. 테이블 위에 놓인 카드는 각각 A, D, 3, 7 이라고 적혀 있다. 이 실험의 목적은 'A가 적힌 모든 카드의 반대편에는 3이 적혀 있다'라는 규칙을 검증하는 것이다. 자, 이제 어떤 카드를 뒤집을 것인가?

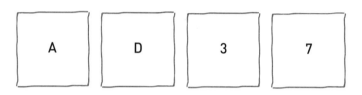

웨이슨의 선택 과제. 당신은 카드 게임 제조 업체에서 일하는 품질 관리 기사다. 당신은 'A가 적힌 카드 뒷면에는 3이 있어야 한다'는 규정에 맞게 카드가 잘 생산됐는지 확인해야 한다.

우리는 카드 한 면에는 알파벳 대문자가, 다른 한 면에는 숫자가 있다는 규칙을 알고 있다. 이때 규칙을 검증하기 위해 네 개의 카드 중 어떤 카드를 뒤집어야 할지 생각해보자.

아마도 직관적으로 A가 적힌 카드를 뒤집어 뒷면에 3이 있는지 확인할 것이다. 7이 적힌 카드를 뒤집어 뒷면에 A가 없는지 확인하는 것은 직관적인 방법이 아니다. 다른 카드는 뒤집을 필요가 없다. 규칙상 3이 적힌 카드 뒷면에 A가 있어야 한다고는 하지 않았기에 3이 적힌 카드를 뒤집어 볼 필요가 없다.

이 실험을 통해 사람들이 확인 가능한 정보를 찾고 자신이 가진 믿음에 반박하는 정보는 간과한다는 사실을 알 수 있다. 자신의 행동이 성공을 거두리라 기대하는 한 사람들은 실패를 보지 않는다. 그래서 실패로부터 배우기가 어려운 것이다.

부정적 피드백이 가르쳐주는 것들

1960년대 후반, 심리학자 마틴 셀리그만Martin Seligman은 누구나 잔인하다고 여길 만한 실험을 통해 인간(동물) 본성에 대한 중요한 특성을 밝혔다. 셀리그만과 스티븐 메이어Steven Maier는 개를 세 그룹으로 나누고 가슴 줄을 채웠다.[85] 첫 번째 그룹의 개는 가슴 줄을 찬 채 가만히 앉아 있게 했다. 두 번째 그룹의 개는 전기 충격을 주되 개가 자신의 앞에 놓인 레버를 누르면 전기 충격을 피할 수 있었다. 세 번째 그룹의 개도 전기 충격을 받았지만 레버가 없어 전기 충격을 피할 길이 없었다.

연구자들은 레버를 누르면 전기 충격을 피할 수 있다는 정보와 전기 충격을 피할 방법이 없다는 정보를 개들에게 학습시킨 후 낮은 벽을 가운데에 설치한 상자로 이동시켰다. 벽을 사이에 두고 상자의 한쪽 바닥에는 전기가 흐르고 있었고, 다른 한쪽에는 전기가 흐르지 않았다. 즉, 개들은 낮은 벽만 넘어가면 전기 충격을 피할 수 있었다.

실험의 첫 단계에서 첫 번째와 두 번째 그룹에 있던 개들은 벽을 넘어가려고 시도했다. 하지만 세 번째 그룹에 있던 개들은 벽을 넘을 시도조차 하지 않고 바닥에 엎드려 전기 충격을 받으며 낑낑거렸다.

셀리그만은 인간을 대상으로도 비슷한 실험을 실시했다.[86] 그는 실험 참여자들에게 크고 불쾌한 소음이 들리는 가운데 뒤죽박죽으로 배열된 글자에서 단어를 만드는 퍼즐을 풀게 했다. 예를 들어, 'biath'라는 글자를 보고 'habit'이라는 단어를 찾아내는 식이다. 그는 참여자들은 세 그룹으로 나누었다. 첫 번째 그룹에게는 아무런 소음도 들려주지 않았다. 두 번째 그룹에게는 소음을 들려줬지만, 버튼을 네 번 누르면 소음을 멈출 수 있었다. 세 번째 그룹은 소음을 멈출 수 없었다. 두 번째 단계에서는 모든 그룹에게 소음을 들려줬다. 하지만 이번에는 참여자 모두 자신이 원할 때 소음을 끌 수 있었다. 개를 대상으로 한 실험과 마찬가지로, 소음을 경험하지 않은 첫 번째 그룹과 소음을 제거할 수 있었던 두 번째 그룹은 버튼을 눌러 소음을 제거했다. 하지만 세 번째 그룹에 있던 참여자들은 버튼을 누를 수 있었는데도 불구하고 버튼을 누르지 않았다.

이처럼 인간과 동물은 부정적 자극에 반복적으로 노출되면 부정적 자극을 수동적으로 받아들이는 경향이 있다. 셀리그만은 이를 '학습된 무력감'learned helplessness이라 정의했다. 학습된 무력감은 부정적 피드백을 통해서는 학습이 어렵다는 사실을 보여준다. 다시 말해, 힘든 일은 일어나지만 우리가 할 수 있는 일은 없다고 생각한다. 부정적 피드백을 통해 세상이 잔인하다고 가르칠 때 사람들은 자신이 할 수 있는 일이 없다고 믿으며 부정적 결과를 수동적으로 받아들인다.

학습된 무력감은 사람들이 부정적 피드백을 통해 무언가를 배우더라도 그것이 자신에게 일어난 결과를 통제할 수 없다고 보는 관점이다. 알다시피, 목표가 통제할 수 있는 대상이자 가치를 가진다고 느낄 때 목표에 몰입할 수 있다. 하지만 학습된 무력감 상태에서는 목표가 더 이상 통제할 수 있는 대상이 아니라고 여긴다. 만약 자신에게 일어나는 일을 통제할 수 없다고 느낀다면 몰입은 극도로 저하된다. 학대를 받은 여성이 학대하는 사람으로부터 벗어나려고 하지 않는 것도 그 때문이다. 학대를 받은 경험이 없는 사람은 왜 학대를 받고서 도망치지 않는지 이해하지 못한다. 하지만 셀리그만은 자신이 피할 수 없는 학대를 겪고 나면 학대를 피할 방법이 없다고 믿게 된다고 말한다. 금연에 실패한 사람이 왜 습관을 버릴 수 없다고 믿는지도 학습된 무력감으로 설명할 수 있다. 또 투표를 해도 아무것도 달라지지 않을 때, 사람들은 선거가 쓸데없다고 느낀다.

다행히도 부정적 피드백을 통해 배울 수 있는 교훈은 몰입 부족만이 아니다. 실패에 직면하는 순간, 부정적 피드백은 목표 수행의 진행 상황이 좋지 않다는 신호를 보낸다. 이때 부정적 피드백은 우리가 분발하도록 동기를 부여한다. 몰입의 부족이든, 진전의 부족이든, 부정적 피드백에서 무엇을 얻는지에 따라 동기 수준에 영향을 미친다. 부정적 피드백을 몰입의 부족으로 받아들이면 목표 수행을 포기하고, 진전의 부족으로 받아들이면 진행 상황을 따라잡기 위해 더 분발한다.

체중계에 올라갈 때를 생각해보자. 그동안 체중 감량을 위해 노력해왔지만, 몸무게 숫자가 줄지 않는다면 이러한 부정적 피드백을 둘 중 하나로 받아들일 수 있다. 먼저 건강한 체중을 유지할 능력이나 의지의 부족으로 해석한다면 결과에 낙담하고는 체중 감량을 포기할 수 있다. 반면, 자신의 노력 부족으로 해석한다면 오히려 체중 감량을 위해 더 노력할 수 있다.

심리학자 캐롤 드웩Carol Dweck에 따르면 사람은 자신의 지능과 관련해 두 가지 이론 중 하나를 믿는다고 한다. 어떤 이들은 '성장 마인드셋'growth mind-set을 가지고 있어 지능이 연습을 통해 발전 가능하다고 믿고, 다른 이들은 '고정 마인드셋'fixed mind-set을 가지고 있어 지능이 고정적이며 변하지 않는다고 믿는다.[87] 두 가지 이론 모두 부정적 피드백으로부터 배울 수 있는 교훈과 연결된다. 노력을 통해 지능을 개발할 수 있다고 믿는 사람은 목표 수행 과정에서 뒤처질 때 더 열심히 해야 한다고 생각한다. 반면, 지능은 타고난 것이며 정해진 것이라서 아무리 노력해도 바꿀 수 없다고 믿는 사람은 부정적 피드백을 받으면 자신은 똑똑하지 않다고 생각하고 더 이상 노력하지 않는다.

직관적으로 볼 때 누가 성장 마인드셋을 발전시킬 수 있을까? 부정적 피드백을 받고 누가 더 열심히 목표를 향해 나아갈까? 다들 알겠지만, 인간은 모두 성장 마인드셋을 가지고 있거나 적어도 마인드셋을 발전시킬 수 있는 능력이 있다.

전문가에게 실패는 최고의 자극이다

자신이 전적으로 몰입하고 있는 중요한 목표에 대해 생각해보자. 청소처럼 일상적인 목표도 있고 부모 되기나 교사 되기처럼 자신의 정체성을 결정하는 목표일 수도 있다. 어느 쪽이든 몰입할수록 스스로 "내가 몰입 중인가?"를 묻지 않는다. 부정적 피드백을 받더라도 자신의 몰입 여부를 의심하지 않는다. 가령, 개인 위생을 철저히 지키는 사람이라면 자신의 셔츠에 얼룩이 묻었다고 누군가 말해줄 때, 위생이 중요한 문제인지를 따지기보다 샤워실로 곧장 달려가거나 옷을 갈아입을 것이다. 육아기 핵심 목표인 사람은 아이가 떼를 쓸 때 자신이 여전히 좋은 부모가 되고 싶은지를 따지지 않고 어떻게 하면 아이를 잘 교육할 수 있을지를 고민한다.

몰입도가 높을수록 부정적 피드백에 의해 사기가 꺾일 가능성이 낮다. 반면, 몰입도가 낮다면 부정적 피드백을 몰입 부족의 신호로 받아들일 수도 있다. 몰입도가 낮을수록 실패를 경험한 후에 동기를 유지하기가 어렵다. 자동차 판매원이라면 일을 시작한 지 얼마 되지 않아 판매 실적 최하위를 기록하고서 판매직이 자신에게 맞지 않는다고 생각할지 모른다.

경험과 전문성은 부정적 피드백을 포기해야 하는 신호가 아닌 목표 수행 과정에서 뒤처지고 있다는 신호로 받아들이는 데 있어 주효하다. 전문성이 쌓이면 더 몰입할 수 있고 부정적 피드백으로부터 동기부여의 자극을 받는다. 수십 년간 자동차 판매원으로 일해온 사람이라면 판매 실적이 낮더라도 쉽게 낙담하지 않는다. 오히려 판매 실적을 올리기 위해 분발할 것이다. 수년간, 혹은 수십 년간, 같은 목표를 향해 달려온 사람이라면 자신이 몰입하고 있다는 사실을 의심하지 않는다. 오히려 부정적 피드백을 받았을 때 더 열심히 하라는 신호로 받아들인다. 일종의 성장 마인드셋을 발전시킨 사람들이다.

스테이시 핑켈스타인Stacey Finkelstein과 나는 전문가와 초보자를 대상으로 재활용 습관에 대해 피드백을 주고 어떻게 반응하는지 비교 관찰하는 실험을 진행했다.[88] 우선 환경 보호 단체 회원이거나 비회원인 대학생들에게 재활용 습관에 대해 피드백을 줬다. 그들 중 절반은 올바른 재활용 습관으로 칭찬을 받았고 나머지 절반은 재활용을 제대로 하지 못한다는 말을 들었다. 재활용은 제대로 하기가 워낙 까다로운 일이라 실험 대상자가 잘했다거나 잘못했다거나 거짓말할 필요가 없었다. 다들 실수하는 부분과 제대로 하는 부분이 있다. 환경 단체에서 열심히 활동하는 학생들은 부정적 피드백을 받자 자극을 받고 더 열심히 하려는 모습을 보였다.

한편 실험 대상자들은 모두 25달러에 당첨될 수 있는 복권을 지급받았다. 실험이 끝나고 추첨하기에 앞서 복권에 당첨되면 환경 단체에 얼마나 기부할지 물었다. 재활용 습관에 대해 부정적 피드백을 받은 환경 단체 회원들은 긍정적 피드백을 받은 회원들에 비해 더 많은 돈을 기부하겠다고 했다. 하지만 부정적 피드백을 받은 비회원들은 조금 달랐다. 오히려 칭찬을 들은 비회원 학생들이 상금을 더 많이 기부하겠다고 했다.

경험이나 전문 지식이 있다면 부정적 피드백을 참아내기가 훨씬 수월하다. 사람들은 누구나 목표한 대로 할 수 있고 또 제대로 하고 싶어 한다. 그 과정에서 부정적 피드백은 유용한 정보를 제공할 뿐만 아니라 전문가로서의 동기를 높여준다. 또한 전문가는 초보자에 비해 실패하는 경우가 드물기 때문에 부정적 피드백을 받는 경우도 드물다. 가령, 전문 피아니스트는 늘 훌륭한 연주를 하므로 부정적 피드백을 받을 일이 거의 없다. 따라서 그에게는 칭찬 일색보다 실수를 지적해주는 것이 더 도움이 된다.

피드백은 상대에 따라 달라져야 한다

몰입과 전문성에 따라 부정적 피드백에 대한 반응이 달라질 뿐만 아니라 원하는 피드백도 달라진다. 목표를 설정할 때 사람들은 부정적 피드백을 원하지 않는다. 하지만 몰입이라면 조금 다르다. 몰입도가 높은 전문가는 초보자보다 부정적 피드백을 더 많이 원한다. 자신의 능력과 행동에 확신이 있는 사람이라면 개선 방안을 좀 더 수용적인 자세로 받아들일 수 있다.

핑켈스타인과 나는 미국 대학생들을 대상으로 시행한 연구에서 이와 같은 현상을 가장 먼저 발견했다. 우선 프랑스어 초급반과 고급반 학생들에게 칭찬과 장점에 대한 피드백을 제공하는 강사와 실수에 대한 유용한 피드백을 제공하는 강사 중 어떤 유형을 선호하는지 물었다. 초급반 학생들에 비해 고급반 학생들은 부정적 피드백을 제공하는 강사에 대해 수용적인 태도를 보였다. 이처럼 학습 기간이 길수록 부정적 피드백을 몰입의 방해 요소로 받아들이지 않고 학습에 대한 동기부여 요소로 받아들인다.

우리는 누가 부정적 피드백을 견딜 수 있고 누가 못 견디는지 정도는 가르쳐주지 않아도 안다. 일반적으로 사람들은 전문가나 경험이 많다고 여겨지는 사람에게 부정적 피드백을 더 많이 제공한다. 동기 과학을 배우지 않아도 초보자에게 지나치게 가혹하게 굴지 말아야 한다는 것도 안다. 가령, 농구를 이제 막 배우기 시작한 아이가 공을 놓쳤다고 해서 지나치게 야단칠 필요가 없다. 불과 몇 달 전에 시작한 요가 클래스에서 강사가 나를 관대하게 봐주는 것처럼 말이다. 프레젠테이션 발표 시에 회사에서 오래 근무한 사람일수록 더 가혹한 피드백을 받는다는 사실을 발견한 연구도 있다.[89]

부정적 피드백에도 동기를 유지하는 법

지금까지 부정적 피드백에 대한 일반적인 반응에 대해 알아봤다. 그럼 실수로부터 배우고 동기를 유지하려면 어떻게 해야 할까? 몇 가지 방법을 살펴보도록 한다.

진행 상황 확인하기

사람들은 동기를 잃지 않기 위해 몰입 부족에 대한 피드백보다 진행 상황에 대한 피드백을 원한다. 만약 실패하거나 부정적 피드백을 받았다면 목표 수행에 대해 스스로 물어보면 도움이 된다. 가령, "목표 수행에 진척이 없다고 느끼는가?"와 같은 질문은 목표 수행에 정진하도록 동기부여를 하는 방식으로 부정적 피드백을 프레임화한다. 그러면 목표 수행 속도가 지나치게 느리다고 느끼고 속도를 올리도록 동기부여를 할 수 있다.

반면, "내가 몰입하지 않는다고 느끼는가?"라는 질문은 몰입 정도를 재평가하게 만들고, 그 결과 몰입도가 낮다는 결론을 내리게 된다. 그러면 자신이 그 일에 적합하지 않다거나 목표가 맞지 않는다고 판단하고 동기가 저하될 수 있다.

만약 몰입에 자신 있다면 진행 상황 확인이 도움된다. 능력과 가능성에 대한 자신감은 실제 능력과 가능성에 비해 기술의 숙달 여부를 예측하는 데 중요하다. 검증된 능력이 아니라 할 수 있다는 자신감이 있어야 첫걸음을 뗄 수 있다. 읽기와 쓰기를 배울 때도 마찬가지다. 수영도 당신이 물에 뜰 수 있다는 자신감이 있어야 첫 바퀴를 헤엄칠 수 있다. 아이들은 자신이 할 수 있다는 사전 증거 없이도 기술을 익히기 위해 최선을 다한다. 애초에 아이들은 증거가 아닌 자신에 대한 확신을 가지고 시작한다. 그리고 이러한 사기 확신은 부정적 피드백의 부작용으로부터 자신을 지켜준다.

배우려는 마인드셋 갖기

마인드셋의 초점을 성장에 두는 것도 하나의 방법이다. 무언가를 배울 때, 우리의 목표는 제대로 잘하는 것이 아니라 능력의 향상이다. 실수와 좌절은 제대로 잘하려는 목표 수행을 방해하지만 능력의 향상이라는 관점에서 보면 올바른 방향으로 우리를 이끈다. 레시피대로 하지 않으면 요리가 엉망이 되겠지만 소중한 경험을 했다고 할 수 있다. 완벽히 해내는 것보다 배우는 게 목표라면 실패도 배우는 과정 중 하나다.

성장 마인드셋 훈련은 좌절과 어려움, 실패를 경험했을 때 회복탄력성을 길러주는 검증된 치료법이다. 성장 마인드셋을 기르기 위해서는 어려움을 경험하고 인내할수록 학습이 이루어진다는 사실을 이해해야 한다. 성장 마인드셋 훈련을 경험한 사람들은 뇌가 정적이지 않으며 도전을 직시하고 극복해낼 때 끊임없이 배우고 발전한다는 것을 이해한다. 우리의 뇌는 실패든 성공이든 경험을 통해 배워나갈 때 발전한다. 성장 마인드셋을 연구하는 데이비드 이거David Yeager는 학업 성취도가 낮은 9학년 학생들을 대상으로 한 시간 미만의 성장 마인드셋 훈련을 시행했다. 그 결과, 몇 달 뒤 핵심 과목의 성적이 향상됐다는 사실을 발견했다.[90]

거리두기

세 번째 방법은 실패 경험과 거리를 두는 것이다. 우리는 다른 사람의 성공을 통해 배우는 만큼 다른 사람의 실패를 통해 배운다는 사실을 잊지 말아야 한다. 사람들은 자존심에 상처를 받으면 외면할 가능성이 크다. 따라서 실패로부터 거리를 두면, 즉 자신이 잘 모르는 누군가의 실패라고 상상하면 실패로부터 배울 수 있고 동기를 유지할 수 있다.

조언하기

마지막으로, 실패 후에도 동기를 유지하려면 비슷한 문제로 고심 중인 사람에게 조언을 하면 된다. 우리의 고민거리를 생각해보자. 돈 문제일 수도 있고 화를 참는 문제일 수도 있다. 이제 그 문제로 골치를 썩고 있는 사람에게 조언한다고 생각해보자. 자신도 해결하지 못하는데 조언을 하라면 대부분 주저하기 마련이다. 나 자신도 제대로 못하는 일에 대해 어떻게 조언한단 말인가? 하지만 한번 해보길 권한다. 한 연구에 따르면 누군가에게 조언을 하면 동기를 되찾고 자신감을 회복하는 데 도움이 된다고 한다.

　우선 조언을 하려면 기억을 더듬어 목표를 수행하면서 무엇을 배

있는지 알아내야 한다. 이 과정을 통해 목표에 대해 얼마나 알고 있는지 생각하게 된다. 게다가 조언하는 과정에서 구체적 목표를 세우고 행동을 구체화할 수 있다. 이러한 과정이 동기를 높이며 더 나아가 자신감을 높여준다.

나는 에스크레스-윈클러, 앤절라 더크워스Angela Duckworth와 함께 조언이 가진 힘을 조사해봤다.[91] 우리는 중학생들을 대상으로 자신보다 어린 학생에게 동기부여에 관한 조언을 한 그룹과 반대로 선생님으로부터 조언을 받은 그룹으로 비교해봤다. 그 결과, 조언을 한 학생들이 한 달여에 걸쳐 더 많은 시간을 숙제에 투자한 것으로 나타났다. 이 같은 현상은 성인들에게서도 확인됐다. 저축을 하거나, 화를 참거나, 체중 감량을 하거나 취업을 하고자 노력하는 성인들을 조사한 결과, 전문가로부터 조언을 받았을 때보다 누군가에게 조언을 했을 때 목표를 달성하려는 동기가 더 강하게 유발됐다. 예를 들어, 다른 사람에게 조언을 한 실직자가 구직 사이트인 '뮤즈'를 검색한 실직자보다 일자리를 찾고자 하는 동기가 더 높았다.

실패에는 상세한 정보가 들어 있다

뉴스에서 종종 엄청난 재정적 어려움을 무릅쓰고 식당을 열어 큰 성공을 거둔 요리사의 이야기를 다룬다. 마침내 엄청난 성공을 거두고 전 세계를 돌며 콘서트를 여는 음악가 이야기도 나온다. 하물며 하버드대학교를 중퇴하고 각각 마이크로소프트와 페이스북을 창업해 동시대 가장 영향력 있는 사업가로 손꼽히는 빌 게이츠나 마크 저커버그처럼 성공 신화를 쓴 사람들의 이야기도 등장한다. 그들의 고무적인 성공 신화를 보고, 대학을 중퇴하고, 식당을 열고, 음악가의 길을 가는 것이 돈을 버는 현명한 길이라고 결론 내릴 수도 있다. 하지만 성공 사례는 결말만 보여줄 뿐이다.

대다수 사람은 식당을 열고 채 1년도 못 돼 문을 닫는다. 또 음악으로 성공하기 위해 평생 고군분투하지만 동네 술집 연주자 생활을 벗어나지 못한다. 심지어 대학을 중퇴하고 차세대 기술 회사를 창업했다가 이도저도 아닌 생활을 하며 산다. 이 같은 사실을 알면서도 왜 이런 선택을 할까?

우리는 정보의 비대칭 시대를 살고 있다. 실패 이야기보다 성공 이야기를 더 많이 듣는다. 앞서 언급한 사례 중 실패 이야기를 듣는다면 재정적으로 무리한 선택이었다고 생각할지도 모르겠다. 보통 대학 중퇴자는 대졸보다 돈을 적게 번다. 식당과 음악가로 크게 성공하기도 하늘의 별 따기다. 게다가 실패담은 성공담만큼 자주 들리지 않기에 우리가 얻는 정보는 한쪽으로 치우쳐 있다.

대부분 사람들은 좋은 소식을 크게 알린다. 승진이나 대학 합격 소식을 소셜 미디어에 공공연하게 올리고, 영광의 순간을 사진으로 찍어 남긴다. 약혼 소식도 여기저기에 알린다. 심지어 신문에 광고까지 내는 사람도 있다. 만약 누군가 내 소셜 미디어 속 사진을 본다면 내가 화창한 날씨에 유유자적하며 산다고 생각할 수 있다. 하지만 사실 나는 몹시 추운 시카고에 살고 있다. 사람들은 실직이나 퇴학, 바람이 쌩쌩 부는 긴긴 겨울에 대한 소식은 널리 알리지 않는다. 일반적으로 나쁜 소식은 비밀에 부치려는 경향이 있다. 이별 같은 안 좋은 소식은 친한 친구한테만 살짝 알릴 뿐이다.

정보의 비대칭 현상을 쉽게 확인할 수 있는 방법이 있다. '성공'과 '실패'를 구글이나 유튜브에서 검색해보면 '성공'의 검색 결과가 '실패'보다 두 배나 더 많을 것이다. 그러다 보니 사람들은 성공이 더 흔하다고 믿는다. 하지만 이런 정보의 비대칭 현상은 실제로 벌어지고 있는 사실이 아니다. 실제로는 실패가 성공만큼 발생하거나, 심지어 실패가 더 자주 발생하는 상황에서도 우리는 성공담을 더 많이 듣는다.

대학 입학이 대표적인 예다. 대학 지원자의 90퍼센트가 미국 상위권 대학에 가지 못한다. 하지만 사람들은 대학에 떨어진 사람보다 합격한 학생들의 이야기를 더 많이 듣는다. 스포츠 경기도 마찬가지다. 이기는 팀이 있으면 지는 팀도 있기 마련이다. 한 팀이 이기면 다른 한 팀은 질 수밖에 없다. 성공만큼 실패가 발생한다. 하지만 1851년 이후 〈뉴욕타임스〉의 스포츠 경기 보도를 보면 승자에 관한 이야기가 패자에 관한 이야기보다 훨씬 많다. 조사 결과, '패배'라는 단어 1회당 '승리'라는 단어가 1.4배 더 사용됐다. 실패가 빈번히 발생해도 사람들은 실패담을 입에 올리지 않는다.

실패를 드러내지 않는 것은 편향된 청중 탓일지도 모른다. 이야기를 전달하는 사람은 성공담을 듣고 싶어 하는 상대방에게 맞춘다. 사실 신문이 나쁜 소식을 전한다는 통념과는 달리 〈뉴욕타임스〉 기사를 분석한 결과 스포츠면을 비롯해 전체 지면에서 성공에 관한 기사가 실패에 관한 기사보다 두 배나 많았다. 사람들은 심각한 공교육 실태 기사보다 가볍고 재미있는 기사를 훨씬 많이 본다. 심지어 코로나

19 팬데믹 상황에서도 〈뉴욕타임스〉는 '실패', '슬픔'이라는 단어보다 '성공', '행복'이라는 단어를 더 많이 사용했다.

정보의 비대칭 현상이 발생하는 또 다른 이유는 자신을 긍정적으로 나타내 자아를 보호하려는 욕구 때문이다. 내가 후보에 올랐다가 상을 받지 못한 경우보다 상을 받았다고 할 때 사람들은 더 관심을 보일 것이다. 그래서 나는 이력서에 수상 경력만 언급한다. 모든 과학적 발견 이면에 많은 실패가 있었다는 것은 공공연한 비밀이다. 토머스 에디슨은 기지 넘치는 말로 실패한 실험에 대해 언급했다. "나는 실패한 적이 없다. 다만 되지 않는 1만 가지 방법을 찾았을 뿐이다." 과학자는 늘 실패를 가려내는 일을 하는 사람이다. 우리도 가끔 실패에 대해 흥미로운 무언가를 발견하지만 대체로 혼자만 알고 있을 뿐 실패를 언급하지 않는다.

성공과 실패의 비대칭 관계는 실패를 가급적 비밀에 부치려는 인간의 성향 말고도 실패가 쓸모없다는 잘못된 믿음에서 비롯된다. 실패로부터 배운 것이 거의 없다고 생각하면 경험을 혼자만 간직하게 된다. 그리고 실패로부터 무엇을 배웠는지 깨닫지 못하면 대부분 실패의 경험을 공개하지 않으려 한다.

우리는 이러한 현상을 입증하기 위해 실험을 실시했다. 우선 실험 참여자들에게 틀린 정보와 틀렸는지 맞았는지 모르는 정보 중 어떤 정보를 다른 사람들과 공유하고 싶은지 물었다.[92] 참여자들은 "정답이 A라고 생각했는데 틀렸어요." 혹은 "정답이 B라고 생각하는데 맞았는지 틀렸는지 모르겠어요."라고 말할 수 있었다. 이런 상황에서는 정답이 아닌 것을 말해주면 다른 사람들이 정답을 찾는 데 더 도움이 된다. 하지만 참여자 대다수가 자신의 답이 틀렸다고 말하기보다 맞았는지 틀렸는지 모르겠다고 대답했다.

이 실험을 통해 실패로부터 배운 것을 다른 사람에게 말하고 싶어 하지 않는 심리를 확인할 수 있다. 실제로 사람들은 수업이나 제품, 연인을 친구에게 소개하려는 마음도 먹지만, 그에 못지않게 피해야 할 수업이나 제품, 연인에 대한 언급을 꺼리는 경향도 있음을 알 수 있다. 이러한 심리가 실패는 보이지 않고 성공만 보이는 정보의 비대 칭 사회를 초래한다. 그럼 비대칭 현상은 목표 달성에 어떤 영향을 미 칠까?

사실 우리 눈에 잘 보이지 않는 실패는 매우 유용한 정보를 담고 있다. 실패에 관한 이야기는 종종 성공에 관한 이야기보다 성공하는 법에 대해 더 유용하고 더 나은 정보를 제공한다. 실패가 주는 부정 적 정보에는 두 가지 특징이 있다. 첫째, 실패가 주는 정보는 특별하 다. 둘째, 실패가 주는 정보는 드물게 발생하긴 하지만, 매우 상세하다.

부정적인 정보는 특별하다

톨스토이의 《안나 카레니나》는 "행복한 가정은 모두 비슷하지만, 불 행한 가정은 각자 나름의 사정이 있다."라는 문장으로 시작한다. 동 기 과학 연구자들은 이 말에 공감한다. 실패에 담긴 부정적인 정보는 특별하다.[93] 성공 레시피는 초코칩 쿠키의 레시피처럼 대부분 비슷 하다. 알렉스 코흐Alex Koch, 한스 알베스Hans Alves, 토비아스 크루거Tobias Krüger, 크리스티안 운켈바흐Christian Unkelbach에 따르면 부정적인 정보는 서로 다르지만, 긍정적인 정보는 서로 비슷한 경향이 있다.

연구자들은 통계적으로 성공의 범위가 실패의 범위보다 작기 때문에 이 같은 차이가 발생한다고 생각한다. 개인적 특성을 생각해보자. 어떤 특성이든 긍정적이고 바람직하다고 보는 것의 범위는 상대적으로 좁다. 너무 많은 것도, 너무 적은 것도 바람직하지 못하고 좋지 않다고 여겨진다. 가령, 친근함을 예로 들어보자. 친근한 사람들은 모두 비슷하게 행동한다. 예의 바르고 친절하고 상대방이 하는 말을 경청한다. 하지만 지나친 친절은 바람직하지 않다. 여럿이 모인 자리에서 지나치게 활기차거나 모임에 참석한 사람들에게 일일이 다 말을 붙이면 소위 '관심병'이라고 여겨진다. 친근감을 드러내지 않는 것도 바람직하지 않다. 파티장 벽에 딱 붙어 있으면 수줍음이 많은 사람이라고 여겨진다. 자신감 없는 것과 수줍음 많은 것은 다르다. 물론, 둘 다 친근감의 정도에서 비롯된 특성이지만 서로 다르다.

관대함도 마찬가지다. 관대한 사람들은 모두 자기가 가진 것을 기꺼이 나누려고 한다. 만약 시간이나 돈에 너무 인색하거나 너무 부주의하다면 관대하지 못한 인상을 준다. 관용을 적당히 베푸는 데 '실패'한 사람들의 이유는 서로 다르다. 인색한 사람과 부주의한 사람의 차이는 관대한 두 사람의 차이보다 크다. 일반적으로 사람들의 실수는 서로 다르며, 누구나 자신의 실패로부터 더 많을 것을 얻을 수 있다.

실수는 건강을 신경 쓰는 사람에게 특별한 정보를 제공한다. 실수, 실패, 부정적인 정보가 다양할수록 얻을 게 많아진다. 우리는 각기 다른 방식으로 실패한다. 따라서 실패에 관한 정보를 교환하면 서로에게 특별한 도움이 될 것이다. 하지만 성공은 비슷하다. 경험을 교환한다고 해도 별로 얻을 게 없다.

부정적인 정보는 상세하다

우리는 일이 잘 풀리기를 기대하며 살아간다. 일이 잘 풀리면 기대에 부응하는 것이므로 그 이유를 설명할 필요를 느끼지 못한다. 일이 잘 못되면 기대와 다르기 때문에 설명이 필요하다고 느낀다. 따라서 실패를 외면할 수 없다면 설명할 수 있어야 한다.

부정적 결과를 설명하려는 이러한 경향은 일상적 표현에도 여실히 드러난다. 우유는 건강에 좋지만 우리는 우유를 그냥 '우유'라고 하지 '좋은 우유'라고 하지 않는다. 반면, 상한 우유는 '상한 우유'라고 부른다. 긍정적 상태는 사람들이 기대하는 바이기 때문에 더 이상의 설명이 필요하지 않지만, 부정적 상태는 설명이 필요하다. 회의에 제시간에 나타나면 설명할 필요가 없다. 하지만 회의에 늦었을 땐 버스가 늦게 왔다거나 차가 엄청나게 막혔다거나 하는 등의 설명이 필요하다.

부정적 경험은 정확한 설명을 요구하기 때문에 긍정적 감정보다 감정을 묘사하는 단어들이 더 많다.[94] 기분이 좋지 않을 때는 화가 나거나 불만스러운 게 아니라 기분이 울적해서 그렇다고 말한다. 하지만 기분이 좋을 땐 정확히 설명하지 않는다. 행복을 기쁨이나 즐거움으로 표현한다 해도 크게 문제될 게 없다. 모두 비슷한 감정이기 때문이다.

부정적 경험을 자세히 설명하려는 경향은 제품 사용 후기에서도 볼 수 있다. 부정적 사용 후기는 긍정적 사용 후기에 비해 흔하지 않은 편이다. 우리는 실패한 제품에 대해 정보를 공유하려고 하지 않는다. 하지만 부정적 사용 후기는 매우 상세하게 쓰는 경향이 있다. 새 신발이 마음에 들면 "마음에 들어요!"라고 간단히 쓰지만, 마음에 들지 않아 솔직히 말해야겠다고 생각했을 땐 밑창, 신발 끈, 디자인, 배송 등 무엇이 마음에 들지 않는지 아주 자세하게 써 내려간다.

실패에 대한 부정적 평가와 분석은 찾아보기 드물긴 하지만 종종 성공에 대한 긍정적 평가와 분석에 비해 더 나은 정보를 제공한다. 이러한 현상은 각 식당들의 긍정적 후기나 부정적 후기 가운데 하나를 읽고 어느 식당이 더 좋은지 추측하게 한 흥미로운 실험에서도 알 수 있다. 긍정적 후기는 비슷했다. 모두 음식이 맛있다고 써놓아 최고의 식당과 아닌 식당을 구분하기가 어려웠다. 하지만 부정적 후기는 가격이 지나치게 비싸다거나 음식이 차가웠다는 등의 다양한 정보를 제공했다. 따라서 부정적 후기를 읽은 사람들은 쉽게 좋은 식당을 구분할 수 있었다.[95]

한편 부정적 평가를 읽은 사람들은 향후 성과까지 예측했다. 영화의 부정적 후기만 읽은 사람들은 어떤 작품이 오스카상을 수상할지 예측할 수 있었다. 하지만 긍정적 후기만 읽은 사람들은 그렇지 못했다.

실패는 특별하다. 또 실패에 관한 정보는 드물긴 하지만 상세하다. 부정적 정보와 실패의 두 가지 특징을 기억한다면 성공 비결을 얻을 수 있다. 다시 말해, 우리는 실패로부터 배울 수 있다.

제8장에서는 왜 실패로부터 배우지 못하는지 그 이유를 살펴봤다. 우리는 부정적 피드백을 외면한 채 관심을 기울이지 않는다. 그래서 배우지 못하는 것이다. 극단적인 예로, 부정적 피드백은 학습된 무력감을 초래해 잘못된 것을 학습하게 만든다. 학습하게 만든다. 일반적으로는 실패를 통해 자존심을 다쳐 실패를 외면하게 되거나 실수로부터 배우는 데 방해가 되는 사고방식을 가지고 있기 때문에 우리는 실패로부터 교훈을 얻지 못한다.

역설적이지만 실패는 보이지 않는다. 하지만 실패를 이야기하고 실패로부터 배울 때 우리는 소중한 정보를 얻을 수 있다. 부정적 결과가 성공에 매우 특별한 정보를 제공한다는 사실을 깨닫고 실패가 주는 정보를 찾아 교훈으로 삼아야 한다. 먼저 다음의 질문을 해보자.

1 무엇이 당신을 목표에 몰입하게 하는가? 목표 수행에 있어 당신을 전문가로 만드는 것은 무엇인가? 목표 달성을 확신할수록 부정적 피드백으로부터 배울 수 있다.

2 당신의 능력을 증명하기보다 성장하는 데 초점을 두고 목표를 수행하고 있는가? 목표를 달성하든 달성하지 못하든 항상 배울 점이 있다는 것을 명심하자.

3 당신의 개인적 불행을 거울 삼아 다른 사람에게 조언해줄 수 있는가? 당신이 배운 교훈을 조언의 형식을 빌려 표현해보자.

4 다른 사람의 성공과 실패를 보면서 무엇을 배울 수 있는가? 때로는 다른 사람의 실패를 통해 배우기가 더 쉽다.

5 목표에 이르는 최선의 길을 찾았을 때 실패가 주는 정보에 주의를 기울일 수 있는가? 자신의 실패에 국한하지 마라. 성공한 사람들의 이야기

뿐만 아니라 실패한 사람들의 이야기에 귀를 기울이고 그들의 경험에서 교훈을 얻자.

GET
IT
DONE

제3부

목표 달성을 위한
위기 관리법

: 슬럼프를 극복할 수 있는
지름길은 반드시 있다

19세기, 최초의 실존주의자로 알려진 덴마크 철학자 쇠렌 키르케고르Søren Kierkegaard는 "순수한 마음은 한 가지를 원한다."라고 주장했다. 하지만 동기부여에 관한 연구는 이처럼 고무적인 조언을 부정확하고 비현실적이라고 여긴다. 언제나 우리는 한 번에 한 가지 이상을 원한다. 당신은 쇼핑하고 먹고 일하고 놀고 싶은 마음이 동시에 들 수 있다. 심지어 이 글을 읽는 순간에도 몇 가지 다른 일을 하고 싶을 것이다. 갤럽 조사에 따르면 미국인들 절반이 하고 싶은 일을 모두 하기에 24시간이 부족하다고 생각한다.[96] 시간은 부족하고 달성하지 못한 목표는 계속 쌓여간다.

순차적 목표 수행, 다시 말해 하나의 목표를 끝내고 다른 목표를 수행하는 것은 현실적으로 불가능하다. 우선, 목표를 달성하려면 시간이 필요하다. 어떤 목표는 평생을 바쳐야 달성할 수 있다. 새롭게 일을 시작한다고 해서 잠시 건강을 보류할 수 없듯, 연인을 찾는다고 학위 수료를 미룰 수 없다. 더군다나 우리는 복잡한 세상을 살아가며 수많은 욕구를 가진 복잡한 유기체이므로 이루고 싶은 목표가 많다. 따라서 서로 경쟁하는 욕구를 동시에 해결하는 것 말고는 선택의 여지가 없다. 한 가지만을 추구해야 한다는 키르케고르의 말은 비현실적인 면이 있지만, 그의 말에서 지혜의 핵심을 찾을 수 있다. 동시에 여러 목표를 달성하려다 보면 문제가 생기기 마련이다. 성공을 바란다면 목표 수행 과정에 부딪히는 장애물에 주의를 기울여야 한다. '당신이 치를 전쟁을 선택하라.' 어쩌면 이 말은 19세기 철학자의 말보다 덜 고무적으로 들리겠지만 마음에 와닿을 것이다.

전쟁을 선택하라는 말은 먼저 수행해야 할 목표를 정하고 다른 목표는 잠시 미뤄두라는 의미다. 목표의 효율성을 따져 그 순간 무엇을 해야 할지 결정해야 한다. 운 좋게 동시에 여러 목표를 달성할 수 있는 방법을 찾기도 한다. 개인 트레이너와 사랑에 빠진다면 건강과 연애를 동시에 얻을 수도 있다. 하지만 완벽한 일거양득을 이루기란 쉽지 않다. 삶의 영역마다 서로 다른 목표가 있고 이들은 각기 다른 방향에서 우리를 끌어당긴다. 승진을 추구하는 것이 과녁을 향해 다트를 던지는 것과 같다면, 강아지 입양, 마라톤 훈련과 같은 다른 목표를 동시에 추구하는 것은 과녁의 중심을 흐리게 만든다.

동기 과학은 우리가 마음속 목표를 어떻게 체계화하는지 설명하기 위해 '목표 체계'goal system라는 말을 사용한다. 각각의 목표는 목표 달성을 돕는 일련의 수단과 연결된다. 그리고 이 수단은 '하위 목표'subgoal가 될 수 있다. 다시 각각의 목표는 '최우선 목표'overriding goal,

다시 말해 인생의 '큰 그림'big-picture으로 이어진다. 마라톤이 목표라면 새 운동화 구매하기가 하위 목표가 될 수 있고 건강이 최우선 목표가 된다. 성공이 상위 목표라면 승진은 목표가 되고 시간 엄수는 하위 목표가 된다.

승진, 가족 부양과 같은 '병행 목표'parallel goal는 방해 혹은 촉진 관계에 있다. 안정적 직업이 가족 부양에 도움이 된다고 생각할 때 승진이라는 목표는 가족 부양이라는 목표를 촉진한다. 반면, 승진이 가족에게 소홀하도록 만든다거나 가족이 승진에 방해가 된다고 생각한다면 두 목표는 서로를 방해한다. 구체적 목표와 목표의 상호작용 방식에 대한 인식은 사람마다 다르다. 하지만 모든 목표 체계를 지배하는 원칙은 보편적이다. 따라서 보편적 목표 체계를 이해한다면 더 현명한 목표를 세우고 더 나은 목표 수행 방법을 선택할 수 있다.

제9장에서는 목표 체계를 어떻게 효과적으로 설정할 수 있는지를 알아보고, 제10장에서는 자기 통제력 부족이 목표 수행을 어떻게 방해하는지를 짚어본다. 제11장에서는 목표 달성에 있어 인내력이 얼마나 중요한지를 살펴볼 것이다. 인생을 살아가며 비록 한 가지만을 바랄 순 없겠지만, 전쟁을 선택하고 그 전쟁에서 승리를 거두는 법은 알 수 있을 것이다.

목표가 너무 많을 때는 선택과 집중이 필요하다

'글을 쓰고 싶다. 예전 몸매를 되찾고 싶다. 친구를 만나고 싶다. 남편과 시간을 보내고 싶다. 아이들을 보고 싶다. 이 중 아무거나 하나라도 하고 싶다.' 오늘도 내 마음의 소리는 서로 경쟁한다. 하지만 나는 아직 점심도 먹지 못했다.

자신이 하고 싶은 것들의 존재는 자신이 하고 싶은 것 중 하나를 성취하는 데 어떤 영향을 미칠까? 이 질문에 대한 답을 찾으려면 목표 체계를 이해해야 한다. 다시 말해, '핵심 목표'focal goal와 동시에 수행해야 할 병행 목표, 각 목표의 성취 수단과 각각의 목표가 이루고자 하는 최우선 목표, 이들 간의 관계를 이해해야 한다.

일련의 행동이 여러 목표와 연결될 때, 하나의 목표 달성은 다른 목표 달성으로 이어진다. 직접 만든 점심은 돈도 적게 들고 건강에도 좋다. 돈을 절약하기 위해 도시락을 싸면 건강한 식단이라는 목표에도 부합한다. 하지만 목표별 수행 행동이 다를 경우, 하나의 목표 수행은 다른 목표 수행에 방해가 되거나 갈등을 일으킨다. 직접 만든 점심은 돈도 절약되고 건강에도 좋지만, 손도 느린데 정신없는 아침 시간에 점심을 준비하는 일은 정시 출근이라는 목표에 방해가 된다. 목표와 목표가 상충할 때 우리는 난관에 부딪힌다. 특징 행동이 중요한 목표 수행에 방해가 된다면 그 행동을 고수하기가 어렵다.

목표 체계는 다수의 목표 수행을 지배하는 동기 원칙인 '성취 극대화'maximizing attainment 원칙에 따라 움직인다. 이 원칙에 따르면 목표 수행에 미치는 부정적 영향을 최소화하고 여러 목표에 긍정적 영향을 최대화할 수 있는 행동을 선택해야 한다. 예를 들어, 사람들은 보통 윤리적이고 관계를 돈독하게 만드는 정직이라는 덕목에 따라 살아간다. 하지만 상사에게 프로젝트가 별로라고 말한다거나 친구에게 새로 산 드레스가 어울리지 않는다고 솔직하게 말하는 경우처럼 정직이 관계를 해친다면 다시 한번 생각해볼 문제다. 윤리 의식이 승진이나 우정을 망쳐도 될 만큼 가치가 있을까?

우리는 성취 극대화 원칙에 따라 행동을 선택한다. 예를 들어, 정직과 관계 유지 사이의 타협점을 찾거나 목표의 우선순위를 정한다. 목표 체계의 배열과 목표별 수단의 상호작용 방식에 따라 다양한 시도 끝에 목표 간 균형을 맞추고, 때로는 다른 목표들은 제쳐두고 하나의 목표에 집중하기도 한다.

성취를 극대화하기 위한 두 종류의 수단

늘 그렇듯 우리는 해야 할 일이 많을 때 목표를 체계화한다. 동물들의 분류 방식을 생각해보자. 동물은 먼저 동물계로 분류되고 이어서 문, 강, 목, 과, 속, 종으로 분류된다. 목표도 마찬가지다. 분류 체계 맨 위에는 사회적 관계, 부, 건강처럼 일반적이고 추상적인 목표가 놓인다. 그리고 이러한 목표는 하위 목표나 수단으로 세분화된다. 가령, 사회 관계를 맺기 위해 새 친구 만들기를 하위 목표로 정할 수 있다. 하위 목표나 수단은 더 세분된 목표와 수단으로 나뉜다. 가령, 식물에 관심이 있는 친구를 사귀기 위해 정원 가꾸기 모임에 들어갈 수도 있다. 의미 있는 삶 영위하기와 같은 최상위 목표를 제외하고 각각의 목표는 다른 목표의 수단이 된다.

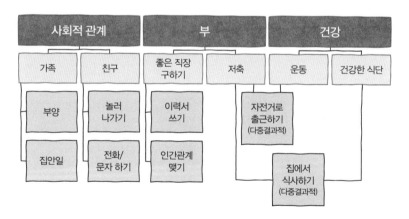

간단한 목표 체계. 맨 위에는 세 가지 일반 목표가 있고 각각의 일반 목표는 하위 목표에 의해 달성된다. 각각의 하위 목표는 다시 각각의 수단에 의해 달성된다. 오른쪽에 있는 두 가지 수단은 두 가지 하위 목표를 동시에 달성한다. 자전거로 출근하면 돈도 절약되고 운동도 되며, 집에서 식사를 하면 돈도 절약되고 건강에도 좋다.

목표 체계 내에서 어떤 수단들은 '다중결과적'multifinal 특성을 가진
다. 즉, 하나의 수단이 동시에 여러 목표 달성으로 이어진다. 이러한
목표 구성은 한마디로 일석이조라고 할 수 있다. 자전거 타기가 대표
적인 예다. 자전거 타기는 건강에도 좋고 친환경적이며 경제적이다.
자전거 타기는 운동량 증가, 탄소 배출량 감소, 비용 절감 등 많은 목
표를 달성할 수 있으므로 다중결과적 활동이다.

성취 극대화 원칙에서는 다중결과적 수단을 바람직하다고 여긴다.
한 번에 하나 이상의 목표를 달성할 수 있으니 선호할 만하다. 하지만
목표가 많을수록 다중결과적 조합은 어려워진다. 푸드코트에 서서
무엇을 먹을지 몰라 주변을 두리번거리며 막막했던 때를 떠올려보
자. 음식이 많은데 무엇을 먹을지 결정하지 못하는 이유는 여러 목표
를 동시에 달성하고 싶기 때문이다. 맛도 있고, 건강에도 좋고, 가격
도 비싸지 않으면서, 한동안 먹어보지 못한 음식, 거기다 준비 시간이
오래 걸리지 않는 음식을 원하기 때문이다. 어쨌든 우리는 바쁘고 늘
시간에 쫓긴다.

점심 메뉴를 선택할 때 목표가 많을수록 선택지가 줄어든다는 것
을 입증하기 위해 카탈리나 쾨페츠Catalina Köpetz, 팀 파버Tim Faber, 아리
크루글란스키와 나는 점심시간에 푸드코트를 방문하는 사람들을 대
상으로 실험을 했다. 먼저 푸드코트에 들어서는 사람들에게 오후에
할 일을 물었다. 그들은 자신의 계획을 적고 나서 점심 메뉴를 골랐
다. 열두 개의 푸드코트에서 파는 수십 개의 메뉴 중 그들이 실제로
언급한 메뉴는 몇 개나 될까? 결과는 많지 않았다. 오후에 할 일을 적
은 사람일수록 선택한 음식의 개수가 적었다.[97] 실험 참여자들은 오

후에 할 일을 생각하자 금방 먹을 수 있고, 먹은 후에 졸리지 않으며, 저녁까지 배가 든든한 메뉴를 골라야 한다고 생각했는지 결국 샌드위치를 사서 나갔다.

안타깝게도 배우자를 찾을 때도 같은 일이 벌어진다. 사랑을 찾는 것이 핵심 목표지만, 경제적 여유, 가족의 인정과 같은 다른 목표들이 선택을 제한한다. 실제로 사랑, 경제적 여유, 부모의 인정과 같은 기준에 적합한 사람을 찾고 있으면서도 사랑을 찾는다고 말할지도 모른다. 이러한 추가적인 배경 목표 때문에 선택지가 상당히 감소한다.

목표 체계를 세울 때, 여러 수단이 하나의 목표로 이어지는 '등결과적'equifinal 수단을 만나기도 한다. '모든 길은 로마로 통한다'라는 말로 가장 잘 표현되는 목표 구성이다. 예를 들어, 자전거 타기, 골프, 암벽 등반은 모두 건강이라는 목표로 귀결된다. 등결과적 수단은 서로 교환이 가능하며 무엇을 하든 목표 달성으로 이어진다.

등결과적 수단은 종종 경쟁을 유발한다. 하나를 수행하면 나머지가 필요 없기 때문이다. 운동을 위해 자전거를 탈 수도 있지만, 헬스장에 다니기 시작하면 자전거는 탈 필요가 없다. 두 활동 모두 건강에 도움이 되므로 선택해야 한다. 하지만 자전거 타기는 기름값 절약이나 친환경 목표 같은 다른 목표에도 도움이 된다. 이 경우, 헬스장은 자전거 타기와 연결되는 여러 목표 중 하나의 목표를 저해하므로 다른 목표를 위해서라면 헬스장에 다니며 자전거 타기를 계속할 수도 있다.

등결과적 수단들은 서로 경쟁하지만, 그들은 존재만으로도 목표에 대한 몰입을 높여준다. 제5장에서 언급했듯, 몰입을 부르는 가장 중요한 요소는 목표 달성의 가능성을 아는 것이다. 등결과적 수단은 목표 달성에 이르는 길이 여럿임을 보여주고 용기를 북돋아준다. 목표 달성에 자신이 없는 초보자에게 몰입의 증가는 매우 중요하다. 헬스장을 처음 다니는 사람이라면 댄스부터 시작해 러닝머신, 스텝퍼, 심지어 수영에 이르기까지 다양한 운동 프로그램에 동기부여를 받는다.[98] 복싱이나 훌라후프 강좌를 등록하지 않더라도 이러한 프로그램을 알고 있는 것만으로도 자신에게 적당한 프로그램이 있을 거라고 확신한다. 그리고 운동복을 사서 헬스장으로 향하도록 동기부여를 받는다. 시작 단계에서는 다양한 수단이 목표에 몰입하도록 동기를 부여하지만, 몰입 궤도에 들어서면 큰 도움이 되지 않는다. 예를 들어, 줌바 수업에 어느 정도 적응된 후에는 아쿠아로빅 이야기를 들어도 크게 마음이 동요되지 않는다.

판다가 대나무만 먹는 이유

내가 지금껏 먹었거나 앞으로 먹어보려는 그 어떤 것보다도 판다는 대나무를 즐겨 먹는다. 판다의 주관적 음식 취향은 잘 모르지만, 판다가 대나무를 좋아하는 건 안다. 지금껏 내 미각을 완벽하게 만족시킨 음식은 없었다. 하지만 판다는 대나무의 잎, 줄기, 싹을 주식으로 한다. 판다에게 허기를 채우는 목표는 하나의 활동, 즉 대나무 먹기로 연결된다. 판다에게 대나무는 가장 맛있는 음식이다. 대나무에 견줄 만한 게 없다.

반대로 인간에겐 허기를 채울 만한 음식이 많다. 예산, 건강 등 여러 고려 사항을 만족시키는 음식도 많다. 음식은 등결과적과 다중결과적을 가진다. 즉, 음식과 음식이 수행하는 목표 사이의 연관성을 고려할 때 우리가 평생 행복하게 먹을 수 있는 음식은 없다.

이는 목표를 만족시킬 방법이 아무리 많아도 하나의 완벽한 방법이 없을 수 있다는 사실을 단편적으로 보여준다. 우리는 성취 극대화 원칙에 따라 운동처럼 여러 목표를 동시에 달성하는 활동을 원한다. 목표는 많은데 목표 달성에 필요한 활동이 하나뿐이라면, 목표가 추가될 때마다 그 활동이 '알맞은'right 수단이라고 생각하지 않게 된다.

수단(행동, 물건, 사람, 혹은 대나무)과 목표의 관계를 마음속에 정하고 나면 그 수단과 목표가 가지는 다른 관계는 생각하지 않게 된다. 만약 하나의 수단이 서로 경쟁하는 목표를 달성하거나 하나의 목표에 다양한 수단이 필요하다면 수단과 목표의 관계가 약화된다.

수단과 목표 간 연관성이 약해지면 목표를 수행하는 동안 목표를 잊기도 하고, 목표 달성을 위한 방법을 찾을 때 길을 잃기도 한다. 하지만 연관성이 강하면 행동, 물건, 사람이 목표 달성에 매우 중요한 수단으로 보인다. 자전거 타기보다 더 좋은 운동은 없다고 해보자. 그런데 만약 좋아할 만한 다른 것이 있거나(등결과적을 지니거나) 자전거 타기로 성취할 수 있는 다른 목표가 있을 때(다중결과적을 지닐 때) 자전거 타기는 덜 중요해진다. 자전거 타기가 아닌 다른 운동 방법을 생각하거나 자전거를 타는 다른 이유를 생각할 수 있다. 결과적으로, 운동을 목적으로 한 자전거에 대한 열정이 희석된다.

이러한 희석 현상 때문에 우리는 성취 극대화 원칙에 따른 수단보다 '단일결과적'unifinal 수단을 선호한다. 단일결과적 수단은 행동과 물건, 사람이 하나의 목표를 수행하므로 수단과 목표가 강하게 연결된다.

제3장에서도 희석 효과에 대해 매우 비슷한 논의를 한 바가 있다. 다기능 제품은 각각의 기능을 충실히 수행하지 않기 때문에 종종 실패한다고 이야기했다. 레이저 펜은 레이저 포인터의 기능과 펜의 기능을 모두 가지고 있지만, 이도 저도 아닌 것처럼 보일 수 있다. 다른 발명품들 역시 비슷한 운명을 겪는다. 접으면 벽 거울로 사용할 수 있는 다리미 대나 손잡이에 컵홀더가 있는 우산은 매우 실용적이고 창의적인 발명품이지만 원래의 기능을 제대로 수행하지 못하는 것처럼 보여 주목을 받지 못한다.

사람들은 목표의 수가 증가할 때마다 핵심 목표를 제대로 수행하지 못하는 다중결과적 수단을 선호하지 않는다. 이러한 현상은 추가 목표를 크게 신경 쓰지 않기 때문에 발생한다. 사람들은 추가되는 목표로 인한 혜택이 그다지 유용하지 않다고 생각한다. 유대교 율법에 따른 코셔 식품을 생각해보자. 코셔 식품을 좋아하지 않는다면, 코셔 식품 코너에 가까이 갈 일이 없다. 사람들은 코셔 식품이 맛과 종교 양식, 두 가지 목표에 부합하도록 만들어졌다고 생각한다. 하지만 이 같은 이중적 목표는 맛에 대한 의문을 품게 한다. 실제로 이타마르 시몬슨Itamar Simonson, 스티븐 놀리스Stephen Nowlis, 야엘 시몬슨Yael Simonson은 실험을 통해 코셔 식품에 대해 잘 알지 못할 경우 코셔 아이스크림 광고가 소비자들의 관심을 떨어뜨린다는 결론을 얻었다.[99] 코셔 아이스크림이 갖는 장점과 상관없이 소비자들은 코셔 식품은 맛이 없을 거라고 생각했다.

다중결과적 수단에 관한 편견은 하나의 목표를 수행할 뿐 다른 목표에는 방해가 되는, 즉 다중결과적 수단의 정반대 입장인 제품과 활동을 선호하는 데서 비롯됐다. '고통 없이는 아무것도 얻을 수 없다'라는 속담처럼 우리는 어려움이 있어야 얻는 게 있다는 잘못된 믿음을 가지고 있다. 사실 이 말은 1980년대에 제인 폰다가 에어로빅 비디오의 모토로 내세우면서 인기를 끌기 시작해 그 후로 점점 큰 의미를 지니게 됐다. 예를 들어, 한 연구에 따르면 사람들은 사용 후 기분 좋은 구강청정제보다 입안이 타들어 가는 것 같은 강한 구강청정제가 세균 제거에 효과적이라고 믿었다.[100] 사람들은 제품이나 특정 활동이 고통 피하기 같은 하나의 목표를 훼손할 때 세균 제거 같은 다른 목표를 더 효과적으로 수행하는 것처럼 생각하는 경향이 있다.

같은 심리로 10대들의 경솔하고 자기 파괴적인 결정을 설명할 수 있다. 10대들은 종종 일부러 담배를 피우고 알코올이나 마약과 같은 불법적인 행위를 일삼는다. 그들은 처음부터 즐기려고 시작하지 않는다. 사실 첫 담배와 첫 술이 즐거운 경험은 아니다. 그저 친구들과 어울리고 싶어서 시작할 뿐이다. 그런데 왜 자신에게 해로운 행위가 자신이 원하는 사회 집단으로 가기 위한 관문이 될까? 한 가지 이유는 해로운 행위가 건강, 안전과 같은 다른 기본적인 목표를 훼손하기 때문이다. 담배가 즉각적인 이득도 없고 큰 희생을 수반하는 데도 불구하고 담배를 피우는 행위를 통해 10대들은 흡연자 집단에 속하고 싶다는 분명한 신호를 보낸다. 담배는 소속에 대한 강한 욕구 때문에 기꺼이 감내하는 희생과도 같다.

극단주의자extremist 집단에 들어가는 것처럼 사회에 해로운 행동을 하는 것도 마찬가지다. 사람들은 종종 의미를 찾고 존중을 받기 위한 수단으로 극단주의에 의존한다. 극단주의자 집단에 들어가면 안락한 삶의 영위나 친절한 태도와 같은 목표를 훼손하는 것이므로 존경받을 수 있다고 여긴다.

요컨대, 우리는 한 번에 여러 개의 목표 달성을 극대화하기 위해 다중결과적 수단을 찾고 목표에 대한 몰입을 높이기 위해 등결과적 목표를 찾지만, 목표를 날성하는 과정에는 대가가 필요하다. 어떤 활동이나 제품이 하나 이상의 역할을 하거나 대체할 수 있다면 핵심 목표 달성에 덜 유용하다고 여겨진다. 핵심 목표를 우선시할 때, 우리는 한가지 목표를 수행하는 단일결과적 수단을 선호한다. 단일결과적 수단은 그 수단을 수행하는 것만으로도 마치 목표를 달성하는 것처럼 느껴지기 때문에 더 바람직하게 여겨진다. 매우 유용한 단일결과적 수단을 수행 중이라면 내적 동기 수준이 높아지고 목표 수행을 제대로 하고 있다고 느껴져 더 나은 방법을 생각할 수 없게 된다. 그래서 종종 열정적인 달리기 선수들이 달리기를 하지 않는 삶을 상상하지 못하는 것이고, 판다가 대나무를 좋아하는 것이다.

목표 간 갈등을 어떻게 해결하는가

만약 유기농 음식을 먹고 싶고 돈도 아끼고 싶다면 갈림길에 서게 된다. 유기농 음식은 비싼 편이다. 그렇다면 유기농 음식 먹기와 돈 아끼기, 두 가지 목표가 충돌할 땐 어떻게 해야 할까? 어떻게 균형을 맞출

까? 어떻게 타협점을 찾을까? 한 번은 유기농, 다른 한 번은 비유기농
으로 번갈아가며 먹어야 할까? 그것도 아니면 우선순위를 매겨 다른
하나를 포기해야 할까?

상반된 두 가지 방법으로 목표 간 갈등을 해결할 수 있다. 첫째, 상
반된 여러 목표 간 타협점을 찾아 일부만 만족시키는 것이다. 그럼 완
전하게 달성된 목표는 없지만, 어느 하나 버려진 목표도 없다. 목표를
모두 수행하기로 선택한 것이다. 둘째, 목표 간 우선순위를 정해 나머
지 목표를 버리고 하나에 집중하는 것이다. 우리는 일과 가족의 균형
을 맞출 때 타협점을 찾는다. 승진을 위해 결혼을 미루기도 하고 가
족을 위해 일을 포기하기도 한다. 또는 건강과 맛있는 음식 사이에서
타협점을 찾기도 한다. 식단을 엄격하게 지키기도 하고 포기하기도
한다.

목표를 충분히 달성했다고 느낄 때 사람들은 타협하는 경향이 있
다. 이 정도면 됐다고 생각하고 노력을 줄이고 상충하는 다른 목표
에 관심을 둔다(제6장에서 살펴봤다). 이러한 유형의 타협은 때때로 중
요한 목표를 달성하는 데 실패했을 때 핑계가 되거나 그 원인이 되기
도 한다. 부적절한 행동, 다시 말해 이 정도쯤은 괜찮다고 생각해 가
족에게 무례하게 굴거나 식당 종업원에게 서비스 요금을 지불하지 않
는다면, 동기 연구에서 말하는 '허용 행동'licensing behavior을 하는 것이
다.[101] 다시 말해 목표를 수행했으니 당연하다는 듯 행동하게 된다.
이때 목표 수행은 앞으로 있을 일관되지 않은 행동에 대해 변명할 때
쓰는 일종의 '허가증'hall pass이다.

예를 들어, 사람들은 옳은 일과 쉬운 일 가운데 타협점을 찾는다.

이 경우, 옳은 일을 하니까 쉬운 길을 가도 괜찮다고 느낀다. 브누아 모닌Benoit Monin과 데일 밀러Dale Miller가 이 같은 허용 효과를 실험을 통해 밝혀냈다. 그들은 프린스턴대학교 남학생들에게 노골적인 성차별적 발언을 평가하게 했다. 연구자들의 의도대로 학생들은 성차별적 발언에 반대했다. 하지만 뒤이어 구직자 평가를 요청하는 질문에서 그들의 판단력은 흐려졌다. '여자들은 집에서 아이를 돌보는 편이 낫다' 혹은 '여사들은 대부분 똑똑하지 않다'라는 발언에 분명 동의하지 않았던 학생들이 건설업종은 여자보다 남자가 적합하다는 데 동의했다. 학생들은 앞서 남녀 평등을 주장했으니 두 번째 질문에는 성차별적 입장을 취해도 된다고 생각했다.

또 다른 연구에서는 2008년 선거 직전 버락 오바마를 지지했던 백인들이 선거 이후 인종차별적 발언을 해도 된다고 생각했다는 결과를 보여줬다.[102] 그들은 흑인보다 백인에게 적합한 직업이 있다고 말했다. 오바마에게 투표했다고 해서 인권 평등 옹호자라고 볼 순 없다. 하지만 그들 중 일부는 자신들이 오바마를 지지했으니 인종차별적 발언을 해도 괜찮다고 생각했다. 그들은 흑인 대통령 후보에게 투표했다는 평등주의 행동을 마치 나쁜 행동의 면죄부처럼 여겼다.

하지만 사람들이 항상 타협점을 찾는 건 아니다. 목표에 몰입하고 있다고 느낄 때 우리는 행동의 우선순위를 정한다. 목표 수행에 만족하기보다 행동의 우선순위를 정해 몰입을 높여 더 많은 것을 하고자 한다. 목표에 대한 몰입이 증가할수록 목표 간 갈등은 감소한다. 앞서 언급한 예에서 처음 행동이 인종 평등과 성평등에 대한 몰입을 높인다면 이후 차별적 행동을 하게 될 가능성은 작아진다.

다양성을 추구할 때도 우리는 타협점을 찾는다. 한 가지를 고수하기보다 다양한 제품과 경험을 원한다. 예를 들어, 매주 월요일 아침 일주일 치 간식을 준비한다면 다양한 식단을 위해 이것저것 고를 확률이 높다. 시간적 여유가 있다면 대부분 간식을 다양하게 준비하려고 한다. 하지만 매일 아침 출근 전 급하게 간식을 챙겨야 한다면 매일 같은 음식을 선택할 가능성이 크다. 즉, 우선순위에 있는 간식을 선택한다. 이처럼 시간적 여유가 없는 경우에는 같은 것을 반복해서 선택한다. 사실 사람들은 생각보다 음식을 다양하게 즐기지 않는다.

'분산투자 효과'diversification effect는 타협의 또 다른 예다. 사람들은 상충하는 목표 대신 수단 간 타협점을 찾고자 한다. 다시 말해, 성공적 투자 방법을 놓고 타협한다. 보통 투자자들은 자신이 가진 자원을 여러 분야에 나누어 투자하고자 한다. 어디서 수익이 날지 모르기 때문에 여러 분야에 나누어 투자하는 것이다. 연애를 할 때도 누가 자신의 짝이 될지 모를 때 사람들은 여러 사람을 만나보며 에너지를 분산투자한다. 즉, 배우자라는 하나의 목표를 위해 여러 수단에 투자한다. 이와 반대로, 우선순위를 정하고 나면 일관성을 유지하고 행동을 반복해야 한다. 우선순위를 정하면 한 명에게만 집중할 수 있다.

타협하고자 하는 욕구는 결국 '타협 효과'compromise effect를 가져온다. 다시 말해, 극단적인 양쪽을 제외하고 중간을 선택하게 된다. 적당한 수준 혹은 중간을 선택하면 목표를 완전히 달성한 것은 아니지만 몇 가지 목표를 부분적으로 달성할 수 있다. 중간 사이즈의 커피를 주문하고, 평균 가격의 전화기를 사고, 중거리 하이킹을 떠나면 비용 절감, 더 나은 제품의 선택, 관광과 휴식이라는 타협점을 찾을 수 있다. 판매자가 제품 광고에서 소비자의 중간 선호 현상을 이용하는 것만 봐도 타협 효과는 보편적이다. 만약 극단적 선택지를 추가하면 방금 전까지 극단적 위치에 있던 것이 '새롭게 중간'이 되고 '타협점'이 된다. 예를 들어, 특정 와인의 판매를 늘리기 위해 좀 더 비싼 와인을 판매 목록에 추가하면 이전까지 비쌌던 와인이 적당한 가격대로 느껴진다. 그러면 고객들은 이전까지 비쌌던 와인을 타협안으로 결정한다.

대부분 사람들은 중간moderation을 선호하지만 때때로 타협을 거부하고 우선순위를 매기기도 한다. 예를 들어, 저녁 식사 자리에 값싼 와인과 비싼 와인을 골고루 준비하면 좋지 않다고 생각하기도 한다. 후한 대접을 하는 주인이 될 것인가, 돈을 절약할 것인가를 놓고 균형을 맞추기 위해 손님들 일부에게 값싼 와인을 대접하고 싶지는 않을 것이다. 이 경우, 우리는 둘 중 하나를 우선순위에 둔다.

타협할 것인가, 우선순위를 정할 것인가

서로 경쟁하는 목표를 수행할 때 타협점을 찾을 것인가, 우선순위를 매길 것인가를 결정하는 몇 가지 요소가 있다. 그중 첫 번째 요소는 행동의 정체성 반영 여부다. 자신의 행동이 자신의 정체성 혹은 도덕성을 말해주는지를 따져보면 된다. 만약 당신이 '그렇다'라고 대답한다면 당신은 우선 순위를 매기는 경향이 있다. 이런 경우 당신은 타협이 정체성에 대해 엇갈린 신호를 보낼 수 있으므로 타협을 피하려 한다. 만약 전기 자동차를 구입하면서 집 안에 불이란 불은 모두 켜놓고 산다면 이웃 사람들은 환경 문제에 대한 당신의 입장이 무엇인지 혼란스러울 것이다. 전기차를 구입하는 사람이라면 보편적으로 불을 끄는 행동을 취할 테니 말이다.

샤디, 시몬슨과 나는 사람들이 간식을 선택할 때 타협안 찾기와 우선순위 정하기 중 무엇을 선택하는지 알아보기 위해 실험을 실시했다.[103] 우리는 진열대에 비교적 건강에 좋은 야채칩과 건강에는 별로지만 맛있는 감자칩을 놓아두고 실험 참여자들에게 무료로 두 개씩 가져가게 했다. 그러자 대략 절반의 사람들이 각각 하나씩 선택했다. 야채칩과 감자칩 둘 다 먹기로 하고 타협안을 선택한 것이다.

그런데 '당신은 건강한 먹을거리에 관심을 갖는가?', '당신은 맛만 있으면 된다고 생각하는가?'를 묻는 안내문을 설치하자 두 가지를 모두 선택하는 사람은 거의 없었다. 실험 참여자들은 안내문을 본 뒤 간식의 선택이 자신의 정체성을 반영한다고 생각했다. 대부분 안내문을 보고는 같은 간식을 두 번 선택해 자신이 하나의 목표를 수행하고 있음을 드러냈다. 즉, 자신이 정한 우선순위를 선택했다. 이 실험을 통해 행동이 정체성을 반영한다고 느낄 때 목표 간 조율에 어떤 영향을 미치는지를 확인할 수 있다.

우선순위를 정하는 또 다른 이유를 설명하기 위해 다음 두 질문에 솔직하게 대답해주기를 바란다. 첫째, 당신은 신체 장기 중 하나를 50만 달러에 팔 수 있는가? 둘째, 당신은 돈을 받고 섹스를 할 수 있는가?

질문이 당황스러울 것이다. 이러한 질문은 대부분 불편해하고, 심지어 부적절하다고 생각한다. 필립 테틀록Philip Tetlock은 이를 '금기 거래'taboo trade-off라고 불렀다.[104] 우리는 인간의 신체와 같은 신성한 가치를 돈과 같은 세속적인 대상과 교환한다면 도덕적으로 잘못된 거래라고 생각한다. 도덕적 딜레마에 빠졌을 때 우리는 세속적인 것을 무시하고 신성한 가치를 만족시켜줄 해결책을 선호한다. 다시 말해 돈보다 건강을 우선순위에 놓고 그것을 선택한다.

금기 거래가 객관적으로 잘못됐다고 보지는 않는다. 그저 많은 사람이 그렇게 생각할 뿐이다. 금기 거래가 객관적으로 잘못인지의 여부는 철학적 논쟁거리이며, 철학자들은 해당 문제를 해결되지 않은 상태로 남겨두고 싶어 한다. 결과에 따라 인간의 행동을 평가하는 '목적론자'consequentialist의 윤리를 따르는 사람은 불편하더라도 타협을 받아들인다. 하지만 윤리관으로 행동을 평가하는 '의무론자'deontologist의 윤리를 따르는 사람은 금기 거래는 도덕적으로 잘못이라고 믿는다. 만약 자신이 의무론자라면 우선순위를 정해야 한다고 생각할 것이다.

차량을 구매한다고 생각해보자. 비싼 차일수록 안전 등급이 높으므로 안전과 금전 문제를 놓고 차를 선택해야 한다. 차량 구매 문제를 도덕적 딜레마로 보고 의무론적 윤리관을 따르는 사람은 구매 능력이 되는 선에서 가장 비싼 차를 선택한다. 반면, 목적론적 윤리관을 따르거나 차량 구매와 도덕성이 무관하다고 생각하는 사람은 타협안을 찾는다. 즉, 안전도가 매우 높으면서 지나치게 비싸지 않은 차를 구매할 것이다.

타협할 것인가 우선순위를 정할 것인가의 문제는 목표 수행 행동 간의 관계에 달려 있다. 예를 들어, TV 시리즈를 시청하는 대신 지금 이 책을 읽고 있다면 책을 다 읽고 나서 TV를 시청할 것이다. 이 책을 읽고 다른 책이 필요하다면 책의 내용을 보완해줄 만한 다른 책을 읽을 수도 있다. 일반적으로 어떤 행동이 다른 행동을 대체할 때 하나의 목표를 수행하면 다른 목표를 수행할 수 있으므로 타협안을 찾는다. TV를 시청하는 대신 책을 읽는 경우, 책을 다 읽고 나면 TV를 볼 수 있는 시간이 생긴다. 반면, 행동이 서로 보완 관계에 있다면 어떤 행동을 수행하면 유사한 다른 행동이 더 매력적으로 보이므로 우선순위를 정한다. 예를 들어, 행동 과학과 같은 특정 주제에 관한 지식을 얻기 위해 이 책을 읽는다면 다 읽은 후에 다른 책도 읽고 싶어질 것이다.

타협점을 찾도록 이끄는 한 가지 요인이 있다. 바로 수치 정보다. 엔진의 마력, 아파트의 평수처럼 숫자가 함께 제공되는 선택지를 생각해보자. 칼로리, 가격표, 품질 등급 같은 숫자를 접하면 사람들은 타협점을 찾는 경향이 있다. 예를 들어, 브로콜리 체다 스프와 그릭 샐러드(토마토, 올리브, 그리스산 치즈인 페타치즈가 들어간 샐러드—옮긴이) 중 하나를 선택해야 할 때 보통은 반반씩 주문하지 않는다. 하지만 스프 800칼로리, 샐러드 200칼로리라는 영양 성분표를 본다면 반반씩 주문하는 것도 현명한 선택이라고 생각할지 모른다.

타협점을 찾도록 유도하는 또 다른 요소는 고민 중인 목표의 특성이다. 제5장에서 언급했듯 일주일에 여러 번 실행하는 운동과 같은 누적 목표는 목표를 수행할수록 한계 가치, 즉 추가 행동에 부가되는 가치가 감소한다. 휴가 때마다 나는 짧게 하이킹 하기를 좋아한다. 몇 마일 이상이 지나면 그다음부터는 더 이상 처음 같지 않다는 것을 알고 있기 때문이다. 하이킹을 계속할수록 그 가치는 감소한다. 그리고 호텔 스파처럼 다른 것으로 대체해야겠다고 생각한다. 이처럼 목표가 가진 한계 가치가 감소하기 시작할 때 우리는 타협안을 찾는다. 또 다른 예로, 많은 부모가 자녀와 시간을 보내야 한다고 믿는다. 하지만 한계 가치가 감소하면 자녀에게 온통 시간을 할애하는 것을 과도한 것으로 여기기 시작한다. 그럼 부모들은 양육과 삶의 다른 영역, 즉 일과 여가 사이에서 균형이나 타협점을 찾으려고 한다.

반내로, 한계 가치가 증가하는 목표, 다시 말해 '전부 아니면 전무' 목표를 추구하면 우선순위를 더 매력적으로 받아들인다. 목표 달성 후에 목표 수행의 보상을 받는다면 우리는 그 목표를 우선순위로 정해 과정을 수행한다. 예를 들어, 운전을 배울 때 운전 실력이 늘었다고 해서 연습을 중단하고 다른 목표로 갈아타지 않는다. 운전을 배우다 멈추면 배우지 않는 것만 못하므로 꾸준히 배워야 한다. 운전면허증은 운전 교육을 완수해야만 받을 수 있다.

마지막으로, 목표에 몰입하는 순서가 목표 간 조율에 영향을 미친다. 중요도가 낮은 목표를 수행하고 중요도가 높은 목표를 수행하는 것이 반대 방향으로 하는 것보다 바람직하다. 우스갯소리지만, 신부님은 당신이 담배를 피우면서 기도하는 것은 허락해도 기도하면서 담배를 피우는 것은 허락하지 않는다. 만약 당신이 담배도 안 피우고 기도도 안 하는 사람이라면 이런 예를 생각해보라. 아이스크림에 과일을 첨가하면 건강과 맛의 균형을 맞추려는 현명한 선택처럼 보인다. 하지만 과일에 아이스크림을 넣으면 바람직하지 않은 선택처럼 생각된다. 이런 예들에서 알 수 있듯, 우리는 쾌락보다 건강을 우선순위에 놓는다.

제9장에서는 다수의 목표를 조율하는 법에 대해 알아봤다. 주요 목표와 목표를 이루기 위한 수단 간 관계를 이해하는 데 도움이 됐으리라 생각한다. 수단에는 행동, 물건, 우리를 돕는 사람들이 포함된다. 또한 우선순위가 가장 높은 목표를 달성하기 위해서 자신이 어떤 거래를 하고 있고, 또 어떤 거래를 해야 하는지 알아야 한다. 다음은 다수의 목표를 고려할 때 물어봐야 할 몇 가지 질문이다.

1 목표 체계를 그릴 수 있는가? '일, 관계, 건강, 취미생활'처럼 가장 광범위한 목표부터 써보자. 누구나 자원봉사나 환경보호 활동 같은 자신만의 특별한 목표를 갖고 있다. 그 아래로 주요 하위 목표나 혹은 목표를 이루기 위한 수단을 적어보자. 예를 들어, '건강'을 적고 '운동, 걷기, 숙면, 균형 잡힌 식사' 같은 것을 적는다. 완성도에 대해 걱정하지 말고 중요한 것을 빠트리지 않도록 주의한다. 다음으로 하위 목표나 수단을 선으로 연결한다. 서로 촉진하는 관계라면 실선을, 서로 방해하는 관계라면 점선을 그린다. 운동이 수면에 도움이 된다면 둘 사이에 실선을 그리고, 운동 때문에 일찍 일어나야 해서 수면 시간이 줄어든다면 둘 사이에 점선을 그린다. 이제 목표 체계가 완성됐다.

2 다중결과적 수단을 구분할 수 있는가? 다중결과적 수단이란 다양한 목표를 달성하도록 돕는 수단을 말한다. 성취 극대화 원칙에 따라 사람들은 다중결과적 수단을 선호한다. 예를 들어, 새 컴퓨터 구입은 프리랜서로서의 직업적 성장과 넷플릭스 시청이라는 두 가지 목표 수행에 도움이 된다.

3 등결과적 수단을 구분할 수 있는가? 등결과적 수단은 서로 대체가 가능하므로 선택을 해야 한다.

4 한 가지 수단만 존재하는 목표를 구분할 수 있는가? 목표를 수행할 수 있는 다른 방법이 없을 때는 한 가지 수단에 자원을 잘 분배해야 한다.

5 일과 가족, 학업과 사회활동, 건강과 쾌락 중 어떤 선택을 할 것인가? 목표가 상반될 때 타협점을 찾을 것인가, 우선순위를 정할 것인가? 적절한 해결책을 찾을 때, 목표가 자신의 정체성에 얼마나 중요한지, 목표 수행을 도덕적, 윤리적 문제로 바라보는지 생각해야 한다. 그리고 목표 간 우선순위를 정해야 한다. 하지만 목표를 수행할수록 추가되는 행동의 가치가 감소한다면 우선순위보다는 타협점을 찾아야 한다.

제10장

외부의 유혹에 흔들리지 않도록
나를 통제하는 법

창세기를 보면 소돔 땅에 사는 롯의 일가가 등장한다. 어느 날 밤, 성
문에 앉아 있는 롯에게 두 천사가 찾아와 말했다. "사람들의 아우성
이 너무 커 하느님이 우리를 보내 소돔을 멸망하라 하셨다." 새벽이
되자 천사들은 롯에게 가족들을 데리고 산으로 피신하라고 말하며
무너지는 도시를 돌아보지 말라고 했다. 롯은 (이름을 알 수 없는) 아
내와 두 딸을 데리고 도망쳤다. 하지만 불과 유황이 쏟아져 내리자
롯의 아내는 유혹을 이기지 못하고 뒤를 돌아봤고, 그 순간 그녀는
소금기둥으로 변했다.

　불쌍한 롯의 아내는 자기 통제self-control의 중요성을 이야기할 때 자
주 등장한다. 단어가 말해주듯 자기 통제란 스스로를 억제하는 힘이

다. 유혹을 맞닥뜨렸을 때 뒤를 돌아보지 말라는 천사의 지시와 같은 중요한 목표를 포기하지 않는 힘이다. 궁극적으로 목표가 충돌하는 상황에서 자기 통제의 딜레마가 발생한다. 이때 자신이 해야 한다고 믿는 일과 하고 싶은 일 사이에서 하나를 선택해야 한다. 아침마다 출근 시간이 다가오지만 한 시간만 더 침대에 누워 있고 싶은 마음을 떠올리면 이해하기 쉽다. 순간적인 욕구는 중요한 목표만큼이나 강력하고 우리를 목표와 반대 방향으로 끌어낭기기 때문에 동세하기가 어렵다. 누구에게나 먹고 마시고 잠자고 담배 피우고 소셜 미디어에 접속하고 돈을 쓰고 섹스를 하고 싶은 욕구가 있다. 빌헬름 호프만Wilhelm Hoffman과 그의 동료들에 따르면 우리는 깨어 있는 시간 중 절반가량은 욕구를 느낀다고 한다.[105] 그리고 욕구의 절반은 '먹지 말아야 해', '마시지 말아야 해', '이제 일어나야 해' 같은 목표 간 갈등이 차지하고 있다.

자기 통제력이 늘 목표 간 갈등에 필요한 것은 아니다. 진로와 배우자 선택은 결정하기 어렵지만, 자기 통제를 해야 하는 일은 아니다. 둘 중 하나는 옳은 선택이고 다른 하나는 유혹이 분명하다면 자기 통제를 통해 결정해야 한다. 사람들은 스스로를 잘 속이기 때문에 옳은 선택과 유혹을 바로 구분하지 못할 수 있다. 하지만 자기 통제력이 둘을 구분하는 하나의 요인이라는 것을 알고 자신이 해야 할 일과 유혹을 분명히 구분할 수 있어야 한다. 만약 자신이 선택해야 할 일이 유혹인지 아닌지 분명하지 않을 때는 자기 통제로 해결할 수 없다. 또한 두 가지 선택이 모두 중요할 때에는 결정을 내리기 쉽지 않다. 예를 들어 어떤 직업이든 나름대로 장점이 있기 때문에 직업 선택은 자기 통제력이 필요한 문제가 아니다.

목표가 상충해서 자기 통제력이 필요할 때는 목표가 어떤 유형인 지가 중요하다. 행동을 취해야 하는 접근 목표라면 인내하고 앞으로 나아가는 데 자기 통제가 도움될 것이다. 어떤 일을 그만두고 싶다는 생각이 들 때 자신을 통제할 힘이 있다면 포기하지 않을 수 있다. 회피 목표 역시 자기 통제력이 유혹을 이기도록 돕는다. 목표 달성에서 유혹을 통제할 힘이 있다면 와인 한 잔, 섹스, 누군가에게 소리 지르는 일을 피할 수 있다.

우리는 오랜 시간 자기 통제에 관해 고민해왔다. 자기 통제에 관한 딜레마는 고대 신화에도 자주 등장한다. 아담과 이브는 낙원에 살면서 풍족한 음식을 누렸지만, 금단의 열매를 먹고 말았다. 제1장에서 언급한 '모순적 정신 통제'를 떠올려보면 아담과 이브는 먹지 말라는 명령 때문에 먹었을지도 모른다. 어쨌든 그들은 자기 통제를 하지 못했다. 그리스 신화에 등장하는 오디세우스와 사이렌 역시 자기 통제에 관한 이야기다. 사이렌의 아름다운 노랫소리를 듣고 싶었던 지략가 오디세우스는 선원들의 귀를 밀랍으로 막고 자신을 돛대에 묶게 했다. 단단히 몸을 묶은 덕분에 사이렌의 노랫소리를 듣고도 따라갈 수가 없었다. 처음에는 약간의 자제력이 필요했지만, 나중에는 그럴 필요가 없어졌다. 오디세우스의 이러한 전략을 '사전 약속'pre-commitment이라고 부른다.

현대 사회에서 자기 통제력은 학업적 성취, 취업, 저축, 관계 유지 능력과 연관이 있다. 데니서 드 리더르Denise de Ridder와 동료들이 100여 개의 연구 결과를 분석한 결과, 자기 통제력이 높다고 보고한 사람일수록 자기 삶을 더 사랑하고 더 행복한 것으로 나타났다.[106] 반대로, 자기 통제력이 부족한 사람은 관계, 폭식, 음주, 과속, 범죄와 관련된 문제를 안고 있었다.

이런 연구들을 보면 어떤 사람은 강한 자기 통제력을 타고난 것처럼 보인다. 하지만 우리는 자기 통제력을 가지고 태어나지 않으며 성장하는 과정에서 키워간다. 물론 남들보다 빨리 자기 통제력을 키우는 사람도 있다.

자기 통제력은 발달 속도의 영향을 받는다. 마티아스 알레만드Mathias Allemand, 베로니카 잡Veronika Job, 다니엘 므로첵Daniel Mroczek은 종적 연구의 일환으로 열두 살과 열여섯 살 사이에 나타나는 자기 통제력의 발달 상태와 성인이 돼 누리는 다양한 삶 간의 관계를 살펴보는 설문조사를 실시했다.[107] 연구의 한 부분으로 독일 청소년들은 1년에 한 번 자기 통제력을 조사하는 설문에 응했다. 그들은 "나는 종종 새로운 일을 시작하지만, 끝까지 해내지 못한다.", "나는 의지가 약하다고 느낀다.", "나는 종종 일이 어려워 보이면 포기한다."에 동의했다. 설문 문항에 동의하지 않으면 자기 통제력이 높다는 뜻이다. 자기 통제력이 높았던 열여섯 살 청소년, 즉 자제력이 발달한 참여자들은 23년 후에도 사회적 관계를 잘 유지하고 일도 더 열심히 하는 것으로 나타났다.

자기 통제력의 발달 속도는 사람마다 다르다. 하지만 자기 통제력은 대부분 유년기를 지나 청소년기를 거쳐 성인기에 이르기까지 발달하는 것으로 나타났다. 또한 나이가 들면서 자기 통제가 쉬워진다.[108] 이러한 사실을 '간다/안 간다' 게임을 통해 확인할 수 있다. 인지심리학자들은 충동성을 연구하기 위해 세상에서 제일 재미없을 것 같은 게임을 만들었다. 그들은 참여자들에게 '간다' 표시가 보이면 버튼을 누르고 '안 간다' 표시가 보이면 버튼을 누르지 말라고 했다. 매우 간단해 보이는 게임이지만 말처럼 쉽지 않았다. '간다' 표시는 자주 등장하고 '안 간다' 표시는 잘 등장하지 않아서 참여자들은 표시가 보이기만 하면 버튼을 눌렀다. 그 결과 '안 간다' 표시가 나왔을 때도 참지 못하고 버튼을 눌러버렸다. 어떤 행동을 억제하려면 자기 통제력이 필요하다. 흥미롭게도 나이가 많을수록 '간다/안 간다' 게임을 더 잘했다. 보통 자기 통제를 담당하는 뇌의 영역과 그 영역들 간의 연결고리가 완전히 성숙하기까지는 수년이 걸린다. 이런 이유로 10대들이 더 충동적일 수밖에 없는 것이다.

성인들도 자기 통제가 매우 어려운 경우가 많다. 일반적으로 자기 통제를 하려면 유혹을 감지하고 그에 맞서 싸우는 두 가지 과정을 감당해야 한다. 어떤 일을 하고 싶어도 하면 안 될 때, 혹은 하고 싶지 않아도 해야 할 때 유혹을 느낀다. 유혹을 감지하기란 쉽지 않다. 대부분의 유혹은 분명하게 드러나지 않으며 적당히 처리하고 넘어가면 별다른 영향을 미치지 않기 때문이다. 맥주 한잔으로 알코올 중독이 되지 않고, 사무실 물건을 개인적 용도로 한 번 정도 쓴다고 해서 도둑으로 내몰리지 않으며, 어쩌다 한 번 젖은 수건을 욕실에 방치한다고 해서 관계가 무너지지는 않는다. 한 번 정도는 대수롭지 않게 넘어갈 수 있으며 해가 되지 않는다. 이러한 행동이 한 번에 그치지 않을 때 문제가 된다. 친구와 맥주 한잔 하면 즐거운 밤이 될 것이고, 맥주를 밤새 퍼마시면 멋진 밤을 망칠 수도 있다는 것을 고려하면 어느 시점에서 맥주 한잔을 유혹으로 받아들일 것인가?

두 번째 과제는 유혹과 맞서 싸우는 것이다. 유혹이 목표 달성에 엄청난 장애물이라는 것을 알고 있기에 행동과학 분야에서는 자기 통제력을 키울 수 있는 많은 전략을 찾아냈다. 자기 통제 전략은 목표를 고수하려는 동기를 높이고 유혹에 굴복하려는 동기를 낮춘다. 예를 들어, 금주가 목표라면 술을 캐비닛에 넣고 잠근 뒤 열쇠를 다른 층에 두고 자주 다니는 곳에 물병을 두면 된다. 다행히, 술을 캐비닛에 넣고 잠그기 말고도 유혹과 싸울 때 사용할 수 있는 전략들은 많다.

자기 통제력이 필요한 순간

매년 열리는 프랑스 국제 사이클 대회에서 일곱 번에 걸쳐 우승을 차지한 사이클 선수 랜스 암스트롱Lance Armstrong은 2013년 경기력 향상을 위해 약물을 복용했다고 인정했다. 그는 대부분의 상위권 선수들이 스테로이드제를 사용하고 있는 것으로 안다며 자신의 행동이 잘못되지 않았다고 주장했다. "부정행위의 정의를 찾아보니 경쟁자나 적이 가지고 있지 않은 것을 취해서 자신을 유리한 입장에 놓는 것을 의미했다. 그래서 나는 약물을 부정행위로 보지 않고 공정한 경쟁이라고 생각했다." 암스트롱에게 약물은 자기 통제가 필요한 대상이 아니었다. 그는 약물을 문제로 인식하지 않았기에 거부할 이유가 없었다.

자기 통제를 하지 않았을 때 즉시 결과가 나타나는 것도 있다. 만약 땅콩 알레르기가 있다면 동료가 준 따뜻하고 맛있는 피넛 쿠키 때문에 자신이 아플 거라고 쉽게 예상할 수 있다. 그러면 고민 없이 쿠키를 멀리해야 한다고 생각한다. 하지만 최근 들어 체중 감량 때문에 단것을 조금 줄이기로 결심했다면 사무실로 쿠키가 배달돼도 큰 위험 신호로 받아들이지 않는다. 한 개 정도는 괜찮다고 스스로를 속인다. 게다가 쿠키 한 조각에 들어 있는 설탕이 얼마 되지도 않을뿐더러, 다른 직원들이 쿠키를 맛있게 먹는다면 함께 어울려 먹는 것이 더 낫다고 생각한다.

일상에서 흔히 맞닥뜨리는 유혹은 땅콩 알레르기를 가진 사람보다 체중 감량을 시도하는 사람이 맞닥뜨리는 상황에 가깝다. 이러한 유혹에 한 번 정도 넘어간다고 해서 최우선 목표를 수행하는 데 문제가 되지 않는다. 군것질, 흡연, 과소비, 과속을 어쩌다 한 번 한다고 해서 장기적 결과에 영향을 주지 않다 보니 피해야 할 유혹으로 인지하기 힘들다.

스테로이드제를 사용하기로 한 암스트롱의 선택처럼 윤리적 위반은 인지하기가 어렵다. 일상에서 매일 저지르는 윤리적 위반들은 윤리적 딜레마의 눈으로 바라봐야 유혹으로 인식된다. 이력서에 무직 기간처럼 중요한 사항을 일부러 누락했거나 소프트웨어를 불법 복제했거나 거래처와 협상할 때 조금 과장했다고 해서 유혹에 흔들렸다고 받아들이지 않는다. 누구나 할 수 있는 행동이라고 생각하기 쉽다. 나는 학생들에게 이와 같은 행동을 하는지 물었다. 절반 정도가 그렇다고 대답했다. 흥미롭게도 그들 중 대다수가 다른 친구들도 자신과 같이 행동할 거라고 믿고 있었다. 학생들은 내 질문에서 윤리적 문제를 인식하지 못했다. 다른 사람들도 마찬가지라고 생각하면서 자신들의 행동에 대한 윤리적 평판에 위협을 느끼지 못했다. 허위 정보를 통한 취업, 소프트웨어 무료 사용, 과장된 정보에 의한 거래 성사와 자신의 윤리적 평판을 놓고 자기 통제의 필요성을 못 느꼈다.

자기 통제 여부에 대한 갈등이 일어나려면 고민 중인 행동이 매우 중요한 목표를 심각하게 훼손하거나 자아를 바라보는 방식을 훼손하는 등의 조건을 충족시켜야 한다.

조건 1: 목표 훼손

내가 근무하는 시카고 경영대학원 비품실에는 펜 상자들이 넘쳐난다. 상자째 들고 가는 것은 생각도 못 하지만, 가끔 한 자루 정도 가져가는 것은 문제 되지 않는다. 처음에는 펜을 가져다 사무실에서 쓰다가 연구 중이던 논문에 딸려 나도 모르게 가방에 넣어 집으로 가져가곤 한다. 이곳에서 18년을 가르치면서 족히 한 상자는 집으로 가져가지 않았을까 싶다.

펜을 가끔 가져간다고 해서 사무용품 도둑으로 몰리진 않는다. 하지만 펜을 가져가고 싶을 때마다 그동안 가져간 펜을 생각한다면 가방에 펜을 집어넣는 일에 조금 더 신경 쓰게 될지도 모른다. 행위의 결과를 전체적으로 생각하면 유혹을 감지하기가 쉬워진다. 한 번에 아이스크림 3갤런(1갤런은 8파인트—옮긴이)을 사면 다이어트에 해가 된다는 사실을 금방 알아차릴 수 있다. 하지만 매주 1파인트씩 산다면 순식간에 1갤런의 아이스크림으로 늘어날지라도 1파인트의 아이스크림이 다이어트를 망칠 수 있다고 생각하기는 어렵다. 많은 흡연자가 보루가 아닌 갑으로 담배를 사는 것도 비슷한 맥락이다. 그들은 자신을 속여 죄책감을 줄인다. 이처럼 일회성 결정은 목표에 미치는 영향을 흐려놓는다. 게다가 일회성 유혹으로 인한 영향이 미미하다 보니 그 영향력을 0으로 만들어 무시하기가 쉽다. 어떤 상황이나 조건이 유혹인지 확인하려면 행동하기 전에 그 행동을 마음속으로 몇 배 크게 확대해 살펴보는 것도 좋다. 와인 잔을 채우기에 앞서 올 한 해 동안 매일 밤 과음한다면 건강에 어떠한 영향을 미칠지 생각해보자. 설거지를 쌓아뒀다고 배우자에게 소리치기 전에 매일같이 화를 내면 관계가 어떻게 될지 생각해보자.

올리버 셸던Oliver Sheldon과 나는 직원들에게 휴가를 내려고 아픈 척하거나 사무실 물건을 개인적 용도로 사용하는 것처럼 일과 관련해 윤리적으로 의심스러운 행동을 얼마나 하는지 물었다.[109] 가령, 아침에 일어났는데 미치도록 출근하기 싫은 날을 상상해보라고 했다. 한 직원에게는 그날 하루 아픈 척하고 병가를 내고 싶은 날로 생각하라고 말했고, 다른 한 직원에게는 올해가 특히 정신없이 바쁜 해가 될 거라서 병가를 내고 싶은 날이 일곱 번은 될 거라고 말했다. 예상대로 그날 하루 병가를 생각한 사람들이 거짓 병가를 내겠다고 더 많이 대답했다. 사무용품을 챙기거나 일을 더 하지 않으려고 일부러 천천히 일하는 행동에도 같은 패턴이 적용됐다. 이처럼 일회성 행동이라고 생각할 때 도덕적 기준에 어긋나는 결정을 내리기가 더 쉽다.

자기 통제의 딜레마는 자신의 결정이 영향을 미치는 범위가 넓을 때 감지할 가능성이 크다. 이를 두고 '광범위한 결정 틀'broad decision frame을 사용한다고 표현한다. 한 달 동안의 점심 메뉴를 미리 결정한다면 매일 12시마다 쫓기듯 메뉴를 결정할 때보다 건강에 좋은 음식을 선택한다. 건강한 선택을 한 달간 누적할 수 있으므로 서른 번의 점심 메뉴를 결정하는 일은 한 번의 점심 메뉴를 결정하는 일보다 중요하다. 와인은 저녁에 딱 한 잔씩 마시기 같은 규칙을 정할 수도 있다. 이런 면에서 규칙의 정의는 일련의 광범위한 결정을 의미한다. 다시 말해, 기회가 생길 때마다 유혹에 굴복했을 때 누적될 영향력까지 고려한다는 뜻이다.

이러한 사고방식도 긍정적인 만큼 자칫 잘못하면 자신을 덫에 빠뜨릴 위험이 있다. 광범위한 결정 틀은 당장의 유혹을 정당화하기 위해 미래의 목표를 이용하지 않을 때만 유용하다. 다음 달부터 저축을 할 거라고, 월요일부터 공부를 시작할 거라고, 내일부터 다이어트를 할 거라고 할 때마다 덫에 빠지는 것이다. 이때 광범위한 틀은 유혹에 저항하기보다 굴복하게 만든다. '오늘의 유혹에 대한 굴복이 내일의 반反 목표'라고 말하며 목표와 유혹 사이에 균형을 맞추면 안 된다. 내일은 늘 미래다. 내일이 오늘이 될 순 없다. 제9장에서 다뤘던 타협점 찾기와 우선순위 정하기를 생각해보자. 유혹에 굴복할까 봐 고민이라면 목표와 유혹 사이에 타협점을 찾기보다 우선순위를 정하면 도움이 된다.

잉 장과 나는 열심히 공부하는 시카고대학교 학생들을 위해 강의실 복도에 무료 간식을 비치해뒀다. 학생들은 당근과 초코바 중에 선택할 수 있었다. 한번은 두 가지 간식을 따로따로 제공했고, 다른 한번은 한 바구니에 섞어서 제공했다. 우리는 간식 바구니를 내놓고 학생들이 어떤 선택을 하는지 지켜봤다. 결과는 흥미로웠다. 두 가지 간식이 별도로 제공되자 학생들의 3분의 2가 당근을 선택했다. 반면, 두 가지 간식이 한 바구니에 제공되자 학생들의 절반만이 당근을 선택했다. 우리는 분리된 바구니가 각각의 목적을 나타내고, 하나의 바구니는 두 가지 목적이 한데 섞여 있다는 가설을 세웠다.[110] 대부분의 학생은 간식을 하나만 먹어야 한다는 사회적 통념 때문에 한 가지 간식을 선택했다. 하지만, 두 가지 간식을 한 바구니에 섞어놓으면 당근과 초콜릿이 서로 균형을 이루어 학생들은 초콜릿을 유혹으로 생각하지 않았다. 그 결과 절반의 학생들은 초콜릿을 선택했다. 당근 케이크나 요거트 토핑이 올라간 프레첼을 선택할 때도 사람들은 똑같은 논리적 함정에 빠진다. 이러한 식품은 설탕과 지방에 건강에 좋은 식품을 조금 섞어 균형 잡힌 식단으로 보이게 함으로써 자기 통제의 갈등을 덜 일으키게 만든다.

따라서 유혹과 목표가 섞이지 않을 때 자기 통제의 갈등을 쉽게 감지할 수 있다. 당근과 초콜릿 바를 분리해놓으면 당근이 초콜릿 바에 비해 더 좋아 보인다. 따라서 더 많은 사람이 당근을 선택한다. 또한 건강을 생각하는 사람일수록 건강에 좋은 식품을 선택한다. 건강을 생각하는 사람들이 건강한 음식을 먹는 것은 당연한 결과다. 하지만, 건강에 좋은 음식과 건강에 좋지 않은 음식이 섞여 있으면 건강을 생각하는 사람들이 건강에 좋은 음식을 선택하지 않는다. 과일과 사탕이 쟁반에 나란히 나오거나 닭튀김과 크루통, 치즈가 양상추 위에 같이 나오면 건강을 생각하는 사람들은 절제하지 못하고 건강에 덜 좋은 음식을 먹는다. '건강식품 코너'를 마련하는 것처럼 단순히 건강에 좋은 음식과 그렇지 않은 음식을 분리해놓는 것만으로도 자기 통제의 갈등을 감지하는 데 도움이 된다.

자기 통제력이 떨어지는 순간을 알 수 있는 또 다른 방법은 미리 생각하는 것이다. 10년이나 20년 후 나는 어떤 사람이 돼 있을까? 지금 하는 일을 미래에는 어떻게 생각할까? 미래의 내 삶과 꿈을 그려보자. 어떤 일을 하고, 어떤 취미 생활을 하고 있을까? 결혼은 했을까? 혹시 재혼을 했을까? 아이는 있을까? 혹시 손주도 생길까? 정신적·육체적으로 건강할까? 뭔가 다른 일을 해볼 걸 하고 후회하고 있을까?

미래의 모습을 떠올리면 우리는 매우 광범위한 결정 틀에 놓인다. 어떤 결정을 내리든 오늘 내린 결정을 오랜 시간 계속해서 상상할 수 있어야 한다. 오늘 미루고, 속이고, 담배를 피우고, 술을 마셔도 될까 묻지 말고, 평생 그래도 괜찮은지 물어야 한다. 인생을 살면서 작은 유혹에 굴복한 횟수를 모두 더하면 분명 어마어마해서 무시할 수 없을 것이다. 오늘 내린 결정이 미래의 선택으로 이어진다고 생각한다면 오늘 올바른 결정을 내리게 된다.

미래를 생각하면 미래의 자신과 심리적으로 가까워진다.[111] 따라서 미래의 자신에게 더 신경을 쓰게 된다. 미래의 자신과 심리적으로 연결되는 정도는 사람마다 다르다. 끈끈하게 연결돼 있다면 미래의 자신과 기억, 목적, 믿음, 욕구를 공유하며 미래의 모습을 매우 친숙하게 느낄 것이다. 하지만 미래의 자신과 연결이 잘되지 않는다면 미래의 모습이 낯설게만 느껴질 것이다.

철학자 데릭 파피트Derek Parfit는 우리가 미래의 자신과 연결돼 있다고 느낀다면 미래의 행복에 관심을 둬야 한다고 주장한다. 그런데 왜 멀게만 느껴지는 미래의 나를 위해 현재의 행복을 희생해야 할까? 미래의 자신이 멀게만 느껴진다면 현재의 자신에게 이득이 되는 선택을 한다. 가령, 은퇴한 자기 모습이 낯설게 느껴지는데 어떻게 은퇴를 대비해 저축을 할 수 있겠는가? 미래의 자신과 연결이 잘 안되는 사람에게 미래를 위해 현재를 희생하는 것은 현명하지 못한 일이다. 예를 들어, 5년 뒤에 150달러를 받을 거라 예상하고 100달러를 통장에 넣어둔다고 해보자. 5년 뒤의 자신과 밀접하게 연관돼 있다고 느낀다면 100달러 저축은 미래의 자신을 위한 좋은 투자가 될 수 있다. 하지만 미래의 내가 낯설게 느껴진다면 굳이 왜 낯선 이를 위해 자신의 돈을 내어주겠는가? 낯선 이의 휴가비를 마련하기 위해 저축을 하든 담보대출금을 갚기 위해 저축을 하든 관심을 가질 이유가 없다.

철학자들은 '규범적인 대답'normative answer, 즉 우리가 해야 할 일과 하지 말아야 할 일에 관심을 두지만, 심리학자들은 '기술적인 대답'descriptive answer에 관심을 둔다. 따라서 현재의 내가 미래의 나와 얼마나 연관돼 있는지 생각하면 유혹을 감지할 수 있다. 미래의 나에게 높은 연관성을 느끼면 행동이 미치는 장기적 영향력에 관심을 가지게 되고 그 결과 자기 통제를 하게 된다.

대학생들이 대표적인 예다. 많은 학생이 대학생인 현재와 앞으로 다가올 미래를 동일한 선상에 놓는다. 그러곤 졸업이 중요한 이정표라는 사실을 다시 한번 깨닫는다. 졸업은 대학생인 현재가 끝나고 미래가 시작되는 지점이다. 대니얼 바텔스Daniel Bartels와 올레그 우르민스키Oleg Urminsky는 졸업을 앞둔 4학년 학생들에게 졸업식을 정체성에 변화를 가져올 중요한 사건으로 묘사한 글과 별반 의미 없는 대수롭지 않은 행사로 묘사한 글을 읽게 했다. 어떤 학생은 '졸업식을 기점으로 당신의 현재 모습은 확연히 달라질 것이다'라는 글을 읽었고, 또 다른 학생은 '당신의 현재 모습은 유아기에 시작돼 사춘기 무렵에 완성됐다'라는 글을 읽었다. 그러고 나서 연구자들은 학생들에게 쇼핑몰이나 여행사 상품권을 보여주며 지금 120달러짜리 상품권을 받을지 1년 뒤 더 많은 액수, 최대 240달러까지의 상품권을 받을지 선택하게 했다. 연구자들은 졸업식이 정체성에 변화를 가져올 사건이라고 묘사한 글을 읽은 학생들이 1년 뒤 자신의 모습에 관심을 덜 가질 테니 지금 바로 쓸 수 있는 상품권을 선택할 거라고 예측했다. 그들의 예측은 맞아떨어졌다. 졸업식이 변화를 가져올 거라는 글을 읽은 학생들은 1년 뒤의 자신과 연관성을 크게 느끼지 못했고 현재의 자신을 우선순위에 놓았다.[112]

결혼 역시 이러한 심리 현상의 좋은 예다. 결혼이 그들의 인생을 영원히 바꿔놓을 거라고 믿는 사람은 결혼식 전날 약혼자에게 거짓말을 하는 등 유혹에 굴복할 가능성이 크다. 결혼을 하든 안 하든 달라질 게 없다는 생각은 계속 미혼으로 살 구실이 된다. 유혹을 감지하기 위해서는 현재 내 모습이 어떤지, 결혼 후, 졸업 후, 10년 뒤, 20년 뒤의 모습이 어떨지 생각해보면 도움이 된다.

조건 2: 자아 훼손

우리는 '아침 식사가 하루 세끼 중 가장 중요하다'라는 말을 수없이 들었다. 맞는 말이다. 물론 아침으로 무엇을 먹느냐가 하루의 에너지에 영향을 미칠 수 있다. 하지만 그보다는 아침에 일어나 가장 먼저 하는 일이 아침 식사이므로 정체성에 큰 영향을 미친다고 볼 수 있다. 야식에 비해 아침 식사는 당신이 건강을 신경쓰는 사람이라는 강력한 신호를 보낸다.

정체성을 형성하는 행동은 중요하다. 우리가 누구인지 보여주며 우리가 우리를 어떻게 보는지와 남들이 우리를 어떻게 보는지에 영향을 미치기 때문이다. 또한 남들의 이목을 끌기도 한다. 매달 공개적으로 북클럽에 다니면 이웃 사람들에게 우리가 읽은 책을 이야기할 때보다 독서가로서의 정체성이 더 잘 드러난다.

건강한 아침 식사를 하려면 신경을 많이 써야 한다. 이는 아침에 하는 첫 번째 일이므로 간식에 비해 '건강한 사람'이라는 정체성을 더 강하게 나타내준다. 이처럼 정체성을 드러내는 행동들은 자기 통제가 갈등을 일으키는지 여부를 알아차리기가 비교적 쉽다. 특정 선택이 자신의 정체성에 영향을 미친다면 유혹에서 벗어나기 위해 세세한 주의를 기울이게 된다. 반면, 정체성과 상관없는 행동들은 눈에 띄지 않으며 일시적이기 때문에 절제하기가 더 어렵다.

예를 들어, 서명은 말 그대로 자신의 이름을 쓰는 것이므로 정체성을 반영한다. 무모한 사기꾼이 아니라면, 문서에 서명할 때 정확하고 정직해야 한다. 애초에 문서에 서명을 요구하는 것도 그 때문이다. 서명은 한 개인의 정확성과 정직성을 증명할 뿐만 아니라 자신에게도 정확성과 정직성을 유지하도록 이끄는 행동이다.

또한 우리는 자신이 원하는 행동을 하기 위해 자신에게 없는 정체성을 사용할 수도 있다. 조나 버거Jonah Berger와 린제이 랜드Lindsay Rand가 연구를 통해 이 같은 사실을 발견했다. 그들은 스탠퍼드대학교 신입생들에게 '많은 스탠퍼드 대학원생들이 술을 마신다'라는 내용의 전단지를 나눠줬다. 신입생들은 대학원생들처럼 되고 싶지 않다고 말했다. 이 신입생들은 '술을 마실 땐 한 번 더 생각합시다. 건강이 중요합니다'라는 일반적 전단지를 읽은 학생들에 비혜 술을 덜 마셨다. 음주에 대한 정체성이 아직 없는 신입생들이기에 이를 이용해 술을 절제할 수 있었던 것이다.[113] 때로는 이렇게 간단한 전략만으로도 자기 통제가 필요한지 여부를 알아차릴 수 있다.

또 다른 간단한 전략은 제7장에서 언급한 '중간 과정의 문제', 즉 목표를 수행하는 중간에 노력이 느슨해지는 문제로부터 찾을 수 있다. 목표 수행 도중에 동기가 감소하는 이유는 중간 시점에 비해 시작과 끝에 하는 행동들이 정체성을 강하게 보여준다고 믿는 경향이 있어서다. 시작과 끝의 행동이 자신을 바라보는 방식에 영향을 미치기 때문에 시작과 끝에 자기 통제의 갈등을 알아차리기가 더 쉽다. 마페리마 투르-티예리와 나는 돈을 모으려는 대학생들이 반년쯤 지나면 의지가 약해지는 현상을 발견했다.[114] 봄학기를 봄학기 시작이나 겨울학기 끝이 아니라 학년의 '중간 시기'로 생각한 학생들은 지갑부터 청바지까지 이것저것 불필요한 것들을 구매하는 경향이 더 컸다.

그러한 현상이 유혹에 굴복했기 때문이 아니라 정체성이 목표 수행에 적합하지 않기 때문이라면 어떻게 해야 할까? 건강한 생활 방식을 최우선 목표라고 해보자. 대체로 미국인들은 건강한 생활 방식을 자신들의 집단 정체성의 일부로 보지만 모든 사회 집단과 모든 건강 행동이 정체성과 관련된 것은 아니다. 유대인인 나는 내 민족성을 운동에 대한 열정과 연관 짓지 않는다. 개인적으로는 운동을 좋아하지만 내가 유대인 혈통이라고 해서 운동을 더 하지는 않는다. 하지만 미셸 오바마가 '2010 건강하고 배고프지 않은 아동법'을 주장하자 반발이 일었다. 요거트나 채소에 비해 나초와 피자가 자신들의 진정한 정체성을 나타낸다고 느낀 사람들이 들고 일어났다. 사실, 대부분의 사람들은 절제된 식사, 운동, 금연이 자신이 속한 사회 집단을 특징짓는 행동이라는 데 동의하지 않을 것이다. 게다가 미국인이 건강하다고 여기는 음식 섭취 행위를 인종과 민족성, 사회 계급과 연관 짓지도 않는다. 일반적으로 유혹이 정체성과 일치하지 않을 때 문제가 더 쉽게 드러난다. 하지만 목표가 정체성과 일치하지 않는 경우는 자기 통제의 갈등을 인식하기가 어렵다. 결국, 정체성이 동기를 부여한다.[115]

유혹을 물리치는 자기 통제 전략

자기 통제의 어려움을 인식하는 것은 1단계에 불과하다. 이제 우리는 자기 통제력을 발휘해야 한다. 유혹이 목표 수행에 미치는 영향을 제거하면서 유혹에 대응해야 한다. 이 전략은 목표를 고수하려는 동기를 높이거나 유혹에 굴복하려는 동기를 낮춘다. 둘 다 가능한 전략도 있다. 자기 통제력을 발휘하면 반대편에 서서 서로 동기를 잡아당기는 두 가지 힘, 즉 목표와 유혹이 분리돼 목표를 고수하려는 동기가 유혹에 굴복하려는 동기보다 강해진다. 예를 들어, 자기 통제력을 발휘하면 침착함을 유지하면서 화를 내는 대신 화를 누르고 침착함을 유지하고 싶어진다. 그래야 폭발하지 않는다.

당연한 말이지만 유혹이 강할수록 강력한 자기 통제력을 발휘해야 한다. 책상을 든다고 상상해보자. 책상이 무겁지 않다고 생각하면 비교적 큰 힘을 들이지 않고 들 수 있다. 마찬가지로 유혹이 대수롭지 않다고 생각하면 힘들다고 생각할 때보다 쉽게 자기 통제를 할 수 있다. 브런치를 먹을 땐 미모사 칵테일을 너무 마실까 봐 걱정하지 않는다. 하지만 저녁 파티라면 이야기가 달라진다. 따라서 브런치보다 저녁 파티에서 더 많이 자제해야 한다.

따라서 자신이 직면하게 될 유혹의 강도를 정확하게 판단해야 한다. 예측을 잘한다면 유혹을 잘 물리칠 수 있다. 하지만 정확하게 예측하지 못한다면 우왕좌왕하고 만다. 유혹을 과소평가한다면 준비가 덜 된 상태로 통제하게 된다. 침대에 누워 알람을 끄고 늦잠을 자는 작은 행동이 얼마나 큰 유혹인지 미처 생각하지 못할 수도 있다. 반면, 유혹을 과대평가한다면 과도하게 통제하게 된다. 이러한 과도한 통제가 늘 좋은 결과로 이어지진 않는다. 늦잠을 과대평가하면 알람을 확인하려고 계속 잠에서 깰 테고 결국 잠을 설치고 만다.

때때로 우리는 유혹의 강도를 추정하지 못할 뿐 아니라 전혀 예기치 못한 유혹을 만나기도 한다. 사전에 경고가 없으면 자기 통제가 어려워진다. 내 약점인 쿠키를 한번 생각해보자. 나는 수많은 교수 회의에 참석한다. 처음 교수 회의에 참석했을 때 도시락에 들어 있는 갓 구운 쿠키를 보고 화들짝 놀랐다. 미처 유혹을 맞을 준비가 돼 있지 않았기에 나는 쿠키를 게걸스럽게 먹고 말았다. 그렇게 여러 해를 지내고 나니 이제는 편하게 쿠키를 외면할 수 있게 됐다. 쿠키가 일회성이 아님을 기억하기 위해 광범위한 결정 틀에 따라 교수 회의에서는 절대 쿠키를 먹지 않겠다는 나만의 규칙을 정했다. 하지만 갑자기 누군가 내게 지금 쿠키를 내민다면 기쁘게 먹을 것이다. 쿠키를 자제할 준비가 돼 있지 않는 한, 나는 웬만해선 쿠키를 거부하지 않는다.

기대 효과를 연구하기 위해 잉 장과 나는 실험 참여자들을 상대로 철자의 순서를 바꿔 새로운 단어를 만드는 애너그램anagram을 실시했다. 예를 들어, 'times'를 'items'으로, 'mites'를 'emits'로, 'seat'를 'east'로, 'teas'를 'eats'로 만드는 놀이다. 문제가 어려워지자 실험 참여자들은 포기하고 싶은 유혹에 직면했다. 우리는 그 상황을 예측하고 일부 참여자들에게 문제가 어려울 거라고 미리 말해뒀다. 그들은 문제가 쉽다고 들은 사람들에 비해 더 열심히 계획을 세우고 더 오랜 시간을 들여 과제를 수행했다.[116] 참여자들이 그만두고 싶은 유혹에 맞닥뜨릴 것을 대비해 문제가 어려울 거라고 미리 말한 결과, 참여자들은 과제를 포기하지 않고 지속할 수 있었다.

열심히 문제를 풀겠다는 참여자들의 다짐은 자기 통제 전략(제2장에서 이야기한 일종의 다짐이나 스스로 정한 마감 기한)으로 작용했다. 이밖에도 많은 자기 통제 전략들이 있다. 주로 상황 자체를 바꾸는 전략과 상황에 대한 우리의 사고를 바꾸는 전략, 두 가지로 나뉜다.

자기 통제가 상황을 바꾼다

연인과 좋지 않게 끝난 친구가 있다고 가정해보자. 그녀는 술을 몇 잔 마시면 전 남자친구에게 전화를 하고 싶은 마음이 들곤 했다. 그래서 혹시나 자신이 외로울 때 전 남자친구에게 전화를 할지도 몰라 정신이 멀쩡할 때 그의 전화번호를 지워버렸다. 이론적으로 그녀에게는 세 가지 선택지가 있었다. 첫째, 전화를 건다. 둘째, 연락처를 지우고 전화하지 않는다. 셋째, 연락처는 그냥 두고 전화하지 않는다. 그녀가 언락치를 지운 이유는 세 번째 선택지를 믿지 않았기 때문이다. 그녀는 연락처가 있으면 외로울 때 연락하고픈 유혹을 자신이 참지 못할 거란 걸 알고 있었다. 연락처를 지운 것은 유혹에서 벗어날 수 있었던 신의 한 수였다.

동기 과학에서는 그녀의 이러한 행동을 '사전 약속'이라고 부른다. 사전 약속 전략은 유혹이 생기기 전에 유혹을 제거하는 행위를 포함한다. 예를 들어, 휴대전화에서 연락처를 지워버리듯, 너무 좋아하지만 건강에 좋지 않은 음식을 치워버리는 것이다. 도박을 할 때 일정량의 현금만 챙기고 지갑을 호텔 방에 두고 나오는 것도 사전 약속이다. 돈이 없으면 도박을 계속하고 싶다는 유혹도 사라진다. 이와 비슷한 논리로 연금 계좌에 돈을 넣어두고 쓰지 않을 수도 있다. 하기 싫은 프로젝트의 마감일을 필요 이상으로 일찍 정해 해버리는 것도 이에 해당한다(제2장에서 이야기한 도전 의식을 북돋우는 목표 참고). 어떤 방식이든 사전 약속은 중요한 목표를 계속 수행하게 만든다.

사전 약속 전략에는 오디세우스가 자신을 돛대에 묶었듯이 아예 다른 일을 못 하도록 무언가에 자신을 묶어두는 방법도 있다. 연인과 사귄다고 또는 헤어졌다고 공개적으로 발표를 하면 어느 쪽이 됐든 관계를 뒤집기가 어려워진다. 야코브 트로페Yaacov Trope와 나는 신체 검사를 받는 사람들에게 돈을 주기로 하고 실험을 실시했다. 일부 참여자들에게 검사가 까다로울 거라고 말하자 그들은 검사가 끝난 후 돈을 받겠다고 했다. 검사를 끝내야만 돈을 받을 수 있으므로 검사를 포기하면 돈을 전혀 받지 못할 수도 있었다.[117] 하지만 돈을 나중에 받겠다고 한 행동이 검사를 잘 끝내도록 만들었다. 이처럼 작업을 마쳐야 돈을 받을 수 있다고 할 때 일을 완수할 가능성도 커진다.

사전 약속 전략은 전 남자친구의 전화번호를 제거하듯 유혹을 제거하거나 신체검사를 마친 후에 돈을 받겠다고 한 참여자들이 끝까지 목표를 수행했던 것처럼 목표를 계속 수행하는 데 효과가 있다. 어느 쪽이든 선택의 폭이 넓지 않기 때문에 경제학의 기본 원칙을 거스르는 것처럼 보인다. 경제학 분석에 따르면 선택지를 추가하면 상황을 개선하지는 못해도 상황을 나쁘게 만들지는 않는다. 하지만 사전 약속 전략은 내 친구가 '연락처를 그냥 두고 전화하지 않는다'라는 선택지를 버렸듯 언제든 맘에 들지 않는 선택지를 버릴 수 있다. 그러므로 자기 통제 측면에서 봤을 때 사전 약속이 훨씬 합리적이다. 유혹은 제거했을 때 포기가 더 쉬워지기 때문이다.

또한 유혹은 그대로 두고 유혹에 넘어가지 않도록 방법을 마련하는 전략도 효과적이다. 유혹에 넘어가면 자신에게 벌칙을 부여하고 유혹에 넘어가지 않고 목표를 고수하면 보상을 주는 방식이 대표적이다.[118] 자비에르 기네Xavier Giné, 딘 칼란Dean Karlan, 조너선 진먼Jonathan Zinman은 연구를 통해 이를 잘 보여줬다. 연구자들은 6개월간 저축한 계좌를 해지하려는 흡연자들에게 일정 기간 내에 금연에 성공하면 돈을 돌려주고 실패하면 자선 단체에 기부하기를 제안했다. 연구가 성공을 거두자 칼란은 다른 두 경제학자와 더불어 온라인 약속 플랫폼인 스틱K stickK를 설립했다. 이 플랫폼은 온라인상에서 약속을 체결하고 약속을 이행하지 않을 시 일정 금액을 자신이 '지지하지 않는 단체'에 기부하는 방식으로 운영된다. 예를 들어, 한 좌익 성향의 플랫폼 사용자가 16주간 일정 시간에 일어나기로 약속했다고 하자. 만약 그가 알람을 끄고 잠을 더 잔다면 전미총기협회에 80달러를 기부해야 한다. 이러한 약속은 미국 내 총기 보급을 지지하지 않는 사용자에게 제시간에 일어나도록 동기를 부여했다.

그뿐만 아니라 사람들은 목표를 포기하지 않고 계속해서 수행하는 자신에게 보상을 지급한다. 적금 만료나 대학 1년 수료처럼 중요한 일을 기념하면 목표에 대한 동기가 높아지고 달성 가능성도 커진다.

유혹을 멀리하면 목표에 더 가까이 갈 수 있다. 술을 줄이고 싶다면 반쯤 비운 와인 잔을 밀어내고 물잔을 들면 된다. 동기부여 수준이 높은 학생들은 의도적으로 도서관과 가깝고 동아리 회관에서 먼 곳에 기숙사를 잡는다. 인간관계에서도 부정적인 영향을 주는 사람들을 멀리하고 장기적으로 도움이 되는 사람들 가까이에 머문다.

자기 통제가 유혹에 접근하는 심리적 자세를 바꾼다

친구의 전 남자친구 이야기로 돌아가보자. 친구가 전 남자친구의 전화번호를 지우는 대신 밤새도록 우리를 붙잡고 자신이 얼마나 괴롭힘을 당했는지에 대해 푸념을 늘어놓는다고 생각해보자. 친구는 밤새 술을 마시며 그가 정말 사소한 일로 싸움을 걸었고, 거짓말을 했으며, 자주 화를 냈고, 끔찍한 욕을 해댔다며 떠들어 댄다. 밤새 술을 마시며 불평을 늘어놓는 행위가 이별의 통과의례처럼 보이겠지만 사실은 자기 통제력을 키우는 역할을 한다. 친구는 지금 전 남자친구가 얼마나 끔찍했는지 떠올리며 전화하고 싶은 마음을 누르는 중이다. 아무도 그런 사람과는 데이트를 원치 않을 거라고 믿고 싶기 때문이다.

친구는 지금 상황에 대한 심리적 접근 자세를 바꾸는 중이다. 전 남자친구에 대해 불평을 늘어놓는다고 해가 될 일은 없다. 조금 값비싼 접근 방식이긴 해도 상황을 바꾸면 유혹에 넘어가지 않을 수 있다. 예를 들어, 자신이 지지하지 않는 단체에 기부를 권유하는 말을 들으면 마음이 불편해진다. 늦잠 한 번 잤다고 진보주의자에게 전미총기협회에 기부하라고 하면 늦잠을 잔 자신의 선택을 몹시 후회할 수밖에 없다. 늦잠은 자신의 통제 범위 안에 있는 행위이기 때문이다. 하지만 때로는 외부 사정으로 인해 목표 달성에 실패할 때가 있다. 목표를 달성하지 못할뿐더러 그에 따른 불이익까지 감당해야 한다. 직장을 잃고 나서 집세를 내기 위해 높은 중도해지 수수료를 감당해가며 적금을 해지해야 한다면 왜 저축을 했을까 후회할지도 모른다.

사전 약속이 행동에 동기를 부여하지 못한다면 처음부터 그 행동을 하지 말았어야 한다고 후회하게 된다. 때로는 우선순위가 변하기도 한다. 결혼은 서로에게 충실하겠다는 약속이다. 하지만 많은 사람이 혹시라도 자신이 미래에 다른 사람을 사랑하게 될까 봐 서약을 주저한다. 만약 환경이나 취향이 변할 수도 있다는 생각이 든다면 함부로 사전에 약속해서는 안 된다.

이럴 때 '부드러운' 자제력 전략이 필요하다. 즉, 상황 자체를 바꾸기보다 상황에 임하는 마음 자세를 바꾸는 방식을 말한다. 자기 통제가 힘들 것 같다면 목표가 가진 매력적인 면을 생각하고 유혹의 부정적인 면을 떠올리며 마음속으로 목표를 높이 평가하고 유혹을 낮게 평가하면 된다. 예를 들어, '운동을 하면 기분이 좋아질 거야', '동료가 가져온 컵케이크는 보기에는 예쁘지만 맛은 영 아닐 거야'라고 생각하면 마음 자세도 바뀐다.

그런데 이 전략은 유혹을 견디기 위한 전략이다 보니 자칫 쓸모 있는 유혹까지도 지나치게 평가절하하는 경향이 있다. 가령, 혹시라도 파트너와의 관계에 이상이 생길까 봐 스스로에게 혼자 사는 이웃이 별로라고 주지시킬지 모른다. 나중에 이웃과 친해지고 나면 그가 정말 매력적인 사람이라고 마음 편히 여길지도 모른다. 자기 통제를 발휘하고 나면 유혹은 그다지 유혹적으로 보이지 않는 법이다.

크리스티안 뮈르세트Kristian Myrseth, 야코브 트로페와 나는 캠퍼스 내 체육관을 다니는 사람들을 대상으로 연구를 했다. 우리는 운동을 마치고 나오는 사람들에게 영양 만점 곡물 바와 초콜릿 바 중 하나를 선택하게 했다. 건강을 신경 쓰는 사람들이라서 그런지 대부분 곡물 바를 선택했다. 그런데 정말 곡물 바가 초콜릿 바보다 맛있어 보였을까?[119] 그에 대한 대답은 질문의 시점에 따라 달라지는 것 같다. 우리는 선택을 앞둔 사람들에게 둘 중 무엇이 더 맛있을 것 같은지 물었다. 그러자 그들은 곡물 바가 훨씬 더 맛있을 것 같다고 대답했다. 하지만 선택을 마친 사람들에게 같은 질문을 했더니 둘 다 똑같이 맛있을 것 같다고 대답했다. 선택을 앞둔 사람들은 초콜릿 바가 맛이 없다고 말하며 적극적으로 유혹을 뿌리쳤다. 하지만 선택을 마치면 초콜릿 바가 더 이상 유혹의 대상이 아니기 때문에 맛있어 보인다고 답하는 사람도 있었다. 사람들은 종종 자신의 선택을 정당화하기 위해 자신이 선택하지 않은 것의 가치를 낮게 평가한다. 이를 '신포도 효과'sour-grapes effect 혹은 인지 부조화라고 부른다. 하지만 단념한 유혹은 더 이상 자제하려고 애쓸 필요가 없기 때문에 더 매력적으로 다가오기 마련이다.

또 다른 자기 통제 전략으로 유혹의 딜레마에 빠진 자신과 객관적인 거리를 두고 생각해보는 방법이 있다. 친구를 만나 고열량의 파스타를 먹고 싶은 마음이 들 때 건강을 생각하는 사람이라면 어떤 선택을 할지 생각해보자. 또는 값비싼 헤드셋이 사고 싶을 때 일주일 뒤에도 똑같이 사고 싶을지 자신에게 물어본다고 생각해도 좋다. 유혹에 직면했을 때 지금의 상황이 내가 아닌 먼 미래, 먼 나라에 있는 다른 사람에게 일어난 일인 양 거리를 두고 생각해볼 수 있다. 나와 비슷한 유혹에 빠진 사람이 있을 때 어떤 조언을 해줄 수 있는지 생각해보거나 내년에 똑같은 결정을 해야 한다면 어떻게 할지 생각해보면 유혹을 이기고 목표를 고수하는 데 도움이 된다.

혼잣말도 자기 통제 전략으로 상당히 많이 사용된다. 사람들은 자주 혼잣말을 한다. 그리고 자신이 그 말을 듣고 있다고 믿는다. 혼잣말의 방식은 다양하다. 1인칭을 사용해 "나는 무엇을 원하는가?"처럼 자신에게 질문을 하는 '몰입형 혼잣말'immersed self-talk 을 하거나 3인칭을 사용해 "○○는 무엇을 원하는가?"라는 '거리두기 혼잣말' distanced self-talk 을 하기도 한다.[120] 이선 크로스Ethan Kross는 몰입형 혼잣말보다 거리두기 혼잣말이 감정 통제에 효과적이라고 설명한다. 그는 진로 때문에 고민인 대학생들을 대상으로 연구를 시행했다. 학생들이 지원한 직업에 자신이 적합한 이유를 전문 면접 위원들이 묻자 학생들은 대체로 몹시 긴장하기 시작했다. 이때 거리두기 혼잣말 전략을 사용한 학생들은 긴장감을 더 잘 통제하는 모습을 보였다. 그들은 스스로 "○○는 면접을 준비하면서 기분이 어땠니?"라고 물었고 "면접을 준비하면서 나는 어떤 기분이 들었나?"라고 묻는 학생들에 비해 감정을 더 잘 통제했다. 이처럼 3인칭으로 자신의 기분을 묻고 대처방안을 물으면 자신의 앞에 벌어진 일을 내가 아닌 다른 사람에게 일어난 것처럼 느낄 수 있어 부정적 감정 억제에도 도움이 된다.

유혹을 '객관적인' 단어, 즉 인지적이고 감정적으로 중립적인 용어로 바꿔 생각해도 감정적 거리를 둘 수 있다. 자기 통제에 관한 초반 연구 중 하나인 마시멜로 연구(제11장에서 자세히 다룬다)를 시행한 월터 미셸Walter Mischel은 세 살에서 다섯 살 아이들이 눈앞에 놓인 마시멜로를 먹지 않고 어떻게 참는지 살펴봤다.[121] 참을성이 많은 아이들은 마시멜로를 보며 '폭신하고 새하얀 구름'이나 '동그랗고 하얀 달'이라고 상상하기보다 차갑고 맛없는 것이라고 상상하며 마음속으로 거리를 두려고 했다. 반면 '달콤하고 쫀득하고 부드러운' 마시멜로를 상상한 아이들은 마시멜로를 보자마자 먹어치웠다.

상황에 대한 사고의 전환은 목표를 고수하고 유혹을 물리치려는 의도를 담고 있다. 연구자들이 대학생들에게 하루에 얼마나 휴식 시간을 계획하고 있는지를 먼저 묻고서 얼마나 학습할 계획인지를 묻자 학습에 할애하는 시간이 늘어났다. 반면, 하루에 얼마나 학습 시간을 계획하고 있는지를 묻고 얼마나 휴식할 계획인지를 묻자 휴식에 할애하는 시간이 줄어들었다.

두 경우 모두 학생들은 유혹과 목표에 대해 생각했다. 유혹을 먼저 생각하면 목표에 시간을 더욱 할애하는 계획을 세우고, 목표를 먼저 생각하면 유혹을 피해서 계획을 세운다.[122] 이 연구를 통해 유혹을 물리치는 과정을 볼 수 있다. 유혹을 마주하면 목표를 수행하도록 스스로 동기를 부여하고 중요한 목표가 위기에 처했다면 유혹을 물리치기 위해 노력해야 한다.

자기 통제를 발휘하는 가장 쉬운 방법

유혹과 싸우는 일은 피곤하다. 지쳐 있을 때는 더더욱 어렵다. 로이 바우마이스터Roy Baumeister와 캐슬린 보스Kathleen Vohs는 이를 가리켜 '자아 고갈'ego depletion이라고 부른다.[123] 예를 들어, 의료 종사자들은 근무 시간이 지날수록 손 씻기를 거른다.[124] 의사들 역시 근무 교대 시간이 길어질수록 불필요한 항생제를 처방할 가능성이 높았다.[125] 환자들은 종종 의사들에게 항생제를 처방해달라고 요청한다. 의사들 역시 검사 결과나 증상의 호전을 살펴보자는 말보다 좀 더 구체적인 처방을 주고 싶어 한다. 더구나 몸과 마음이 지친 상태라면 항생제 처방을 내리고 싶은 유혹이 생길 수밖에 없다.

자기 통제를 하려면 노력을 기울여야 한다. 지친 의료 종사자들의 사례를 고려하면 자기 통제가 필요한 결정은 하루 중 오전에 내리는 것이 좋다. 다이어트든 충동구매든 정신이 초롱초롱할 때 현명한 결정을 내릴 수 있다.

일부 과학 연구를 비롯해 대중 잡지에서도 자기 통제에 노력이 필요하다고 설명한다. 하지만 자기 통제를 의식적인 과정으로만 보는 관점은 잘못된 견해다. 흔히 대중 잡지에서는 천사와 악마가 우리의 양 어깨에 걸터앉아 상반된 조언을 속삭이면 우리가 그 사이에서 어쩔

줄 몰라 갈팡질팡하는 모습으로 자기 통제의 순간을 묘사한다. 하지만 자기 통제는 그보다 훨씬 효율적으로 일어난다. 사람들은 건강에 해로운 디저트를 건너뛰고, 쓸데없는 물건 광고를 외면하고, 격렬한 논쟁에서 평정심을 유지한다. 무의식중에도 자기 통제력을 발휘한다.

또한 특별히 주의를 기울이지 않아도 수많은 상황에서 자제력을 발휘하곤 한다. 유혹을 물리치려는 무의식적 노력은 쓸모가 많다. 모든 결정의 장단점을 일일이 따졌다간 다른 데 쏟을 시간이 부족해진다.

무의식적 전략이 주의력을 요구하지 않고 에너지 소모가 적다는 점에서 앞서 이야기한 자기 통제 전략과 매우 유사하다. 목표를 높이 평가하고 유혹을 깎아내리기 위해 자기 통제력을 발휘하고 있다는 사실을 의식하지 않아도 된다. 배우자와 좋은 관계를 유지하고 싶을 때 사람들은 상대방의 긍정적인 면을 과장하고 관계에 방해가 될 것 같은 사람의 매력적인 면을 무시한다. 그리고 관계를 지키기 위해 무의식중에 목표를 유혹보다 더 매력적으로 만든다. 자기 통제력을 발휘할 때 사람들은 자신도 모르게 목표를 더 긍정적으로, 유혹을 더 부정적으로 평가한다. 건강에 좋은 음식을 먹으면 왠지 모르게 뿌듯한 기분을 느끼고 건강에 해로운 음식을 먹으면 왠지 부끄러운 기분을 느낀다.

낮은 수준의 무의식적 자기 통제력 역시 유혹을 맞닥뜨렸을 때 목표 수행의 유지에 도움이 된다. 가령, 건강을 생각하는 사람 앞에 햄버거가 있다면 그는 다른 음식을 먹을 가능성이 크다. 마찬가지로 저축을 하려는 사람은 할인 판매 광고를 보고 무언가 사고 싶다는 생각이 들 때 계좌의 잔고를 떠올린다. 이러한 과정을 설명하기 위해 우리는 실험 참여자들에게 먼저 목표와 유혹이 갈등을 일으키는 경우를 적어보게 했다. 가령, 누군가 '공부와 농구'라고 적었다고 해보자. 그러면 사람들은 공부를 해야 하는데 농구를 하고 싶어 한다고 생각한다. 또 다른 누군가가 '신뢰와 섹스'라고 적었다면 그가 처한 딜레마를 추측할 수 있다. 우리는 실험을 통해 컴퓨터 화면상에서 유혹에 해당하는 단어가 잠깐 깜빡이고 나면 목표에 해당하는 단어를 더 빨리 읽는다는 사실을 발견했다.[126] 즉, 유혹은 목표를 인식하게 만든다.

폴 스틸만Paul Stillman, 다닐라 메드베네프Danila Medvedev, 멜리사 퍼거슨Melissa Ferguson이 주장했듯, 무의식적인 자기 통제는 유혹을 멀리하고 목표를 향해 나아가도록 돕는다. 그들은 컴퓨터 화면 속 과제를 이용해 또 다른 실험을 시행했다. 우선 모니터 양편에 사과와 아이스크림처럼 두 가지 음식의 이미지가 등장한다. 참여자들은 건강과 체력 증진에 적합한 음식을 향해 화면 중앙 하단에서 시작하는 선을 긋도록 지시받았다. 연구자들은 실험 참여자가 건강에 좋은 음식 쪽으로 직선을 긋는지 아니면 건강에 좋지 않은 음식 쪽으로 약간 기울어진 선을 긋는지 살펴봤다. 실험 결과, 자기 통제를 잘하는 사람일수록 선을 똑바로 그었다.[127] 그들은 은연중에 유혹을 거부하고 건강에 좋은 음식을 향해 직선을 그렸다.

의식의 수면 아래에서 일어나는 일들이 이러한 무의식적인 반응을 통해 나타난다. 예를 들어, 과음하고 싶지 않을 때 왜 와인 잔을 자신도 모르게 밀어내는지, 월급을 받기 전에 왜 사고 싶은 노트북 광고를 외면하는지 알 수 있다.

무의식적인 반응은 흔히 발생하고, 자주 경험하다 보면 습관이 된다. 사람들은 양치질에 동기를 부여하지 않는다. '아침에 일어나면 양치하기'를 당연한 일로 배웠다. 마찬가지로 특정 음식을 보면 '먹지 않겠다'와 같이 반응하도록 학습됐을 수도 있다. 나는 도넛이 그런 대상이었다. 웬디 우드Wendy Wood는 일단 습관을 형성하면 명시적 목표를 세웠긴 자기 통제를 발휘하건 상관없이 곧장 행동으로 나타난다고 설명한다.[128] 자기 통제에 관한 문제도 익숙해지면 쉽게 해결할 수 있다. 목표를 다시금 되새길 필요도 없어진다. 심지어 자기 통제가 필요하지 않을 수도 있다.

아직 무의식적 반응이 습관으로 형성되지 않았다면 실행 계획을 세우고 연습을 시작해보자. 피터 골비처Peter Gollwitzer는 간단한 실행 계획이 큰 효과를 거둘 수 있다고 말한다.[129] 일단 목표를 세우고 "나는 A를 하면 B를 할 거야."와 같은 계획을 세운다. 예를 들어, "아침에 일어나면 요가를 할 거야." 혹은 "와인을 한잔 마시면 와인잔을 곧장 싱크대에 넣을 거야."라고 다짐해보자. 일단 실행 계획을 세우면 아침에 일어나거나 와인을 다 마셨을 때처럼 신호를 인지하고서 계획대로 실행할 수 있다. 대체로 사람들은 잠재의식에 따라 짝을 이룬 두 가지 행동을 자동적으로 실행한다. 따라서 자기 통제가 어렵고 힘들 때 행동을 짝지어 연습하면 저절로 자기 통제를 할 수 있다. 결국 습관을 만들면 자기 통제가 필요 없어진다. 무엇을 하고 무엇을 하지 말아야 할지 생각할 필요도 없다. 그저 자신에게 이로운 방식으로 행동하게 된다.

이제 우리는 자기 통제가 필요한 상황을 감지하는 문제와 유혹과 싸워야 하는 문제를 구분할 수 있다. 더불어 각각의 상황에 맞는 자기 통제 전략을 구분할 수 있어야 한다. 자기 통제 전략에 익숙해지면 자신 있게 유혹을 물리칠 수 있다. 더 나아가 목표 달성을 위한 전략을 개발할 수도 있다. 자기 통제력을 키우기 위해 다음의 질문들을 던져보자.

1 나에게 가장 큰 유혹은 무엇인가? 나는 언제 쉽게 유혹에 넘어가는가?

2 자기 통제의 딜레마에 빠지는 상황을 잘 알아차리려면 어떻게 해야 할까? 오늘 결정을 내렸을 때와 비슷한 상황에 또다시 부딪힌다면 어떻게 할지 생각해보자. 미래의 내 모습을 한번 떠올려보자. 만약 내가 미래의 내 친구라면 어떻게 할지 생각해보자. 내가 내린 결정이 나의 정체성에 어떻게 반영되는지 따져보자. 목표 수행에 방해가 되는 정체성은 아닌지 생각해보자.

3 유혹을 어떻게 물리칠 것인가? 사전 약속은 목표 수행을 돕고, 보상은 목표를 향해 나아가도록 도와준다. 유혹을 대하는 자신의 마음가짐이 어떤지 살펴보자. 유혹에 굴복하게 만드는 대상보다 목표 수행을 돕는 대상을 찾아보자. 눈앞의 상황에서 한 발짝 뒤로 물러나 자신을 객관화시켜 무엇을 해야 하는지 혼잣말로 묻고 높은 기대 수준을 가지고 도전에 임할 수 있는가?

4 유혹을 물리칠 계획을 세울 때 적절한 방법을 찾지 못하고 무기력해진다면 어떻게 자신을 지킬 것인가? 시간이 갈수록 지쳐갈 때 목표를 고수하기 위한 추가 계획을 세우거나 습관을 만들어보자.

제11장

마음이 조급해질 때
인내심을 발휘하는 법

'기다리는 자에게 복이 온다'는 격언이 있다. 하지만 치즈 샌드위치가 알맞게 구워지기를 기다리든, 투자할 때를 기다리든, 기다리는 일은 어렵다. 영어 단어 'patient'는 기다릴 수 있는 사람이나 치료가 필요한 사람을 가리킨다. 이중적 의미를 갖게 된 게 우연은 아니다. 두 의미 모두 '고통받는 사람'이라는 뜻에서 비롯됐다. 그만큼 기다림에는 고통이 따른다.

더 큰 것을 위해 작은 것을, 나중을 위해 현재를 포기해야 하기 때문에 사람들은 기다리기를 어려워한다. 게다가 지금 원하는 것을 얻지 못하더라도 평정심을 잃지 않아야 한다. 기다림은 앞 장에서 이야기한 자기 통제와 일맥상통한다. 인내에는 자기 통제가 필요하기에 동기 과학 연구자들은 인내와 자기 통제를 동일시한다. 제10장에서 언급한 바 있지만, '마시멜로 실험'으로 잘 알려진 고전적 검사에서도 실제로 인내심을 평가했다.

1960년대, 심리학자 월터 미셸은 어린아이들이 만족을 어떻게 지연시키는지 알아보기 위해 마시멜로를 가지고 실험을 했다. 미셸은 아이들에게 두 가지 보상 중 하나를 선택하게 했다. 처음에는 아이들을 방으로 데려가서 마시멜로 한 개를 올려둔 탁자 앞에 앉게 했다. 연구자들은 마시멜로를 먹지 않고 기다리면 나중에 돌아와 두 개를 주겠다고 말했다. 그러고는 아이들만 남겨둔 채 방을 나서서 상황을 지켜봤다. 아이들은 몰랐지만 10~20분 정도 기다려야 했고 그사이 마음을 바꿔 단숨에 마시멜로를 먹어버릴 수 있었다. 연구자들은 아이들이 결정을 내리기 전까지 기다린 시간을 '인내심 점수'로 계산했다.

와인 한잔, 갓 구운 초콜릿케이크 한 조각, 트위터의 피드처럼 우리를 유혹하는 것들을 생각해보자. 유혹의 손길 앞에서 우리는 그저 기다려야 한다. 얼마나 기다려야 하는지 누구도 알 수 없다. 하지만 기다림 끝에는 더 좋은 것이 기다리고 있다. 더 비싼 와인, 트위터를 하며 보낼 수 있는 더 많은 시간처럼 우리는 더 좋은 것을 얻을 수 있다.

연구자들은 아이들이 자신들을 기다리는 동안 어떤 전략을 사용하는지 찾아냈다. 제10장에서 언급했듯 곧바로 마시멜로를 먹는 아이들이 있는가 하면, 마시멜로를 맛이 없는 다른 물건, 즉 하얀 구름이라고 생각하거나, 노래를 부르거나, 손과 발을 이용한 놀이를 하면서 관심을 딴 데로 돌려 더 오래 기다리는 아이들도 있었다. 미셸과 동료들은 실험이 끝나고 10년 후, 당시 실험에 참여했던 아이들을 추적 관찰했고 그 결과 매우 흥미로운 결과를 얻었다. 마시멜로를 먹지 않고 참았던 아이들은 인지적·사회적으로 더욱 성장한 청소년기를 보내고 있었다.[130] 다시 말해, 성적도 좋았고 친구도 많았다.

이후, 마시멜로 실험 결과는 여러 번에 걸쳐 분석됐다.[131] 한 번의 인내가 아이의 미래를 결정한다고 단정할 순 없다. 하지만 어린 나이에 만족을 지연할 수 있는 능력을 갖췄다는 사실을 통해 삶의 중요한 결과를 어느 정도 예측할 수 있었다.

마시멜로 연구를 통해 어린 나이에 인내심을 발휘할 수 있다면 이후의 삶에서도 긍정적인 결과로 이어진다는 사실을 확인했다. 하지만 이유까지는 밝혀지지 않았다. 과연 무엇이 인내를 성공으로 이끌까? 인내심이 많은 사람이 의지력도 강하기 때문일까? 아니면 더 영리하기 때문일까? 인내심이 강한 아이들은 기다리면 좋은 일이 생길 거라고 믿는 걸까? 그래서 놀러 나가기 전에 숙제를 먼저 끝내는 걸까? 동기 과학에서는 다른 요인을 이야기한다. 그에 대한 대답을 얻기 전에 애초에 무언가를 기다리는 것이 왜 그처럼 어려운지부터 살펴보자.

기다림은 왜 어려운가

기다림은 필요악이다. 우리가 살면서 열망하는 대부분의 큰 보상에는 오랜 기다림이 필요하다. 은퇴를 대비해 수십 년간 저축해야 노력에 대한 보상을 얻을 수 있다. 승진을 하려면 몇 년에 걸쳐 온라인 학위를 따거나 훈련 과정을 거쳐야 한다. 기다림은 건강에 좋은 레시피이기도 하다. 참을성이 많은 환자는 불필요한 항생제나 수술을 요구하기 전에 기다릴 줄 안다. 하지만 인내심을 가지고 기다리기란 쉽지 않다.

기다림이 어려운 이유는 우리가 미래의 결과를 낮춰 평가하기 때문이다. 우리의 마음속에서, 미래에 일어날 일은 지금 당장 일어나는 일보다 가치 있지 않다. 예를 들어, 누군가 1년 후에 100달러를 준다고 해도 지금 당장 100달러를 받는 것보다 덜 행복하다. 마찬가지로 다음 달에 여자친구를 만날 수 있다고 하면 오늘 당장 여자친구를 만나는 것보다 행복감이 줄어든다.

인간은 기다리는 상황을 본능적으로 달가워하지 않는다. 당장 만족을 주는 매력 높은 선택지를 포기하고 만족을 지연시키는 매력 낮은 선택지를 고르게 만들기 때문이다. 예를 들어, 저축은 누구나 소중하게 생각하는 현재 소득을 상대적으로 덜 중요해 보이는 미래 소득으로 전환시킨다. 여덟 살짜리 아들은 용돈을 바로 쓸 수도 있고 저금할 수도 있다. 지금 당장 사용할 수 있다면 용돈을 더 가치 있게 여길지 모른다. 그리고 당연히 저금은 하지 않을 것이다.

미래의 결과가 매력을 잃는 정도를 '가치 감소율'discount rate이라고 부른다. 인내심이 강한 사람은 가치 감소율이 낮다. 그들은 미래의 결과와 현재의 결과를 거의 비슷하게 생각한다. 여자 친구를 나중에 보나 오늘 보나 다를 게 없다고 생각하기 때문에 언제 보든 실망하지 않는다. 반면, 인내심이 부족한 사람은 가치 감소율이 높다. 그들은 미래의 결과를 현재의 결과보다 덜 중요하게 여긴다. 따라서 나중까지 기다리지 못하고 지금 당장 여자 친구를 보고 싶어 한다.

사람들은 대개 높은 기치 감소율의 영향을 받아 즉각적인 보상을 선호한다. 자신이 기다리고 있는 것을 지금 얻을 수 있다면 기꺼이 덜 받더라도 더 많은 비용을 지불하려고 한다. 이러한 심리를 이용해 항공사에서는 출발일에 가까워질수록 푯값을 올린다. 사람들은 한 달 뒤에 예정된 항공편보다 내일 출발 예정인 항공편에 더 많은 돈을 기꺼이 지불한다. 브로드웨이 공연표 역시 몇 주 뒤에 있을 공연보다 당장 오늘 볼 수 있는 공연의 푯값이 더 비싸다. 온라인 쇼핑을 할 때도 일반 배송이 아닌 당일 배송에는 더 많은 돈을 지불한다.

우리가 인내심이 부족한 생명체라는 것을 깨닫고 조급함에 맞서 싸울 준비를 하고 전투에 임한다면 승리의 절반을 보장받을 수 있다. 그러기 위해선 무엇이 우리를 조급하게 만드는지 구체적으로 알아야 한다.

무엇이 우리를 조급하게 만드는가

예리한 관찰자들은 애플처럼 큰 성공을 거둔 기술 기반 회사들이 인간의 조급함을 얼마나 잘 활용하는지 눈치챘을 것이다. 애플은 아이폰의 새 버전을 내놓을 때마다 출시되기 한참 전부터 새 버전을 광고한다. 사람들은 현재 개발 중이라는 정보 말고는 아이폰의 모양이나 기능에 대해 아는 바가 없다. 2000년, 아널드 김Arnold Kim은 애플의 전략이 만들어내는 사람들의 조급함을 이용해 맥루머스MacRumors라는 웹사이트를 만들었다. 웹사이트에는 애플의 신제품에 관한 비공식적인 정보를 주로 게시했다. 조급한 애플 제품 애호가들은 최신 아이폰이나 아이패드의 사양에 대한 게시물에 만족했고, 웹사이트는 큰 성공을 거뒀다. 결국 김은 원래 하던 일을 그만두고 돈벌이가 되는 애플의 비밀을 누설하는 일에 전념했다.

애플과 맥루머스의 성공은 더 오래 기다릴수록 그 제품에 더 많은 가치를 부여한다는 것을 보여준다. 하지만 기다림에 따른 고통을 겪어야 한다. 일반적으로 무언가를 기다리는 사람일수록 더 많이, 더 특별한 것을 얻을 거라고 믿는다. 몇 달을 기다리면 새 제품이 더 값지게 느껴진다. 기다림은 힘들지만 자신이 기다린 무언가를 더욱 값지게 만든다. 그럼 무엇이 사람을 조급하게 만드는지 구체적으로 알아보자.

의지력 부족

사람들은 유혹에 무너지면 종종 자신의 의지가 부족해서라고 자책한다. 따라서 자기 통제력, 다시 말해 의지력이 부족해서 조급해한다고 해도 그리 놀랄 일이 아니다. 앤절라 더크워스, 엘리 쓰카야마Eli Tsukayama, 테리 커비Teri Kirby는 마시멜로 실험의 데이터를 분석해 부모와 교사가 말하는 아이들의 의지력과 아이들이 보상을 기다리는 시간 사이에 상관관계를 밝혔다. 그 결과, 의지력이 강한 아이일수록 인내심이 강한 것으로 나타났다. 하지만 의지력이 전부가 아니었다. 인지 능력에 따라서도 아이들의 기다리는 시간을 예측할 수 있었다.[132] 기다림의 이점을 충분히 판단할 수 있는 아이일수록 인내심을 발휘하는 것으로 밝혀졌다. 따라서 인지 능력 역시 인내의 중요한 요소다. 지연된 만족을 생각할 줄 아는 인지적 능력은 어른에게도 중요하다.

이와 관련하여 월터 미셸과 그의 동료들이 발표한 연구가 있다.[133] 그들은 열일곱 살에서 서른일곱 살 사이 형성된 의지력을 바탕으로 실험 대상자가 마흔여섯 살이 됐을 때 수입을 얼마나 벌 수 있을지 예측했다. 초등학교 입학 전 아이들을 대상으로 실시한 일회성 마시멜로 실험으로 아이들이 중년이 됐을 때 갖게 될 경제 능력은 예측할 순 없지만, 아이들의 의지력에 대한 부모들의 평가와 아이들의 스스로에 대한 평가로 중년의 경제 능력을 예측할 수 있었다.

신뢰 부족

사람들은 기다리는 동안 마음속으로 이런 질문을 한다. 얼마나 기다리고서 포기해야 할까? 마시멜로를 앞에 두고 어른이 돌아와 먹어도 된다고 할 때까지 기다리는 아이의 입장이 돼보자. 어른이 돌아오지 않는다고 결론 내리기까지 얼마나 기다려야 할까? 자정이 넘은 시간에 버스를 기다린다고 해보자. 버스가 끊겼다고 판단하고 걸어가기로 결정하기까지 얼마나 기다려야 할까? 내 질문은 얼마나 기다릴 것인지가 아니다. 얼마나 '기다려야 하는지'를 묻는 것이다.

하염없이 기다리고 있을 순 없다. 특정 시점이 되면 어른이나 버스가 올 거라고 믿어서는 안 된다. 마냥 기다린다고 모두 해결되지 않는다. 마시멜로를 덜 먹든, 집까지 걸어가든, 즉각적인 대안을 찾아야한다. 계속 기다려봤자 의미가 없다는 것을 아는 순간, 인내심은 사라진다.

사람들이 조급해하는 주된 이유는 기다림에 대한 보상이 없을 거라고 믿기 때문이다.[134] 상대방이 약속을 지킬 거라고 믿지 않거나 실제보다 더 많이 기다려야 한다고 생각하기 때문이다. 기다림이 길어질수록 믿음은 약해진다. 5분만 기다리면 된다고 생각했지만 30분이 지나도 버스가 오지 않으면 버스가 끊겼을 가능성이 크다. 시간이 갈수록 인내심도 줄어든다.

신뢰가 기다림에 미치는 효과는 마시멜로 실험에서도 확인됐다. 실험 결과, 안정적인 가정에서 자란 아이가 더 오래 기다리는 경향을 보였다. 예측 가능한 환경에서 자란 아이는 어른이 약속을 지킬 거라고 믿는다. 어쩌면 성인이 돼서도 취업을 미루며 대학원을 다닐지도 모른다. 반면, 불안정한 가정에서 자란 아이는 어른의 말을 믿지 않는 경향을 보였다. 그들의 눈에 어른은 약속을 지키기도 하지만 때로는 약속을 어기기도 한다. 사회경제적 배경이 좋지 않은 아이는 세상을 믿을 수 없는 곳이라고 배우기 때문에 참을성이 부족한 어른으로 자랄 가능성이 높다. 어른을 믿지 않으며 자란 아이는 기다리는 사람에게 복이 온다는 경험을 하지 못한다. 따라서 대학원을 다니지 않거나 저축할 가능성이 낮다.

관심 부족

마시멜로를 좋아하는 정도는 지금 당장 한 개를 받는 대신 기다렸다가 두 개를 받아야겠다는 생각에 어떤 영향을 미칠까? 커피를 향한 사랑은 가장 먼저 눈에 띄는 카페에 들어가 커피를 사는 대신 평소 자신이 다니는 커피 전문점에 도착할 때까지 참는 데 어떤 영향을 미칠까? 알다시피 무언가를 좋아하면 할수록 더 많이, 더 좋은 것을 얻기 위해 더 오래 기다린다. 사랑은 오래 참고 기다리는 것이라는 말도 있지 않은가.

마시멜로든, 커피든, 통장의 목돈이든, 자신이 좋아하는 무언가를 그냥 얻을 때와 기다려서 얻을 때의 차이는 크다. 신제품 애호가들은 지금과 다음 달에 출시될 휴대전화 사이에 엄청난 차이가 있다고 생각한다. 그래서 그 차이를 생각하며 기꺼이 기다린다. 하지만 우리같이 평범한 사람에게 휴대전화는 커피와 별반 다를 게 없다. 거기서 거기라고 생각한다. 큰 차이가 없는 휴대전화를 군이 한 달이나 기다려야 한다고 생각하지 않는다. 기계에 관심이 없는 나는 기계에 관한 한 조급한 소비자다.

애나벨 로버츠Annabelle Roberts, 프랭클린 샤디와 나는 자신이 좋아하는 것을 기다릴 때 인내심을 발휘하는지 알아보기 위해 한 가지 실험을 했다.[135] 실험 참여자들에게 티셔츠 열두 개를 보여주고 마음에 드는 순서를 정하게 했다. 그리고 10주를 기다려서 자신에게 맞는 치수의 티셔츠를 받을 것인지, 아니면 한 치수 큰 티셔츠를 지금 받을 것인지 물었다. 살짝 큰 티셔츠는 집에서 입거나 편안한 잠옷으로 입을 가능성이 컸다. 아마도 멋지게 보이고 싶을 때 입지는 않을 것이다. 어쨌든 누군가는 기다리고 싶지 않을 수 있다. 마음에 드는 디자인의 티셔츠를 기다려서 받겠다고 한 사람도 있었고, 마음에 들지는 않지만 그럭저럭 괜찮은 티셔츠를 받겠다고 한 사람도 있었다. 실험 결과, 마음에 드는 티셔츠를 선택한 참여자는 몸에 잘 맞는 티셔츠를 위해 남은 9주를 기다리겠다고 했다. 디자인이 마음에 들지 않을수록 참여자들의 기다리고자 하는 마음도 덜했다. 커피, 맥주, 초콜릿에서 치즈, 시리얼에 이르는 소비재를 대상으로 또 다른 연구를 실시한 결과, 제품에 대한 선호도가 높고 양이 많을수록 다음 달까지 기다리는 것으로 나타났다.

무언가를 좋아할수록 기다리려는 의지는 커진다. 적지만 빨리 얻는 것보다 나중에 많이 얻는 것을 선택한다. 그만큼 기다림은 더 힘들어진다. 기다림이 길어질수록 더욱 조바심이 나기 마련이다. 따라서 무언가를 좋아할수록 평정심을 유지하기가 더 어렵다. 시앤츠 다이Xianchi Dai와 나는 시간에 따라 소비재에 대한 욕구가 어떻게 변하는지 알아봤다.[136] 그 결과, 기다림이 길어질수록 욕구도 커졌다. 하지만 선호도가 매우 높은 경우에만 그러했다. 좋은 대체품이 있는 경우에는 기다림이 길어질수록 욕구가 감소했다.

해외 여행을 할 때 비슷한 경험을 할 수 있다. 외국에 나가 공부를 하거나 다른 나라에서 몇 달을 보내게 되면 자기 나라 음식을 그리워한다. 홍콩을 여행하는 학생들을 대상으로 연구를 실시한 결과, 고향의 음식을 먹지 못하는 시간이 길어질수록 그 기대 수준도 올라갔다.

이스라엘에서 살 때 나 역시 비슷한 감정을 느꼈다. 해마다 유월절이 되면 종교 전통에 따라 밀가루가 들어간 음식의 판매를 금지한다. 하지만 그 시기만 다가오면 빵이 정말 먹고 싶었다. 이러한 개인적 경험을 바탕으로 다이와 함께 유월절 동안 하메츠chametz 음식(유대인들이 유월절 기간에 먹지 못하는 음식—옮긴이)을 먹지 않는 사람들을 조사한 결과, 하메츠 음식을 먹지 못하는 기간이 길어질수록 더 먹고 싶어 하는 것으로 나타났다. 특히 하메츠 음식의 대체물을 찾지 못하면 더 많이 불편해했다. 빵의 대체 식품인 맛초matzah나 밀가루가 들어가지 않은 케이크, 감자로 만든 파스타 대체 식품 을 먹을 수 있다면 밀가루 음식에 대한 욕구가 크지 않았다. 소셜 미디어를 사용하지 못하는 경우에도 이와 비슷한 현상이 관찰됐다. 한 실험에서 페이스북 사용자들에게 3일 동안 페이스북을 사용하지 못하게 했더니 트위터나 인스타그램 같은 대안이 없을 때 페이스북을 사용하고자 하는 욕구가 더 컸으며, 시간이 지날수록 사람들의 조바심도 더 커졌다고 한다.

이를 볼 때 우리 인간은 대안이 있다면 무언가를, 혹은 누군가를 덜 원할뿐더러 좀 더 수월하게 기다린다. 어쩌면 기다릴 필요가 없을지도 모른다.

마음에서 떨쳐내고 싶은 욕구

최근에 나는 동료에게 15달러를 빌리고 20달러를 갚았다. 동료가 돈을 돌려달라고 했을 때 지갑에는 20달러짜리밖에 없었다. 내가 20달러 지폐를 건네자 그녀는 고개를 저으며 받을 수 없다고 했다. 하지만 나 역시 나중에 15달러를 주느니 지금 20달러를 줘야 마음이 놓인다고 말했다. 왜 나는 5달러를 더 주면서까지 빌린 돈을 갚지 못해 안달했을까?

우리는 종종 돈이나 물건을 가능한 한 빨리 얻으려고 조급해한다. 그뿐만 아니라 빚이 생기면 얼른 갚으려고 한다.[137] 사람들에게 물어보니 대부분 나와 같았다. 나는 빌린 액수만큼 딱 맞게 돈이 준비될 때까지 기다리기보다 액수가 조금 넘치더라도 빨리 갚아버리는 게 낫다고 생각한다. 게다가 대다수가 빚을 갚지 않은 채로 있는 쪽보다 조금 더 주더라도 갚는 쪽을 선호했다. 예를 들어 잔돈으로 18달러가 없으면 20달러짜리 지폐로라도 갚는 쪽을 선호했고, 반대로 20달러를 빌려간 사람에게 20달러가 없다면 18달러라도 받는 쪽을 선호했다.

그만큼 사람들은 참을성이 없다. 빚을 빨리 갚기 위해서라면 손해도 기꺼이 감수한다. 목표를 달성하지 않은 채 있기 싫어하는 성향 때문에 돈을 빌렸든 빌려줬든 빚을 빨리 청산하려 한다.

당신은 지금 더 일하는 쪽과 지금 덜 하고 나중에 하는 쪽 중 무엇을 선택할 것인가? 한 연구에 따르면 사람들은 일주일 뒤에 다시 짧은 비밀번호로 재설정하기보다 숫자와 알파벳을 혼합해 긴 비밀번호를 설정하더라도 오늘 가입하기를 선호한다고 한다. 왜 그럴까? 오늘 당장 처리할 수 있기 때문이다. 같은 이유로 신용카드 대금 청구서가 나오면 기한도 되기 전에 납입하는 사람이 있다. 또 다른 연구에 따르면 조사 참여자 대다수가 일주일 동안 약을 먹느니 아프더라도 오늘 주사를 맞겠다고 했다.

사람들은 시간이 지날수록 점점 더 목표를 완수하고 싶어 한다. 또 목표에 가까워질수록 더 조급해한다. 제5장에서 다룬 목표 가속화 효과를 떠올려보라. 휴가를 앞두고 준비하다 보면 우리를 휴가지로 데려다줄 비행기, 기차, 자동차를 생각하느라 일이나 집안일에 집중하기가 어려워진다. 차량관리국에서 줄을 설 때도 줄이 줄어들수록 마음이 더 조급해진다. 그동안 얼마나 기다렸는지는 상관없다. 끝이 다가올수록 안절부절못한다. 점점 기다리기가 힘들어지고 점점 애가 탄다.

요컨대, 사람들이 조바심을 내는 데에는 몇 가지 이유가 있다. 의지력이 약하거나 신뢰도가 낮기 때문일 수도 있고 신중하지 못하거나 빨리 끝내고 싶기 때문일 수도 있다. 그러나 이런 문제를 해결하는 방안을 설명하기 전에 때로는 조급함이 문제가 되지 않는다는 것을 기억하자. 주어진 환경에 적절하게 대응하는 게 나을 수 있다. 무조건 기다린다고 해결되지 않는다. 배가 고프거나 피곤할 때 작지만 즉각적인 만족감은 앞으로 나아가도록 도와준다. 오후의 간식 시간이나 짧은 낮잠과 같은 작은 만족감이 우리를 정신적·육체적으로 최적의 상태로 만들어주기도 한다. 어쩌면 우리는 양보다 즉시성을 우선순위에 두는지도 모른다. 게다가 나중을 위해 항상 기다리기만 한다면 현재를 즐기지 못할 수도 있다. 그것은 행복한 삶의 방식이 아니다.

효과적으로 인내심을 기르는 방법

인내는 인생에서 무척 중요하다. 인내심이 많은 사람일수록 매력적이진 않지만 곧바로 일할 수 있는 직업보다 나중에 얻게 될 만족스러운 직업을 위해 졸업장을 받을 가능성이 더 크다. 또 인내심이 많은 사람일수록 돈을 바로 쓰기보다 미래를 위해 아끼려는 마음이 크기 때문에 돈을 더 많이 저축하는 경향이 있다.

인내심이 많은 사람일수록 차가 막히거나 카페에서 누군가를 기다릴 때 짜증을 내지 않는다. 저녁 식사 전에 간식을 너무 많이 먹어 입맛을 떨어뜨릴 가능성도 적다. 하지만 앞에서도 말했듯 인내심은 변덕이 심하다. 사람들은 인내할 때도 있고 조급해할 때도 있다. 인내심을 길러 적재적소에 활용하려면 과연 어떻게 해야 할까? 몇 가지 방법을 알아보자.

주의를 딴 데로 돌리자

수학자 존 에드먼드 케리치John Edmund Kerrich의 아주 유명한 실험이 있다. 케리치는 동전을 1만 번 던지는 실험을 했다. 앞면과 뒷면이 나올 확률이 처음에는 무작위지만 동전을 던질수록 50대 50에 가까워지는 대수의 법칙Law of Large Numbers을 증명해 보였다. 실험을 통해 중요한 발견을 입증했지만 사실 케리치의 목적은 따로 있었다. 그는 자신의 관심을 딴 데로 돌리고자 했다. 1940년대, 나치의 포로가 된 그는 동전 던지기를 하며 제2차 세계대전이 끝나기만을 기다렸다. 언제 자유의 몸이 될 지 알 수 없었던 케리치는 동전 던지기를 하며 참고 기다렸다. 마시멜로 실험에 참여했던 아이들도 케리치와 같은 방법을 사용했다. 노래를 부르고 이야기를 하며 관심을 딴 데로 돌려 눈앞에 놓인 마시멜로를 생각하지 않으려고 했다.

케리치와 마시멜로 실험자들은 기다림을 마음속에서 밀어내면 인내심을 키우는 데 효과적이라고 말한다. 다른 무언가를 이용해 기다림을 잊으면, 애초에 기다리고 있다는 사실을 신경 쓰지 않는다면 기다리는 일이 쉬워진다.

미리 결정해두자

만약 6개월 뒤에 120달러를 받을지, 지금 100달러를 받을지 선택해야 한다면 어느 쪽을 선택하겠는가? 혹은 1년 반 뒤에 120달러를 받을지, 1년 뒤에 100달러를 받을지 선택하라고 한다면 어느 쪽을 선택하겠는가? 많은 사람이 첫 번째 질문에는 100달러를 받겠다고 할 것이고, 두 번째 질문에는 120달러를 받겠다고 대답한다. 두 가지 경우 모두 20달러를 더 받으려면 6개월을 기다려야 한다. 돈을 받기 위해 어차피 1년을 기다려야 한다면 사람들은 더 기다리는 쪽을 선택한다. 왜 그럴까? 시간이 길어질수록 인내심이 커지기 때문이다. 기다리는 시간이 짧을 때는 보상이 작아도 바로 받을 수 있는 쪽을 선택한다. 반면 기다리는 시간이 길 때는 좀 더 기다리더라도 큰 보상을 선택하는 경향이 있다.

이 사례에는 인내심을 기를 수 있는 전략이 숨어 있다. 무언가를 기다리기로 미리 마음먹으면 된다. '사전 결정'advance decision 기술에 따르면 먼 미래의 일을 기다릴 때 작지만 빠른 쪽을 선택할지, 느리지만 큰 쪽을 선택할지 미리 결정해두면 참고 기다릴 수 있다고 한다. 지금이 아닌 1년 뒤에 일어날 일이라면 더 좋은 제품, 더 좋은 가격을 위해 기꺼이 몇 달을 더 기다릴 수 있다. 시간의 흐름은 상대적이다. 지금부터 다음 달까지의 한 달은 1년 뒤인 12개월에서 13개월까지의 한 달보다 길게 느껴지는 법이다.

사람들이 다른 선택을 하는 또 다른 이유는 동기 과학 연구자들이 말하는 '과도한 가치 감소'hyperbolic discounting 때문이다.[138] 초반에는 미래의 결과 가치가 빠르게 감소하지만, 기다리는 시간이 길어질수록 미래의 결과 가치가 감소하는 속도는 느려진다. 그래서 6개월 뒤에 돈을 받는다면 그 가치가 작게 느껴져 지금 받는 쪽을 선택하지만, 1년 뒤에 받는 돈이나 1년 반 뒤에 받는 돈의 가치는 크게 다르지 않기 때문에 조금 더 기다려 더 받는 쪽을 선택할 수 있다.

비둘기 역시 사전 결정의 혜택을 활용한다. 비둘기도 기다리더라도 큰 보상이 있는 쪽을 선택했다. 하워드 라클린Howard Rachlin과 레너드 그린Leonard Green은 비둘기가 버튼을 쪼면 모이가 나오는 장치를 가지고 실험을 했다. 비둘기는 작지만 즉각적인 보상으로 2초간 모이가 나오는 버튼과 크지만 지연된 보상으로 4초 뒤에 4초간 모이가 나오는 버튼 중 하나를 선택해야 했다. 비둘기들은 참지 않았다.[139] 작지만 즉각적인 보상을 선호했다. 연구자들은 양쪽 모두 지연 시간을 10초 더 길게 설정하고서 다시 실험했다. 한쪽은 10초 뒤에 즉각적인 보상을, 다른 한쪽은 14초 뒤에 큰 보상을 주도록 버튼을 설정하자 비둘기들은 크지만 지연된 보상 버튼을 누르기 시작했다. 비둘기들은 더 많은 모이를 얻기 위해 4초를 더 기다릴지 사전 결정의 여부에 따라 다른 결과를 보여줬다. 즉, 기다리기로 미리 결정을 내린 비둘기는 4초를 기다렸고 그렇지 않은 비둘기는 기다리지 않은 것으로 나타났다.

이 원리를 인내심을 기르는 데 활용할 수 있다. 작고 빠른 선택을 하기 전에 시간을 좀 더 끌어주면 된다. 만약 여름에 단 한 번만 여행을 갈 수 있다는 것을 안다면 사전에 계획을 세우는 것이 좋다. 만약 이번 주말에 여행을 갈지 다음 달에 일주일 동안 여행을 갈지 지금 당장 정해야 한다면 아마 이번 주말을 선택할 것이다. 하지만 석 달 뒤의 주말 여행과 넉 달 뒤의 일주일 여행 중에 선택해야 한다면 어떨까? 아무리 휴가를 가고 싶어도 석 달 뒤건 넉 달 뒤건 어차피 기다려야 한다면 좀 더 길게 휴가를 가기 위해 한 달을 더 기다리는 쪽을 선택할 것이다. 또한 배송일이 5일에서 익일로 줄어드는 빠른 배송의 추가 비용은 지불하지만 10일에서 5일로 줄어드는 배송은 추가 비용을 지급하지 않으려 할 것이다.

선택을 보류하라

토머스 제퍼슨은 "화가 나면 말을 하기 전에 10까지 세어라. 화가 많이 날 땐 100까지 세어라."라고 말했다. 그의 말에는 인내심을 기르기 위한 또 다른 전략, 다시 말해 '선택 보류'wait-to-choose 기술이 담겨 있다. 즉, 지금 이득이 되는 방법과 나중에 이득이 되는 방법을 놓고 무엇을 선택할지 잠시 생각하며 결정을 보류하는 것이다.

선택 보류 기술을 활용하면 선택지들을 조금 더 기다렸을 때 얻을 수 있는 이점을 따져보며 인내심을 기를 수 있다. 예를 들어, 다이와 나는 실험 참여자들에게 15일 안에 추첨을 통해 보통 품질의 디지털 오디오 플레이어를 받을 수 있는 응모권과 40일 안에 추첨을 통해 좋은 품질의 플레이어를 받을 수 있는 응모권 중 하나를 선택하도록 했다. 13일 후에 선택한 사람들은 곧장 선택한 사람들에 비해 더 좋은 모델을 기대하는 경향이 컸다.[140] 그들은 선택을 미루면서 더 좋은 모델을 얻어야겠다고 생각했고, 그 결과 기다리는 쪽을 선택했다.

조급함의 원인을 해결하라

인내심을 기르는 또 다른 전략은 앞서 언급한 조급함의 원인을 직접적으로 다루는 것이다. 예를 들어 조급함이 의지력의 부족 때문이라면 미래가 곧 자신의 현재가 될 거라는 점을 상기시켜 자기 통제력을 향상시킬 수 있다. 또한 미래의 자신과 현재의 자신이 연결돼 있다고 느끼는 정도를 높이는 방법도 있다. 심리적 유대감은 인내심을 기르는 검증된 방법이다. 대학생들에게 미래의 자신에게 편지를 쓰게 하자 운동을 해야겠다고 결심했던 것처럼,[141] 가상현실을 이용해 일흔 살이 된 자신의 이미지를 떠올리게 하자 사람들은 노후를 대비해 저축하겠다는 계획을 세웠다.[142]

미래가 불확실해 조급해질 때는 미래의 결과에 대한 확신을 키움으로써 기다릴 만한 가치를 부여할 수 있다. 예를 들어, 신용카드 결제 대금을 제때 내려면 자동 인출 설정을 해두면 된다. 또 구매자가 구매를 확정해야 결제가 되는 에스크로 결제 방식을 사용할 수도 있다. 부동산 거래에 흔히 사용되는 에스크로 결제 방식은 매수자가 권리 대행업체와 같은 제3자에게 구매 대금을 지불하기 때문에 매도자가 마음 편히 기다릴 수 있다.

만약 나중에 받게 될 더 큰 보상에 관심이 없고 지금 보상을 받고자 조급해한다면 그 보상이 왜 특별한지, 애초에 그 보상을 왜 신경 썼는지 상기해보면 된다. 선택 보류 기술을 사용할 때 자연스럽게 이러한 과정을 거친다. 그러면 기다리는 동안 기다리는 이유에 대해 생각해볼 시간을 가질 수 있다. 제품을 사기 위해 줄을 서서 기다리는 동안 제품에 대한 선호도가 올라갈 때도 이러한 심리가 발생한다. 무언가에 투자를 하면 자연스럽게 그 가치를 높이 평가하는 법을 배우기 마련이다.

하지만 자신이 얻을 수 있는 이익이 작을 때는 신경을 쓰지 않기 위해 빨리 처리해버리고 싶은 마음이 들 수 있다. 이때 도움이 되는 기술적 해결책이 있다. 자신에게 이익이 발생하는 날짜를 달력에 적어두거나 이벤트가 있는 날에 맞춰 이메일 예약 발송을 헤두면 된다. 많은 사람이 쿠폰 사용 날짜를 잊을까 봐 걱정한다. 쿠폰과 기프트 카드는 날짜가 지나면 대부분 사용할 수 없다. 하지만 단순한 조바심 때문에 자신에게 쓸모없는 물건을 살까 봐 걱정이라면 달력에 쿠폰이나 기프트 카드의 만기일을 적어두면 문제를 해결할 수 있다.

다른 사람을 위해 참아라

자신이 무언가를 기다리는 일에 다른 사람을 끌어들인다면 더 쉽게 인내할 수 있다. 둘이 함께하면 기다리는 일이 더 쉬워진다. 만약 자신이 얼마나 기다리느냐에 따라 상대방이 얻는 이득이 달라진다면 인내심을 기르는 데 매우 효과적이다. 부부가 같이 저축하기로 목표를 세웠다면 공동 목표나 사회적 지지가 없는 개인에 비해 성공할 가능성이 크다. 레베카 쿠멘Rebecca Koomen, 세바스티안 그루네이슨Sebastian Grueneisen, 에스터 허먼Esther Herrmann은 마시멜로 실험을 변형해 마시멜로 대신 쿠키를 나눠줬다. 그들은 아이들을 짝지어주고 둘 다 쿠키를 먹지 않고 기다리는 데 성공하면 나중에 큰 보상을 줬다.[143] 쿠키를 너무 일찍 먹으면 자신뿐만 아니라 짝꿍도 두 번째 쿠키를 받을 수 없다는 사실을 알게 되자 아이들은 인내심을 가지고 더 기다렸다.

샌드위치건, 투자건, 무언가를 기다릴 때 이 같은 전략을 사용해보면 인내심이 생길 것이다.

스스로 인내심이 있다고 말하는 사람은 드물다. 대부분 조금만 더 기다리면 이득을 볼 수 있다고 생각한다. 인내심을 가지고 미래에 더 큰 보상을 얻기 위해 노력하고자 할 때 다음의 질문들을 해보자.

1 어떤 상황일 때 남들보다 더 인내심을 발휘하는가? 재정, 의료, 학문 등과 관련된 결정을 근시안적으로 하고 있지는 않은가?

2 마음이 조급할 때 근시안적인 결정을 내릴까 봐 걱정인가, 아니면 무언가를 기다려야 할 때 불안하거나 화가 나는가? 결정하고 경험하는 일을 어렵게 느끼는가?

3 왜 조바심을 내는가? 사람들은 의지력이 부족하거나, 기다림 끝에 찾아올 좋은 보상에 대한 믿음이 부족하거나, 나중에 얻을 보상에 대한 관심이 부족하거나, 이미 생각이 차고 넘치거나 하는 다양한 이유로 조바심을 낸다.

4 인내심을 어떻게 기를 것인가? 관심을 딴 데로 돌리거나 미리 결정을 내려 선택을 보류할 수 있다. 미래의 자신과 유대감을 키우거나 미래의 결과를 구체화해볼 수도 있다. 무엇 때문에 기다리고 있는지 생각해볼 수도 있다. 인내심을 기르는 기술을 사용해 마음의 짐을 덜고 기다리는 일을 쉽게 만들어봐도 좋다. 다른 사람들과 함께, 다른 사람을 위해서 인내하기로 마음먹어도 좋다. 사실, 누군가와 함께하는 것이 스스로 동기를 부여할 수 있는 최후의 방법이다(제4부 참고).

GET
IT
DONE

목표 달성의
숨은 조력자, 사회적 지지

: 함께할 때
더 멀리 나아갈 수 있다

나는 지금 코로나19 팬데믹이 한창인 가운데 목표 수행을 위한 사회
적 지지의 역할에 관해 글을 쓰고 있다. 세상과 격리된 채 가족들과
지낸 지 벌써 몇 달째다. 동료도 친구도 못 본 지 여러 달이고, 부모님
은 언제 볼 수 있을지 기약이 없다. 대학이 문을 닫기 일주일 전, 한
동료는 내게 손을 내밀더니 후다닥 거둬들였다. 사람과 사람 사이의
물리적 교류는 고사하고 악수조차 멈춘 지 오래다. 오늘 아침 이웃에
사는 세 살배기 꼬마가 나를 보고 손을 흔들길래 나도 멀리서 손을
흔들어줬다. 그러자 아이의 엄마가 아이를 데리고 집으로 들어갔다.
이제 더 이상 사랑스러운 이웃 꼬마들을 안아줄 수도 없다.

　사회적 접촉이 사라진 시대에 주변 사람들이 동기부여에 얼마나
중요한 존재인지 매일매일 느끼고 있다. 동료, 친구, 가족이 옆에 있으
면 앞으로 나아가기가 수월하다. 자가 격리 기간에 운동도 하고, 책

도 읽고, 기술도 배우고, 식단 관리도 하고, 업무도 익히라고 하지만 주변에 사람이라곤 하나 없이 혼자 무언가에 집중하기란 쉽지 않다. 목표 달성을 향한 동기부여에 사회적 지지가 얼마나 중요한지 올해처럼 와닿은 적이 없었다.

또한 지금은 인간이 공동의 목표를 향해 다른 구성원과 협력하도록 프로그램돼 있음을 보여주는 적절한 시기이기도 하다. 물리적으로 고립된 이 시기에 예전에는 미처 인식하지 못했던 새로운 공동체 의식이 싹트고 있다. 우리는 공동의 적을 물리치자는 하나의 목표를 위해 뭉치고 있다. 성공은 개개인의 역할에 달려 있다. 전 세계적으로 공동의 목표를 향한 협동심이 시험대 위에 올랐다. 이 도전에서 성공을 거둔다면 세계가 함께 안고 있는 다른 분야의 해묵은 문제들도 해결할 수 있을 것이다. 공동의 위기를 맞은 이 시기에 우리가 개발한 기술이 오염을 줄이고 기후 변화와 맞서 싸우는 데 사용될 수 있다는 희망이 있다.

제4부에서는 다른 사회 구성원들이 우리의 목표 달성을 어떻게 도울 수 있는지 살펴보고자 한다. 동기 과학이 몇 가지 방법을 제시한다. 다른 구성원들이 우리 삶의 곳곳에 존재하는 것만으로도 도움이 되기도 한다. 특히 누군가를 롤모델로 삼고 있다면 그 사람의 기대와 행동 하나하나가 목표 달성에 동기를 부여한다. 사회적으로나 개인적으로 귀감이 되는 그 누군가는 우리의 발전을 격려하고 중요한 목표를 포기하지 않도록 도움의 손길을 내밀기도 한다. 우리는 사회적 존재로서 서로 도우며 진화해왔다. 아기가 울면 도움이 필요하다고 생각해 함께 걱정하고 내 아기가 아니더라도 돕고 싶어 한다. 우리는 도

움을 받고, 도움을 줄 준비가 돼 있다.

또한 우리는 공동의 목표를 위해 함께 일한다. '팀워크가 꿈을 이루게 한다'는 말이 있다. 회사의 성공이나 과학적 발견은 결코 한 사람의 힘으로 이룰 수 없다. 닐 암스트롱은 혼자 힘으로 달에 착륙하지 않았다. 수많은 사람의 도움으로 인류의 위대학 도약을 이뤄냈다. 사실, 성과가 클수록 많은 사람이 관여했을 가능성이 크다. 코로나19 팬데믹에 따른 사회적 격리를 하면서 '아기를 만들려면 두 사람이 필요하겠지만 그 아이 하나를 키우는 데는 마을 전체가 필요하다'는 말이 생각났다.

동기부여 체계는 서로의 목표 달성을 도와주고 공동의 목표를 추구하게 만드는 몇 가지 특징이 있다. 첫째, 우리는 주변 사람들에게 많은 관심을 기울이고 늘 그들을 생각한다. 마음 둘 데가 없으면 집중하지 못하고 주변을 두리번거리게 된다. 다른 사람들은 무엇을 하고 있는지, 그들은 나를 어떻게 생각하는지 이런저런 생각을 하고 있을 것이다.

우리가 주변 사람들에게 얼마나 많은 관심을 기울이는지는 경기장에서 흔하게 보는 응원 방식인 '파도타기'를 떠올리면 알 수 있다. 수천 명이 모인 경기장에서 팬들은 복잡한 응원 동작을 어려움 없이 해낸다. 심지어 어린아이들도 응원의 대열에 합류해 파도타기를 해내며 일제히 손뼉을 친다. 이러한 능력은 나이가 들고 주변 사람에게 관심을 기울일수록 발전한다.

또한 우리는 동료를 원한다. 인간은 사회적 동물이다. 뭉치면 살고 흩어지면 죽는다. 외향적이든 내향적이든 누구에게나 동료가 필요하다. 사회적 고립은 인간 본성에 반하는 일이라서 가혹하며, 때로는 잔인하고 비윤리적인 벌로 여겨진다. 독방 감금은 죽음에 이르는 정신 질환의 주요 원인이다.[144]

게다가 우리는 팀이든, 짝이든 누군가와 일하고 싶어 한다. 새로운 사람을 만나면 함께 일할 방법을 생각한다. 대체로 그의 사회적 지위, 다시 말해 상대방이 사회적 위계 구조에서 어떤 위치에 있는지부터 관찰한다. 그렇게 그가 힘이 있는지 없는지, 나보다 지위가 높은지 낮은지, 아니면 동등한지를 파악하고 함께 일하는 법을 찾는다. 상대방의 위치가 어느 정도인지 알아야 공동의 목표를 추구할 때 어떤 관계를 맺을지 알 수 있다.

우리는 사회 속에서 주변 사람들과 상호작용하며 살아간다. 다른 사람에게 주의를 깊게 기울이고, 함께할 동료를 찾고, 그와 협력할 준비를 한다. 또한 자신의 중요한 목표를 수행하기 위해 다른 사람들의 지지를 얻어야 한다. 따라서 먼저 성공적인 목표 수행에 사회적 지지가 필요한 이유를 이해해야 한다. 개인의 건강을 원하든, 전 세계를 위협하는 팬데믹 극복을 원하든 우리는 힘을 합쳐야 한다. 자, 이제 성공을 위해 어떻게 힘을 합쳐야 할까?

이 질문에 대한 답을 찾기 위해 제4부에서는 사회적 지지의 다양한 측면과 목표 달성에 도움이 되는 사회적 관계 맺기에 대해 알아보고자 한다. 제12장에서는 사회적 관계가 행동과 심리에 어떻게 영향을 끼치는지 그 패턴을 알아본다. 목표 수행 과정에 관찰자가 있을 경우 동기부여가 촉진된다. 그러나 유의해야 할 사항도 있다. 제13장에서는 사람들과 함께하는 목표 수행을 다룬다. 축구 경기나 과학적 발견처럼 공동의 노력을 어떻게 이뤄내는지 살펴본다. 제14장에서는 사회적 지지를 주고받는 성공적인 관계를 맺기 위한 요인을 살펴볼 것이다. 목표를 지지하는 사람에게 끌리는 이유와 방해가 되는 사람을 멀리하는 이유에 관해서도 알아보자.

제12장

혼자서는
원하는 것을 이루기 어렵다

나를 포함해 많은 사람이 누군가의 행위와 성취를 이야기할 때 '우리'라는 말을 자주 사용한다. "우리가 경기에 이겼어." 혹은 "우리가 달에 착륙했어."라는 말을 얼마나 많이 들었는지 생각해보자. 우리는 운동선수도 아니고 우주비행사도 아니지만, 성취를 말할 때 '우리'라는 말을 스스럼없이 사용한다. '우리'라는 말은 지난 주말 당신과 내가 한 일과 1969년에 닐 암스트롱이 한 일을 구분하지 않는다. 구분의 필요성을 느끼지 못하다 보니 언어의 모호성이 발생하고 나와 그들 사이의 경계선도 모호해진다.

심리학자들은 자신과 타인의 정체성이 겹치는 현상을 설명하기 위해 '자신-타인의 중첩'self-other overlap 혹은 '심리적 중첩'psychological overlap이라는 개념을 사용한다. 한 원은 나의 정체성을 나타내고 다른 한 원은 나와 가까운 누군가의 정체성을 나타내는 벤다이어그램을 생각해보자. 두 원이 겹치는 부분은 많을 것이다. 자신이 가까운 사람들을 어떻게 생각하는지 벤다이어그램을 통해 알 수 있다. 그들과 자신은 분리돼 있지만, 완전히 별개의 존재는 아니다. 자신이 개인 혹은 집단에 가까울수록 각각의 정체성이 겹치는 부분도 커진다. 즉, 우리는 서로 얽혀 있지만 동시에 분리돼 있다.

나와 다른 사람 간 관계에 대한 이러한 인식은 수많은 흥미로운 현상을 만들어낸다. 예를 들어, 나의 고유한 특성보다 나와 가까운 상대나 내가 속한 그룹이 나와 공유하고 있는 특성을 훨씬 먼저 떠올린다. 만약 당신과 당신의 배우자가 클래식 음악을 좋아한다면 당신은 모차르트를 좋아한다고 바로 말할 수 있다. 하지만 당신은 클래식 음악을 좋아하는데 상대방이 재즈를 좋아한다면 서로 다른 음악적 기호로 인해 좋아하는 음악을 떠올리는 데 다소 시간이 걸린다. 성격적인 특성도 서로 비슷한 면을 먼저 떠올리게 된다.

다른 사람들, 특히 가까운 사람들은 그 존재만으로도 우리의 동기부여 체계에 다양하고 놀라운 방식으로 영향을 준다. 심리적 중첩은 이러한 사실을 이해하는 데 매우 중요한 개념이다. 우리가 친구, 배우자, 형제자매, 동료와 함께 운동, 쇼핑, 업무 같은 일상의 일들을 수행한다면, 즉 그들과 나란히 목표를 수행한다면 우리는 더 열심히 발맞춰가려 한다. 그들은 우리의 동기부여 수준을 높이고 롤모델이 되기도 한다. 때로 우리는 그들의 행동에 따라 노력을 게을리하기도 한다. 다른 사람이 한 일과 자신이 한 일을 구분하지 못하면 눈에 보이는 성취에 만족하기 쉽다. 심지어 자신이 하지 않은 일에도 대리 만족을 느낄 수 있다.

우리가 타인의 생각에 동조하는 이유

어린 시절 나는 마크라메를 하곤 했다. 마크라메는 흰색 면실로 만든 매듭 공예로 벽을 장식하는 데 쓰인다. 그다지 창의력이 필요하진 않았다. 단순히 지시에 따라 꼼꼼하게 따라 하기만 하면 된다. 또 결과물이 특별히 예쁘다고 생각하지 않았던 탓에 벽에 걸고 싶다는 생각도 들지 않았다. 하지만 내 또래 다른 여자아이들이 푹 빠져 있어서 나는 마크라메가 대단한 것인 줄 알았다.

취미와 직업을 선택할 때, 무엇을 살지 무엇을 먹을지 결정할 때, 더 나아가 목표를 설정할 때, 우리는 다른 사람들과 맞추려는 경향이 있다. 그들이 먹는 것을 먹고 그들이 말하는 것을 말하고 싶어 한다.

심리학자 솔로몬 애시Solomon Asch는 '동조 현상'conformity을 설명하기 위해 학생들을 대상으로 현재 사회 심리학 분야의 고전 실험으로 여겨지는 실험을 실시했다.[145] 실험 참여자들은 시력 테스트를 받는 줄로 알고 방에 들어와 그룹별로 앉았다. 그들은 각각 하나의 선분과 세 개의 선분이 그려진 카드를 받았다. 참여자들은 첫 번째 카드에 그려진 선분과 같은 길이의 선분을 두 번째 카드에서 골라야 했다. 이 실험이 동조 현상을 알아보기 위한 실험임을 기억하길 바란다. 사실 방에 있던 사람들 중에는 연구팀의 일원이 포함돼 있었다. 그들은 참여자인 척했지만 '실험 협력자' 역할을 맡았다. 실험 참여자들은 이 사실을 알지 못했다. 실험은 방별로 한 사람을 상대로 시행됐다. 두 번째 카드가 제시되자 실험 협력자들은 한눈에 보기에도 첫 번째 카드와 길이가 다른 선분을 만장일치로 골랐다. 그러자 마지막으로 대답의 기회를 얻은 실험 참여자 역시 길이가 다른 선분을 가리키며 다른 사람들과 의견을 같이했다. 비록 선분의 길이처럼 단순한 대답을 요구하는 실험일지라도 모두가 의견이 같을 때 반대 의견을 내기란 쉬운 일이 아니다. 결국 실험 참여자들은 반대 의견을 표명하는 대신 잘못된 대답에 동조했다.

하지만 실험에 늦은 사람들에게는 개별적으로 종이에 대답을 쓰게 하자 동조하는 사람이 없었다. 애시의 실험은 순응compliance에 따른 동조 현상을 잘 보여준다. 참여자들은 혼자일 때는 고르지 않았을 카드를 다수가 고르자 동조했다. 이처럼 사람들은 개인적으로 동의하지 않더라도 남들 앞에서는 다수에 동조하는 경향이 있다. 저녁 식사 자리에서 모두가 와인이 훌륭하다고 말하면 속으론 별로라고 생각하더라도 향과 풍미가 좋다면서 맞장구를 친다.

압박이 극심한 순간에는 순응이 복종으로 변하기도 한다. 하이힐이 힘들고 불편해도 다들 하이힐을 신고 출근하면 자신도 어쩔 수 없이 신게 된다. 스탠리 밀그램Stanley Milgram은 사람들이 동조하기 위해 타인에게 고통을 가하는지 알아보기 위한 실험을 실시했다. 그 결과, 사회적 압박 현상을 입증했다. 실험 참여자들은 다른 참여자가 정답을 맞히지 못할 경우, 강한 전기 충격을 가하도록 지시받았다. 그들은 개인적으로 학습 속도가 느리다고 해서 벌을 주는 데 동의하지 않았지만, 연구자의 지시를 따라 다른 참여자에게 전기 충격을 가했다. 물론, 전기 충격은 가짜였고 참여자들은 아무런 고통을 받지 않았다.

일상에서 나타나는 동조 현상은 순응과 복종에 따른 동조와는 성격이 조금 다르다. 대부분의 사람들은 적어도 어느 정도는 다른 사람들의 판단이나 의견을 진실되게 받아들인다. 그리고 다른 사람의 의견을 따를 때 그들의 선호와 행동을 내면화하며 그들이 자신보다 더 낫다고 믿는다.

애초에 타인을 따르기로 한 이유가 다양하기에 동조의 형태도 다양하다. 한 예로 사람들은 상냥한 사람을 좋아하는 경향이 있다. 그런 덕분에 상냥하게 행동하는 사람에게 사회적 이득이 따른다. 사람들은 종종 관심을 얻고 인정받기 위해서 전략적으로 동조하기도 한다. 만약 동조하지 않는다면 이러한 혜택을 놓치게 된다. 이를 가리켜 '규범적 동조'normative conformity라고 부른다. 우리는 마음속으로는 동의하지 않으면서도 겉으로만 동의하는 척할 때가 있다. 애시의 선분 실험 참여자들처럼 규범적 동조를 보이는 사람은 충분한 고민 끝에 자신의 생각과 다르더라도 동의하는 게 낫다고 결정한다. 클래식 음악 감상이 고상한 취향이라는 데 동의하지 않아도 클래식 음악 공연에 대한 예의를 지키기 위해 다른 사람에게 동조하고 열광하는 척하기도 한다.

다른 사람의 행동과 말이 최선이라고 생각하기 때문에 동조하는 '정보 동조 현상'informational conformity도 있다. 다른 사람의 행동이 옳고 그럴 만하다고 생각하는 데서 비롯하는 현상이다. 사람들은 카페의 줄이 길면 커피 맛이 좋으며 그 집의 에스프레소를 놓쳐서는 안 된다고 생각한다. 이때 다른 사람의 선택을 일종의 증거로 받아들인다. 내가 마크라메를 한 이유와 같다. 그저 친구들이 재미있다고 하니 친구들을 믿었을 뿐이다. 예를 들어, 친구들 또는 온라인 사이트에서 어떤 레시피나 헤어스타일을 추천하면 우리는 그들이 해당 분야를 잘 알고 있다고 생각한다.

종종 다른 사람이 가진 정보가 유용할 때도 있다. 많은 사람에게 물어볼수록 올바른 정보를 얻을 가능성도 커진다. 지혜는 모을수록 커지는 법이다. 사람들이 영화를 선택할 때 동료의 추천을 무작정 따르기보다 수많은 관람객의 평점을 참고하는 것도 올바른 정보를 찾을 확률이 높기 때문이다. 주식의 가치도 소수의 경제 전문가들이 내린 평가보다 다수에 의해 움직이는 시장 경제에 따라 결정된다.

물론 다수가 항상 옳다는 말은 아니다. 지금껏 미국에서 여성 대통령이 단 한 명도 배출되지 않았다는 사실만 봐도 알 수 있다. 하지만 주변 사람들이 특별히 영리하지 않아도 사람들에게 동조하는 이유가 있다. 바로 자신이 해당 집단의 일원이기 때문이다. 당신이 속한 집단은 곧 '당신의 사람들'로 이루어져 있다.

실제로 사람들이 동조하는 가장 큰 이유는 자신과 자신이 동조하는 사람들 사이에 명확한 경계선을 긋지 않기 때문이다. 사람들은 '그들'이라고 말하기보다 '우리'라고 말하고 생각한다. "내 부모님은 내가 의사가 되길 바라."와 "우리 가족은 내가 의사가 되길 바라."의 차이점을 생각해보자. 후자처럼 말한다면 당신은 당신이 의사가 되기를 바라는 집단에 속해 있다. 당신은 집단의 일부이기 때문에 집단에 속한 사람들의 생각과 목표를 자신의 것으로 내재화한다.

영화나 책을 통한 간접 경험을 생각해보면 불분명한 경계선에 대해 쉽게 이해할 수 있다. 만약 거미가 등장인물의 목에 기어오르는 영화의 한 장면을 본다면 마치 자신에게 일어나는 일인 듯 몸서리칠지도 모른다.[146] 어쩌면 빨리 거미를 떨쳐내고 싶을 뿐만 아니라 불쾌한 기분마저 들 것이다. 사람들은 영화 속 인물과 심리적으로 하나가 돼 똑같이 느끼고 생각한다. 즉, 그들에게 동조하고 있다.

가까운 친구나 가족은 낯선 사람이나 허구의 인물보다 함께하는 시간이 더 많으므로 더 많이 동조하는 게 당연하다. 우리는 그들과 '현실을 공유'shared reality 한다. 그들이 관심을 두는 사회 문제에 관심을 가지고 그들의 패션과 유행을 따른다. 친구가 목표를 세우면 그 목표를 함께 공유한다. 결국, 우리는 단일한 전체의 일부다.

타인의 목표와 행동을 대하는 두 가지 패턴

가장 가까운 사람들이 가장 큰 영향을 준다고 해서 우리가 늘 그들의 행동과 생각을 모방하진 않는다. 때로는 그들을 따르는 게 바람직하지 않을 수 있다. 예를 들어, 아이들이 동시에 같은 장난감을 가지고 놀려고 할 때 부모들은 같이 가지고 놀라고 가르친다. 장난감 하나를 놓고 싸우기보다 차례대로 가지고 놀게 해 관심을 분산시켜야 한다. 또한 친구가 입은 드레스가 아무리 마음에 들어도 같은 옷을 입고 파티장에 나타나서는 안 되며, 대화를 나눌 때는 다른 사람의 말도 들을 줄 알아야 한다고 배운다. 이러한 예만 보더라도 우리는 다른 사람의 행동을 그대로 따라 하거나 모방하기보다 서로 보완시켜 행동해야 한다고 배운다.

상대방의 행동을 두고 동조할 것인지 보완할 것인지를 어떻게 결정해야 할까? 왜 때로는 친구가 먼저 시작한 목표에 뛰어들고, 때로는 그 목표를 건너뛰는 걸까?

이러한 두 가지 행동 패턴을 심리적 중첩으로 설명할 수 있다. 우리는 우리의 행동, 기호, 목표에 반응하듯 다른 사람의 행동, 기호, 목표에 반응한다. '우리'가 방금 한 말과 행동을 생각하며 내가 이 말과 행동을 반복하는 게 최선인지, 달리 행동해야 하는 건 아닌지 스스로 묻는다.

사람들은 상대방의 말에 동조하는 경향이 있다. 제5장에서 이야기했듯 일단 말을 내뱉으면 그 말을 지키려는 마음이 커진다. 그래서 중요하다고 말하면서 다시 한번 자신의 생각을 표현하고 행동으로 보여주려고 한다. 심리적 중첩 원리에 따라 배우자가 자신에게 중요한 것을 말하면 그것이 자기 자신에게도 중요하다고 생각한다. 그에 따라 동기 수준이 높아지고, 자신의 생각을 표현하고, 행동에 옮기려고 한다. 예를 들어, 배우자가 에너지를 절약하겠다고 말하면 나 역시 마트에 갔을 때 절전 전구를 사 오게 된다.

하지만 충분히 행동했다고 생각하면 덜 동조하게 된다. 예를 들어, 남편이 자전거로 출근하며 얼마나 많은 에너지를 절약했는지 자랑하면 아내는 이미 에너지 절약을 위해 할 만큼 했다고 생각하기에 더 이상 남편의 행동에 동조할 필요를 느끼지 않는다.

타인의 생각을 따르고 행동을 보완하는 원칙은 집단에도 적용된다. 만약 자신이 속한 집단의 사람들이 이미 도덕적으로 행동하고 있다면 '우리'는 윤리적인 사람이 확실하다고 생각해 개인의 행동에 신경을 덜 쓴다. 매리엄 쿠차키Maryam Kouchaki는 자신의 캠퍼스 소속 학생들이 다른 캠퍼스 소속 학생들보다 더 도덕적이라는 글을 읽은 학생들의 경우 직원 채용에 있어서 더 차별적인 모습을 보였다고 밝혔다. 학생들은 경찰직의 근무 환경이 흑인들에게 적대적이라는 말을 듣자 경찰직으로 자격이 충분한 흑인보다 자격이 부족한 백인을 채용하겠다고 했다.[147] 그들은 백인을 채용해 문제를 피하려고 한 것이다. 하지만 이러한 차별적인 결정이 문화를 바꾸진 않는다. 사람들은 자신의 도덕적 입지에 대해 확신이 있다면 좀 더 쉽고 편향된 선택을 한다.

한편 자신을 피해자 집단의 일원으로 생각한다면 앞으로 발생할 다른 피해자에 대해 관심을 덜 둔다. 자신이 속한 사회 집단의 사람들이 차별받고 있다면 '우리'를 잠재적 가해자가 아닌 피해자로 보기 때문에 자신이 다른 사람을 차별하고 있다고 생각하지 않는다. 나 역시 유대인이기에 반유대주의의 피해자라고 생각한다. 그래서 위험하게도 채용 과정에서 발생하는 소수민족 차별에 대해 그다지 신경 쓰지 않는 경향이 있다.

얀핑 투Yanping Tu와 나는 타인의 명시적 목표에 동조하는 정도와 행동에 동조하는 정도를 비교해봤다.[148] 그 결과, 사람들은 타인과 심리적 중첩을 인식하고 있기 때문에 타인의 행동에는 거리를 두지만, 타인이 중요하다고 명시적으로 말한 목표에는 동조하는 것으로 나타났다. 한 실험에서 실험자는 캠퍼스에 둘씩 앉아 있는 학생들에게 다가가 껌을 내밀며 윈터민트와 스위트민트 중 하나를 고르고 씹지 말고 기다리라고 했다. 첫 번째 학생이 윈터민트를 고르자 두 번째 학생도 따라서 윈터민트를 골랐다. 실험에 참여한 학생들 가운데 절반 이상이 먼저 고른 사람과 같은 맛을 선택했다. 하지만 첫 번째 학생이 윈터민트 껌을 골라 바로 씹었을 때는 두 번째 학생이 스위트민트를 선택했다. 이런 경우 거의 대다수가 다른 맛을 선택했다. 두 번째 학생들은 첫 번째 사람의 선택을 모방하기보다 보완했다.

또한 온라인 쇼핑을 하는 사람들은 제품을 구매할 때 다른 사람들의 상품 구매 목록보다 상품 만족도라는 명시적 표현을 더 많이 참고했다. 구매한 제품과 만족하는 제품이 상당 부분 겹치긴 하지만, 사람들은 다른 사람들이 이미 구매한 제품보다 그들이 만족한 제품을 선호한다. 온라인 동영상의 경우도 마찬가지다. 조회수보다는 '좋아요'라는 명시적인 수를 보고 영상을 선택한다. 모두가 시청한 영상보다는 추천 영상을 더 보고 싶어 하는 이유다. 모두가 어떤 행동을 한다면 마치 자신도 그 행동을 한 것처럼 느끼게 된다. 그래서 해리 포터를 읽지 않은 사람도 마치 자신이 읽은 것처럼 느끼는 것이다.

롤모델과 안티 롤모델 활용법

나의 큰 딸은 제법 성공을 거둔 자신감 넘치는 천체물리학자다. 하지만 불과 몇 년 전만 해도 갓 대학에 들어가 자신감이 바닥이었다. 물리학 교수와 같은 과 학생들 대부분이 남자였던 탓에 딸은 소속감을 느끼지 못했다. 그런데 운 좋게도 몇 안 되는 여자 교수 중 한 명이 마침 딸의 담당 교수가 됐다. 그녀는 젊은 여성들이 STEM_{Science, Technology,} Engineering, Math 분야로 나아갈 수 있도록 열심히 도와줬다. 최초로 예일 대학교 물리학과에 교수로 채용된 여성이었던 그녀는 멘티들을 회의 와 저녁 식사 자리에 초대해 현장에서 벌어지는 성차별 현장에 대해 자신의 의견을 공개적으로 이야기했다. 열여덟 살이었던 딸에게 그녀 는 롤모델이었고, 그녀 덕분에 딸은 남성이 지배하는 물리학 분야에 서도 성공할 수 있다는 자신감을 가지게 됐다.

롤모델은 인생에서 중요한 인물이다. 롤모델은 우리가 친밀하게 느 끼고 닮고 싶은 자질을 지닌 사람이다. 롤모델이 유명 인사거나 공인 이라면 그들은 우리를 개인적으로 알지 못한다. 하지만 우리는 그들 과 정체성을 공유한다고 느낀다. 그들처럼 되고 싶어 하기 때문에 그 들은 우리에게 영감을 준다.

삶의 모든 것이 그렇듯, 롤모델의 행동보다 그들의 명시적 목표가 우리에게 동기를 부여한다. 따라서 우리는 자신과 타인에게 긍정적 기대감을 주는 훌륭한 롤모델을 선택하고 싶어 한다. 최고의 롤모델 은 본보기 그 이상의 역할을 한다. 그들은 우리가 기대하는 삶의 방 향을 제시한다. TV로 보이는 모습에만 신경 쓰는 운동선수보다 우리 가 건강해지기를 바라는 운동선수가 더 좋은 롤모델이다. 큰 성공을 거뒀지만 직원들을 신경 쓰지 않는 관리자보다 직원들의 성공을 바 라는 관리자가 더 좋은 롤모델이다.

또한 '안티 롤모델'을 어떻게 이용할지 생각해봐야 한다. 안티 롤모 델은 타산지석으로 삼고 싶은 사람이다. 우리는 안티 롤모델과는 다 른 사람이 되기 위해 선택을 한다. 예를 들어, 무심한 관리자나 부패한 정치인과 다른 사람이 되고 싶어 전문적이고 윤리적이고 배려심 있는 지도자가 되려고 노력한다.

사람들이 다른 사람들과 다르게 행동하는 이유는 두 가지다. 안티 롤모델에게서 그 이유를 찾을 수 있다. 사람들은 타인과 잘 어울려 지내기 위해 상호보완적으로 행동한다. 타인의 행동에 맞춰 자신의 행동을 조율한다. 또 한편으론, 다른 사람들이 싫어서 혹은 자신만의 개성을 드러내고 싶어서 '독자 노선'을 정하고 남들과 다른 길을 가고 싶어 한다. 10대들이 후자의 대표적인 예다. 10대들이 무조건 어른을 싫어하진 않는다. 그들이 어른들의 가치를 거부하는 이유는 주로 독립적이기를 바라기 때문이다. 댄 애리얼리와 조너선 레바브Jonathan Levav의 설명처럼 어른들 역시 친구와 같은 것을 주문하면 차별화되지 않는다고 생각해 다른 음식과 음료를 주문하기도 한다.[149] 우리는 특별해지고 싶어 다른 사람들과 다르게 행동한다.

반대 의견과 행동을 표현할 때 반대하는 이유가 우리의 말과 행동에 영향을 미친다. 만약 자신이 특별하게 보이고 싶은 욕구에 동기부여 받는다면 다른 사람들과 다르게 행동할 수 있는 기회를 잡게 될 것이다. 반대로 다른 사람의 행동을 보완하는 데 동기부여를 받는다면 당신은 그들과 다르기도 하고 어울리기도 하는 무언가를 말하거나 행동할 가능성이 크다. 때로는 일부러 반대 입장을 취할지도 모른다. 진정한 비동조주의자는 반대 입장을 표명해 논쟁을 벌이겠지만 다른 사람들을 보완하고자 한다면 문제에 대해 다른 견해를 표명해 새로운 관점과 해결책을 제시할 것이다.

우리가 같은 목표를 가진 롤모델을 선택하건 반대 목표를 가진 안티 롤모델을 선택하건, 우리의 행동이 롤모델의 행동을 보완하건 엉망으로 만들건, 롤모델은 우리의 행동에 영향을 미치며 우리의 삶에 중요한 역할을 한다.

관중이 많을수록 선수들이 열심히 뛰는 이유

이 장을 시작하면서 관찰자가 존재할 때 목표를 수행하면 동기 수준이 높아질 거라고 언급한 바 있다. 하지만 지금까지는 다른 사람이 특정 견해와 행동을 통해 우리에게 영향을 미치는 상황만을 다루었다. 동기를 높이는 데 도움이 되는 다른 사람의 존재가 꼭 물리적일 필요는 없다. 그렇다면 아무런 행동도 하지 않고 아무런 목표도 없는 그들의 물리적 존재가 동기에 어떤 영향을 미칠까?

흥미롭게도 1898년 미국의 심리학자이자 사이클광이었던 노먼 트리플렛Norman Triplett이 사회 심리학 최초로 이 문제를 탐구했다. 트리플렛은 사이클 선수들이 기록을 위해 혼자 달리는 것보다 서로 경쟁할 때 더 빨리 달린다는 점에 주목했다.[150] 결과에 당황한 트리플렛은 주변에 사람이 있을 때 동기 수준이 높아지는지 살펴봤다. 그는 아이들에게 낚싯줄을 가능한 한 빨리 감아보도록 시켰다. 혼자 서서 낚싯줄을 감는 아이도 있었고 다른 아이들이 자신의 순서를 기다리며 지켜보는 가운데 낚싯줄을 감는 아이도 있었다. 사이클 선수들이 그랬듯 아이들 대부분은 다른 아이들이 지켜볼 때 낚싯줄을 더 빨리 감았다.

몇 년 뒤, 이 현상은 '사회적 촉진'social facilitation으로 명명됐다. 이는 남들이 지켜볼 때 더 열심히 하려는 경향을 가리킨다. 예를 들어, 운동선수들은 관중들이 있을 때 더 좋은 성과를 낸다. 정신력 또한 향상된다. 청중들 앞에 있을 때 자신에게 유리한 논쟁을 더 많이 끌어낼 수 있고 더 빨리 깨닫는다. 만약 이러한 현상이 심리적 기본 원칙으로 와닿지 않는다면 동물 역시 같은 무리의 동물들이 있을 때 우호적으로 반응한다는 사실을 떠올려보자. 쥐들도 다른 쥐가 창문 너머로 지켜볼 때 미로를 더 빨리 달린다.

관찰자의 존재는 업무를 수행하는 사람의 심리적, 생리적 흥분을 불러일으킨다. 관중이 우리를 평가하고 우리와 경쟁하고 있다고 느낄 때, 우리는 더 불안해하고 더 흥분한다. 이러한 자극은 쉬운 과제이거나 연습을 많이 해야 하는 과제일수록 수행 능력을 향상시킨다. 결국 관찰자가 존재할 때 우리는 더 많은 과제를 훨씬 더 잘 수행한다.

하지만 어렵거나 처음 해보는 과제일수록 수행 능력을 떨어뜨린다. 또한 자극이 지나칠 때는 오히려 역효과를 초래한다는 사실을 명심해야 한다. 예를 들어, 공 던지기를 처음 배운 사람은 관중들 앞에서 공을 던질 때 제대로 던지지 못한다. 또한 중요한 프레젠테이션을 준비 중이라면 익숙해질 때까지 연습하고자 한다. 어느 정도 과제에 익숙해져야 여러 사람이 지켜보는 가운데서도 떨지 않고 잘할 수 있다.

놀랍게도 사람 대신 책상 위에 사랑하는 사람의 사진을 두거나 누군가 자신을 지켜보는 사진을 둔다면 사회 촉진 현상 효과를 볼 수 있다. 실제는 아니더라도 누군가 자신을 지켜보고 있다는 생각은 더 잘하도록 더 많이 해내도록 동기를 부여하고 협력, 정직, 관대함을 더욱 증가시킨다.

누군가가 자신을 지켜볼 때 사람들은 더 열심히 일할 뿐만 아니라 더 잘하고 싶어 한다. 자신을 지켜보는 사람이 있으면 눈이 두 배가 되므로 일의 크기도 두 배로 느낀다. 결과적으로 일을 제대로 해야겠다고 생각한다. 야니나 스타인메츠Janina Steinmetz가 실험을 통해 입증한 주장에 따르면 사람들은 혼자 먹을 때보다 여러 사람 앞에서 먹을 때 같은 양일지라도 음식을 더 많이 먹는다고 생각한다.[151] 그래서 사람들은 사적인 공간보다 공적인 공간에서 더 적게 먹으려고 한다. 또 다른 예로, 배드민턴 선수들은 관중이 많을수록 자신이 팀의 승리와 실패에 큰 영향을 미친다고 생각한다. 그래서 선수들은 지켜보는 사람이 많을수록 더 열심히 노력한다. 즉, 우리는 우리를 지켜보는 사람이 있을 때 최고의 모습을 보여주려고 노력한다.

관찰자의 존재는 눈앞에 함께 있지 않아도 동기부여에 영향을 미친다. 사랑에 빠지면 사랑하는 사람이 옆에 없어도 그가 자신의 행동, 말, 생각 하나하나를 지켜보고 있다고 믿는다. 사랑하는 사람은 우리가 최고가 되도록 동기를 부여한다. 친구나 가족도 마찬가지다. 그들이 지켜보고 있기에, 지켜보고 있다고 생각하기에 우리는 앞으로 나아갈 수 있다. 목표를 수행하도록 이끌어줄 사회적 환경을 조성하는 데 도움이 될 만한 몇 가지 질문을 살펴보자.

1 우리 삶에 존재하는 사람들을 생각해보자. 당신은 그들의 목표와 행동, 가치관에 동조하는가? 아니면 그들의 말과 행동을 보완하는가? 동조와 보완을 둘 다 할 수도 있다. 우리의 목표와 행동이 그들의 목표와 행동과 어떻게 어우러지는지 확인해보면 동기부여에 도움이 된다.

2 누가 우리의 롤모델이 돼야 할까? 롤모델이 훌륭하다고 해서 성공을 보장하진 않는다. 예를 들어, 운동 경기를 시청한다고 해서 건강해지진 않는다. 진정한 롤모델은 우리가 성공하기를 바라는 사람이다.

3 누군가가 자신을 지켜본다는 생각을 성공적인 목표 수행에 어떻게 활용할 수 있을까? 여러 사람이 지켜보는 가운데 업무를 수행하거나 공공장소에서 업무를 수행할 때, 수없이 연습했다면 사회 촉진 현상이 유리하게 작용할 수 있다. 하지만 새로운 일을 배울 때는 혼자 연습해보는 것이 낫다.

제13장

최상의 팀워크를 위한
동기부여 전략

1913년, 트리플렛이 관중 앞에서 더 빨리 달리는 사이클 선수들에 주목할 즈음, 프랑스의 농업공학자 막시밀리앙 링겔만Maximilien Ringelmann은 누군가 지켜보지만 않고 도움을 줄 때 사람들이 얼마나 열심히 일하는지 궁금했다.[152] 링겔만은 궁금증을 해결하기 위해 사람들을 모은 후 밧줄을 지급했다. 밧줄에는 각자 얼마나 세게 밧줄을 잡아당기는지 기록하는 장치를 부착했다. 그 결과, 실험 참여자들은 각자 줄을 잡아당길 때는 밧줄을 힘껏 잡아당겼지만 몇몇이 팀을 이루어 함께 밧줄을 잡아당길 때는 힘을 덜 썼다.

'사회적 태만'social loafing이라고 부르는 동기 부족 현상은 일상에서 흔히 일어난다. 2인용 카약을 타고 있다고 해보자. 당신은 아마도 온 힘을 다해 노를 젓지 않을 것이다. 자신의 공백을 메울 만한 누군가가 있다면 사람들은 긴장을 늦춘다. 식당에서 계산할 때도 마찬가지다. 혼자 밥을 먹을 때 사람들은 얼마나 주문해야 할지 고민한다. 많이 먹고 싶지도 않을뿐더러 식사비도 따져봐야 하기 때문이다. 반면, 여럿이 식사할수록 식사비가 늘어난다. 식사비를 계산할 사람이 많아질수록 지출 한도를 신경 쓰지 않는 경향이 있다. 학교에서 그룹 프로젝트를 하거나 회사에서 단체 회의를 할 때에도 노력하지 않는 경향이 있다. 혼자서 문제를 해결해야 할 때와 비교하면 사람들은 열심히 생각하지 않는다. 다른 동료가 있으면 집중도 덜 한다. 솔직히 말해 업무 회의에 참석한 사람들은 뇌를 열심히 사용하지 않는다.

사회적 태만은 스포츠팀부터 위원회, 교향악단, 배심원단에 이르기까지 여러 사람이 모인 곳이라면 어디서든 발생한다. 누가 무엇을 했는지보다 집단이 어떻게 수행하는지에 관심을 기울일 때 구성원들은 열심히 하지 않는 경향이 있다. 매우 빈번하게 발생하는 현상이다 보니 때로는 '사회적 질병'social disease이라고도 불린다.

'무임승차'free riding가 사회적 태만과 비슷하다. 다만 무임승차하는 사람은 여럿이 함께할 때 일을 덜할 뿐만 아니라 그들이 쏟지 않은 노동의 결실을 누리기 위해 전략적으로 움직인다. 세금은 내지 않으면서 고속도로나 공원 등의 공공재를 누리는 사람이다. 사무실에서도 타인에게 도움이 필요할 때 절대 돕지 않으면서 일에 따른 월급이나 보너스를 요구한다. 집에서도 다르지 않다. 무임승차하는 사람들은 절대 설거지를 하거나 쓰레기를 내다 버리지 않는다.

여럿이 함께할 때 왜 일을 게을리하고 무임승차할까? 제7장에서 중간 과정의 문제를 다룰 때 지켜보는 사람이 없으면 잘하려고 애쓰지 않는다고 했던 것을 떠올려보라. 여럿이 함께 일을 하면 구성원 하나하나가 전체에 어떤 이바지를 하는지 평가하기가 어렵다. 누군가가 어떤 영향을 미치는지 아무도, 심지어 자기 자신조차도 알지 못한다. 그래서 열심히 하지 않는다. 만약 개개인이 어떤 이바지를 하는지 알 수 있다면 문제를 해결할 수 있다.

사회적 태만에 맞서 싸우는 법

2010년, 바이럴 마케팅 전문가 브래드 댐포스Brad Damphousse와 앤디 발레스터Andy Ballester는 예술가와 사업가들이 이용하는 크라우드 펀딩 사이트인 인디고고Indiegogo, 킥스타터Kickstarter의 인기에 힘입어 대중들의 참여로 해결책을 얻는 크라우드소싱 웹사이트를 열었다. 그들이 만든 고펀드미GoFundMe에서는 사람들이 각자 인생에서 중요한 순간을 위해 자금을 마련할 수 있다. 그들은 사람들이 신혼여행이나 졸업식같이 열정이 넘치는 날에 사용할 돈을 모으기 위해 고펀드미를 사용할 거라 예상했다.

하지만 현재 고펀드미는 모금 플랫폼으로 널리 알려져 있다. 어느 부부는 플랫폼을 이용해 그들이 기르는 골든 리트리버의 항암 치료비로 대략 1만 5,000달러를 모았다. 캘리포니아에 사는 일곱 살짜리 아이는 다양한 캐릭터들이 나오는 책과 여러 가지 피부색을 표현한 크레파스를 지역 사회 학교에 기부하기 위해 5만 달러를 모았다. 콜로라도에 사는 한 교사는 위탁가정에 사는 어린 학생이 신장 이식 수술을 받을 수 있도록 9만 2,000달러를 모았다.

참으로 훌륭한 목표다. 고펀드미가 성공을 거둔 데에는 여러 이유가 있겠지만 두 가지 중요한 특징이 있다. 첫째는 누구나 자신의 이름으로 기부를 할 수 있다는 점, 둘째는 크건 작건 모든 기부가 별도로 명시된다는 점이다.

기부를 익명으로 하면 책임감이 줄어든다. 그 결과 기부를 덜 하게 된다. 게다가 전체 기부금과 비교해 자신의 기부금이 마치 새 발의 피처럼 느껴질 수 있다. 하지만 자신의 이름으로 별도로 기부하게 되면 책임감을 느낄 뿐만 아니라 전체 기부액, 다른 사람들의 기부액, 내가 모은 기부액을 모두 신경 쓰게 되면서 더 많이 기부하게 된다. 이러한 효과는 기부에 그치지 않는다. 직장 내 그룹 프로젝트도 마찬가지다. 누가 무엇을 했는지 분명하게 명시하면 사람들은 책임감을 느끼고 프로젝트 성공에 이바지하기 위해 더 열심히 일한다.

누가 얼마나 기부했는지, 누가 제일 먼저 기부했는지 알 수 있다면 어떨까? 기부를 통해 다른 사람들에게 자극을 준다면 사회적 태만을 해결할 수 있다. 누군가 기부를 많이 할수록 다른 사람들도 자극을 더 많이 받는다. 기부자를 본보기 삼아 더 열심히 일하게 된다. 또한 자신이 롤모델이 되면, 더 좋은 영향을 주기 위해 더 열심히 활동하게 된다. 생물의 다양성 보호를 위해 활동하는 환경운동가나 투표를 독려하는 정치가들은 자신들의 대의에 사람들이 참여하도록 독려할 목적으로 소셜 미디어에 글을 올린다. 그러한 활동은 사람들에게 잠재적으로 영향력을 미친다. 금전적 기부든, 시간 투자든, 직장 일에 더 큰 노력을 기울이든, 공개적으로 약속을 하면 자신의 행동이 어떤 영향을 미칠지 생각하게 된다. 그 결과 더 많이, 더 열심히 하겠다는 의욕이 생긴다.

또한 큰 집단을 작은 집단으로 나누면 사회적 태만을 해결할 수 있다. 비브 라타네Bibb Latané와 그의 동료들이 이를 검증하기 위해 실험을 했다. 그들은 실험 참여자들에게 단체로 손뼉을 치고 소리를 지르게 했다.[153] 단체로 소리를 얼마나 크게 내는지 알아보기 위해서라고 했지만, 사실은 집단의 크기가 사회적 태만에 미치는 영향을 알아보기 위해서였다. 연구자들은 집단의 크기가 작을 때와 클 때의 소리 크기를 비교해봤다. 그 결과, 집단의 크기가 한 명에서 여섯 명으로 늘어날수록 소리의 크기는 작아졌다. 카약과 마찬가지로 사람이 많아질수록 참여자들은 손뼉을 덜 치고 고함을 덜 지르는 것으로 나타났다. 소규모 신생 기업보다 대기업의 경우 사회적 태만이 더 큰 문제로 발생한다. 여럿이 함께 일을 진행해야 한다면 소규모 팀으로 나누어 진행하는 것이 바람직하다.

마지막으로, 개인의 참여가 특별하다고 느끼게 만들면 사회적 태만을 떨칠 수 있다. 간혹 기부는 그 사람의 본질을 드러내기도 한다. 헌혈이나 장기 기증처럼 누군가를 위해 자신의 일부를 내어주기도 한다. 주머니를 털어 돈을 기부하는 것보다 헌혈할 때 더 뿌듯함을 느끼기도 한다. 참여자의 본질을 상징적으로 드러내는 유형도 있다. 예를 들어, 청원서나 직장 내 문서에 하는 서명이 이에 해당한다. 우리의 이름에는 사회 집단 구성원으로서의 정체성뿐만 아니라 문화 정체성과 가족 정체성이 담겨 있다. 자신의 이름으로 서명하고 나면,

더 너그러워지고 더 열심히 업무에 임하게 된다.

구민징과 나는 이러한 모든 요소를 고려해 연구를 실시했다. 우리는 학생들에게 볼펜을 선물로 주고 학용품이 부족한 아이들에게 기부하라고 제안했다. 일부 학생들에게는 볼펜을 주면서 기부를 제안했고 다른 학생들에게는 볼펜을 주고 실험이 끝나갈 즈음에 기부를 제안했다. 볼펜을 한참 동안 가지고 있던 학생들은 볼펜을 자신의 것처럼 여기며 기부를 더 의미 있게 생각했다.[154] 펜을 오래 가지고 있을수록 학생들은 학용품이 부족한 아이들을 돕는 데 자신도 함께하고 싶다고 말했다.

사람들은 자신의 정체성이 담겼을 때, 자신의 참여가 특별하다고 느낄 때, 대의에 더 몰입한다. 이와 비슷한 이유로 자신만이 할 수 있고 자신만의 고유한 전문 지식과 기술을 기부할 때 공동 목표에 이바지하고자 하는 마음이 커진다. 빵이나 케이크를 구워 파는 바자회가 기금 마련 행사로 인기 있는 것도 이러한 이유에서다. 가족마다 고유의 퍼지 브라우니 레시피가 있을 테니 말이다. 2인용 카약을 탈 때 노력을 덜 하는 이유도 자신의 기여를 특별하게 느끼지 않기 때문이다.

함께 목표를 수행하는 다양한 방식들

지금껏 사회적 태만을 사회적 병폐로 설명했지만 여러 사람과 함께 일할 때 노력을 늦추는 일이 항상 나쁘지만은 않다. 사회적 태만과 무임승차를 퇴치하려는 근본적인 이유는 다른 구성원들이 공동의 목표를 위해 노력하고 있다고 믿을 때 꾸물거리게 되고, 그 결과 집단에 나쁜 결과를 가져온다는 가정 때문이다. 물론 이기적인 이유로 노력을 게을리할 수도 있지만, 꼭 그렇지 않을 수도 있다. 때로는 여러 사람과 함께하기 위해 노력을 게을리하기도 한다.

여럿이 함께 일할 때, 우리는 일을 안배해가며 협력한다. 사공이 많으면 배가 산으로 간다는 말처럼 팀을 위해 무엇이 최선일지 생각하면 한 가지 일에 모두 다 덤빈다고 반드시 좋은 결과로 이어지진 않는다. 어쩌면 한 동료가 일할 때 그가 지칠 때까지 기다려주면 최선의 결과를 얻을지도 모른다. 한 동료가 최선을 다하는 동안 나머지는 휴식을 취할 수 있기 때문이다.

번갈아 일할 수 있다는 이유 말고도 동료가 일하는 동안 나머지 사람이 휴식을 취하는 데에는 몇 가지 타당한 이유가 있다. 우리가 긴장을 푼다고 해서 이기적인 게 아니다. 우리는 동료와 협력하는 중이다.

분업

세탁기가 고장 났을 때 나는 수리 서비스를 부르지 않는다. 나는 청소기를 돌리지 않고 개를 병원에 데려가지도 않으며 아이를 하교시키지도 않는다. 모두 남편이 할 일이다. 내가 일하기 싫어 늑장을 부리는 걸까? 어쩌면 그럴지도 모른다. 하지만 내가 하는 일도 만만치 않다. 부부는 집안일을 나눠 각자가 전담하는 경향이 있다. 앞서 언급한 일들 대신 나는 옷을 사고 세탁을 담당한다. 나 아니었으면 남편과 아들은 벌거벗고 다니거나 꼬질꼬질하게 하고 다녔을 거라고 믿고 싶다. 그뿐만 아니라 아이를 등교시키고 학교 보건 선생님의 전화를 받는 일도 내 몫이다.

가까운 관계일수록 서로를 보완한다. 부부는 서로 책임감을 나눈다. 대니얼 웨그너와 동료들은 실제 커플과 낯선 사람들로 구성된 커플이 기억력 문제를 어떻게 해결해나가는지 살펴봤다. 실험 참여자들은 TV 쇼, 과학 등 여러 범주에 이르는 사소한 정보를 기억하도록 요청받았다. 그리고 얼마나 잘 기억하고 있는지 몇 가지 질문을 받았다. 그 결과, 실제 커플이 낯선 사람들로 구성된 커플에 비해 더 좋은 성적을 거뒀다.[155]

효율적인 분업이 비결이었다. 실제 커플들은 새로운 정보를 받으면 각자 관심이 가는 분야에 집중했고 나머지 분야는 파트너가 외울 거라고 생각해 관심을 기울이지 않았다. 내가 과학을 무척 좋아하고 남편이 TV 시청을 좋아한다면 자연스럽게 내가 과학 관련 정보를 외우고 남편은 TV 쇼 정보를 외울 것이다. 반면, 낯선 사람들로 구성된 커플은 각자가 할 일을 자연스럽게 나누지 못했다. 두 사람 모두 가능한 한 많이 외우려고 노력했다. 그러다 보니 외운 부분이 많이 겹쳤고 팀으로서 좋은 성적으로 거두지 못했다.

물론, 분업에는 단점도 있다. 나는 재정 관리를 하지 않는다. 업무상 경제, 금융 관련 연구를 많이 하지만 가정의 재정 관리는 남편이 맡아서 한다. 그래서 새 차 구매 같은 큰 결정에는 관여하지만, 세금이나 계좌 관리, 담보 대출 같은 문제에는 관여하지 않는다. 그것은 모두 남편의 몫이다.

가계 재정 관리에 신경을 쓰지 않아도 되니, 지금 이 책을 쓰고 있는 것처럼 다른 분야에 집중할 수 있다. 하지만 모든 일에는 대가가 따르는 법이다. 오랫동안 재정 관리에 관심을 두지 않다 보니 관련 분야 지식이 전무할뿐더러 연구원들이 말하는 '금융 문해력'financial literacy이 떨어진다. 금융 문해력이 높은 사람들은 현대를 살아가는 데 필요한 복잡한 재정적 결정을 처리할 수 있는 기본 지식을 가지고 있다. 그들은 돈 문제에 대해 현명한 결정을 내린다. 생활 속에서 재정 관련 지식을 얻을 수 있겠지만, 재정적 결정을 내려본 사람들만이 그 지식을 가질 수 있다. 에이드리언 워드Adrian Ward와 존 린치John Lynch는 집안일을 분담할 경우, 재정적 결정을 내리는 사람만 재정 관련 지식을 얻는다고 말한다.[156] 재정을 담당하지 않는 사람은 결국 금융 문맹이 될 뿐이다.

재정적 문제든 다른 문제든, 어느 한쪽에게 책임을 지우면 당장은 필요 없을지 몰라도 언젠가 현명한 결정을 내리는 데 걸림돌이 될 수도 있다. 배우자에게 맡기다 보면 요리하는 법, 장 보는 법, 심지어 동물병원 전화번호 외우기처럼 간단한 일도 처리하지 못할 수 있다.

관계를 성공적으로 유지하려면 어느 정도의 분업이 필요하다. 관계와 가사 업무를 효율적으로 유지하려면 서로의 일을 보완해야 한다. 배우자가 요리를 하면 요리에 끼어들지 말고 설거지를 하면 도움이 된다. 하지만 부부가 헤어지거나 어느 한쪽이 더 오래 살 때 분업이 역효과를 가져올 수도 있다는 점을 기억하자. 지식의 분업이 성공적 관계의 특징이라고 해도 특정 분야에 아예 문외한이어서는 안 된다. 다시 말해, 포스트잇에 계좌번호 적어놓기 정도로 재정 관련 지식을 갖추었다고 자만하면 안 된다.

전체의 이익을 극대화하기

배가 고프다고 해서 동료의 서랍을 열어 허락 없이 간식을 꺼내 먹을 것인가? 만약 동료가 자신의 가장 친한 친구라면 다른 결정을 내릴 것인가? 혹은 승진하고 월급을 더 받기 위해 다른 누군가에게 감봉 조치를 받아들이라고 부탁할 수 있는가? 만약 배우자가 이직을 위해 다른 도시로 이사를 해야 하는데 당신이 함께 가야 하는 상황이라면 어쩌겠는가?

정말 친한 친구가 아니라면 대부분은 다른 사람의 물건을 허락 없이 취하지 않는다. 아주 가까운 관계가 아닌 이상 누군가가 자신을 위해 자기 경력을 양보할 거라고 기대하지도 않는다. 하지만 가까운 관계라면 다르다. 자신의 행동이 이기적으로 보일지 몰라도 동기 과학적으로는 그렇지 않다. 가까운 관계에서 친구와 파트너를 이용하는 것처럼 보이는 행동을 하는 이유는 자신의 행동이 집단 전체에 미칠 영향을 걱정하기 때문이다. 집단 전체가 잘하고 있기 때문에 한 사람이 손해를 조금 봐도 괜찮다고 생각한다.

이처럼 이기적으로 보이는 행동의 바탕에는 '우호적인 뺏기'friendly taking라는 동기부여 원칙이 있다. 집단의 이익을 극대화하려 할 때 먼 사람보다 가까운 친구와 혜택을 나누지 않으려는 태도를 말한다. 좋은 의도에서 비롯된 뺏기이므로 무임승차라기보다 '우호적인' 행위로 분류한다. 제12장에서 언급했듯 사람들은 자신의 정체성이 친한 친구의 정체성과 어느 정도 일치한다고 느끼면 자원을 배분할 때 집단의 전체 이익에 집중한다. 그 결과, 전체적으로 이득이 된다면 기꺼이 친구에게 약간의 손해를 입힌다. 누군가 친구의 간식을 가져간다거나, 동료에게 업무상 양보를 요구한다면 친구나 동료가 손해를 보는 것보다 자신 또는 팀이 얻는 바가 더 크다고 믿기 때문이다.

물론 모든 '뺏기'가 우호적이지 않다. 사람들이 낯선 사람에게서 이득을 빼앗아 친구나 지인을 대우할 때는 단순히 가까운 사람을 배려하고자 하는 것이다. 물론 순전히 이기적인 이유로 친구들을 이용하는 사람도 있다. 그래서 자신과 가까운 사람들의 몫을 가져갈 때만 '우호적인 뺏기'로 볼 수 있다. 집단 전체의 이익을 위해 그들의 몫을 가져가는 것이기 때문이다. 길을 가다 비가 내리면 나는 남편이 건네는 방수 재킷을 받는다. 남편이 젖을까 봐 걱정하는 마음보다 내가 마른 상태를 유지하고 싶어 하는 마음이 더 크기 때문이다. 재킷을 건넨 남편은 손해를 보겠지만 나는 큰 이익을 얻는다. 하지만 그가 손해를 보는 정도보다 내가 더 많은 이익을 얻는다면 우리의 관계는 더 좋아진다.

이러한 효과를 알아보기 위해 얀핑 투, 알렉스 쇼Alex Shaw와 나는 실험을 진행했다. 우리는 실험 참여자들에게 친구들과 함께 실험실에 와서 초콜릿을 맛보라고 했다. 그들은 두 개의 초콜릿 상자 중에 하나를 선택해야 했다. 상자 A를 고르면 초콜릿을 총 열 개를 얻은 후 일곱 개는 자신이 먹고 세 개는 친구에게 줘야 했다. 상자 B를 고르면 초콜릿을 총 여섯 개 얻은 후 두 개는 자신이 먹고 네 개는 친구에게 줘야 했다. 참여자들은 초콜릿을 재분배할 수 없었다. 참여자들은 자신에게 이득이 큰 상자와 친구에게 이득이 큰 상자 중에서 선택해야 했다. 예상대로 친구와 가까운 관계일수록 자신에게 이득이 큰 상자 A를 선택해 팀 전체의 이익을 극대화했다.[157] 그들의 선택이 이기적으로 비칠 수 있지만, 친구를 이용하려는 의도보다는 좋은 의도에서 비롯한 선택이었다. 이렇듯 가까운 관계에서는 누가 더 많이 얻는지보다 우리가 얼마나 많이 얻는지에 집중한다. 따라서 가까운 관계라면 팀이 많이 얻을 수 있는 쪽을 선택한다.

또 다른 연구에서도 사람들이 자신과 친한 친구가 받을 보상을 선택할 때 둘이 함께 받는 총이익에 주의를 기울이는 현상을 확인했다. 실험 참여자들은 누가 무엇을 받는지 신경 쓰지 않았다. 관계가 돈독한 부부 중에는 각자 수입의 차이가 확연한데도 전체 수입의 극대화를 신경 쓰는 부부들이 있다. 그들은 한 배우자가 승진해 다른 도시로 발령을 받으면 자신이 다니던 직장을 그만두고 이사를 가기도 한다. 그러나 이것이 반드시 좋은 것만은 아니다. 만약 둘 중 어느 누구도 자신의 잠재 수입을 포기하지 않는다면 부부 관계가 평등해질 수 있고 장기적으로는 그쪽이 더 도움이 될 수 있기 때문이다. 전체 이익의 극대화에 초점을 두는 경향은 전 세계적인 현상이다. 정책 입안자들 역시 부의 공정한 분배보다 국가 전체의 경제 성장을 걱정한다. 다시 한번 말하지만, 국가 전체가 잘 산다고 해도 개개인이 모두 잘살진 않는다.

누가 무엇을 얻는지를 덜 신경 쓰기 때문에 사람들은 가끔 다른 사람의 공을 가로챈다. 나 역시 동기 연구에 대해 이야기할 때 마땅히 인정받아야 할 다른 연구자의 공로를 자세히 언급하지 않고 그저 "우리가 발견했다."고 말한다. 하지만 엄밀히 말해 다른 연구자가 발견한 연구 결과를 나는 출판물로 읽었을 뿐이다. 부끄러운 일이지만 나는 개인적으로 알지 못하는 사람보다 가까운 동료에게 공을 제대로 돌리지 못하는 사람 같다. 나와 친한 동료의 생각은 내 생각과 뒤섞여 '우리의' 생각이 된다. 하지만 엄연히 그것은 내 생각이 아니다.

집단의 총이익에 대한 관심은 심지어 저작권 침해를 합리화하는 데에도 사용된다. 예를 들어 사용료를 지불하지 않고 소프트웨어를 쓰는 행위를 살펴보자. 만약 당신이 누군가의 저작물을 이용했을 때 다른 사람에게 끼칠 손해보다 당신이 얻는 이익이 더 크다고 믿는다 면, 실제로 당신에게는 이익이고 저작권 소유자에게는 손해라고 할지 라도 당신과 저작권 소유자를 포함한 집단 전체에 이익이 될 거라고 생각한다. 우호적인 뺏기 현상을 떠올리면 왜 사람들이 다른 사람의 노력에 무임승차하는 것처럼 행동하는지 알 수 있다. 그들은 자신의 행위를 효율적인 해결책이라고 생각한다.

부족한 부분을 보완하기

누군가 공동 목표에 이바지했다는 사실을 기억하는 일과 이바지하지 않았다는 사실을 기억하는 일 중 무엇이 동기를 부여할까? 예를 들 어, 당신이라면 함께 그룹 프로젝트를 수행하는 팀 구성원이 열심히 일하고 있다는 소리를 들었을 때 더 열심히 참여하겠는가, 아니면 게 으름을 피우고 있다는 소리를 들었을 때 더 열심히 참여하겠는가?

질문을 보고 제6장에서 다룬 물이 반쯤 찬 컵과 물이 반쯤 빈 컵 을 떠올릴지도 모르겠다. 앞서 던진 질문의 의도는 개인적 목표를 추 구할 때 완수한 행동에 동기부여를 받는지, 완수하지 못한 행동에 동 기부여를 받는지를 확인하는 것이다. 나아가 무엇이 집단의 공동 목 표를 수행할 수 있도록 동기부여를 하는지 판단할 때 필요한 질문이다. 당신의 집단 내 구성원들은 다른 사람이 어떤 일을 해내지 못했을 때 도움을 주는가? 혹은 어떤 일을 해냈을 때 도움을 주는가? 만약 도움을 주지 않는다면 이기적인 이유에서인가? 아니면 스스로 하도록 이끌려는 의도에서인가?

할 일을 마쳤을 때와 할 일을 마치지 못했을 때 어느 쪽이 동기 수준을 높일까? 앞서 이야기했듯 몰입의 정도에 따라 대답이 달라진다. 이번에는 집단과 집단의 목표에 대한 몰입이다. 우리는 중요한 목표일수록 더 몰입한다. 목표는 "나는 병원에서 일해요."처럼 다른 사람에게 나를 어떻게 소개할 것인가와 '다년간에 걸친 주택 개조 프로젝트' 같은 장기적 결과물 그리고 '회사의 운명을 결정하는 제품'처럼 성패가 달린 많은 일에 영향을 미친다. 우리는 특정 집단에는 더 몰입하기도 하고 들어간 지 얼마 안 되는 집단에는 덜 몰입하기도 한다. 신혼이라면 아직은 당신의 가족이 당신 평생의 일부이기에 상대적으로 배우자의 가족과 그들의 목표에 덜 몰입할 것이다.

우리가 목표나 집단에 몰입하지 못한다면 공동 목표 수행이 과연 가치 있는 일인지 고민하게 된다. 다른 사람들이 세운 목표를 위해 시간과 돈, 노력을 투자해야 할까? 이 경우 다른 사람들이 보여주는 몰입은 목표의 중요도와 성취 가능성에 대한 신호를 준다. 다른 사람들이 목표에 몰입하면 우리도 몰입하고 다른 사람들이 몰입하지 않으면 우리도 노력을 덜 기울인다. 따라서 그들의 행동이 우리의 참여 의지를 높인다. 또한, 사람들은 자신이 속한 사회의 규범을 어기고 싶어하지 않는다. 예를 들어, 새 사무실의 탕비실이 깨끗하게 잘 정돈돼 있다면 누구나 머그컵을 깨끗하게 닦아놓는다. 반면, 주방이 지저분하다면 사람들은 더러운 컵을 아무렇지 않게 싱크대에 던져둔다.

반대로 자신이 집단이나 목표에 몰입한다면, 목표의 진척 정도를 자주 점검한다. 집단이나 목표에 몰입하는 구성원들은 다른 사람들이 하지 못한 부분까지 자신이 보충해야 한다고 느껴 더 많은 시간과 돈, 노력을 투자한다. 간혹 부족한 부분이 생길수록 더 열심히 몰입하기도 한다. 단순히 구성원임을 흉내 내기보다 스스로 부족한 부분을 메우려고 한다. 예를 들어, 주방의 청소 상태가 괜찮을 때보다 누군가가 주방을 엉망으로 만들어놓았을 때 청소할 가능성이 크다.

구민정과 나는 2007년 에이즈로 인해 고아가 된 우간다 아이들을 돕고자 설립된 자선 단체를 대상으로 그들이 받은 기부금을 평가해 공동 목표에 임하는 두 가지 상반된 이유, 즉 기부를 하거나 하지 않는 이유를 살펴봤다.[158] 자선 단체는 캠페인을 펼쳐 두 집단에 기부를 부탁했다. 한 곳은 처음 기부를 하는 집단이고, 다른 한 곳은 전에도 여러 번 기부를 한 집단이었다. 연구 결과, 처음 기부를 하는 집단은 "지금까지 다양한 경로를 통해 4,920달러를 성공적으로 모금했습니다."와 같이 지금껏 모금한 기부금을 강조할 때 기부를 더 하는 것으로 나타났다. 즉, 다른 사람들이 얼마나 기부를 하는지 알게 되면 그들 역시 기부를 하고 싶어 했다. 반대로, 정기적으로 기부를 하는 사람들은 "다양한 경로를 통해 성공적으로 모금을 하고 있지만 아직 5,080달러가 더 필요합니다."와 같이 기부금이 얼마나 부족한지 강조할 때 기부를 더 하는 것으로 나타났다. 즉, 그들은 돈이 얼마나 더 필요한지 알게 되면 기부를 결정했다. 그들은 다른 사람들이 기부를 하지 않기 때문에 나서려고 했다.

열정적인 사람들은 타인의 행동에 편승하기보다 타인의 일을 보완할 가능성이 크다. 그들은 전체를 따르기보다 다른 사람들이 하지 않아 생기는 부족한 부분을 보완하는 일을 더 중요하게 생각한다. 또한 그들의 행동이 무임승차처럼 보일지 몰라도 동기 과학 면에서는 전혀 다르다. 그들은 전체가 뒤처질 때를 대비해 자신의 노력을 아껴둔다.

대의에 대한 몰입을 넘어, 집단에 대한 몰입이 타인의 행동을 따를 것인지 보완할 것인지를 결정한다. 대학생들은 다른 청년들에 비해 동급생들을 열심히 돕는다. 나는 학생들에게 휴대전화나 단백질 바와 같은 제품의 마케팅 아이디어를 내도록 요청했다.[159] 한 그룹은 같은 학교 학생들끼리, 다른 그룹은 다른 학교 학생들과 작업을 해야 했다. 같은 학교 학생들끼리 작업하는 그룹에서는 다른 학생이 하지 못한 것을 보완해줬다. 그들에게 목표 달성을 위해 더 많은 아이디어가 필요하다고 강조하자 더 열심히 고민했다. 반면, 다른 학교 학생들과 작업을 하는 그룹에서는 대체로 다른 학생들의 의견을 따랐다. 그들에게 이미 몇 가지 아이디어가 나왔다고 강조하자 그제야 자신의 생각을 말하기 시작했다. 창의성은 종종 창의적인 일에 얼마나 참여하느냐에 달려 있다. 전체의 이익을 위해 몰입하는 사람일수록 자신의 옆에서 누군가 고군분투하고 있을 때 창의성을 발휘할 가능성이 크다.

사람들은 자신의 도움을 받는 사람과 친밀하다고 느끼고 다른 사람들이 그들을 돕지 않는다고 생각할 때 더 많이 도우려 한다. 도움을 받는 사람과 친밀하다고 느끼지 않을 때는 반대가 된다. 이때는 다른 사람들이 이미 그들에게 도움을 주고 있을 때 더 많이 돕는다.

케냐의 정치 폭동 피해자와 미국의 캘리포니아 산불 피해자를 돕고 자 하는 사람들의 심리에서 이러한 패턴이 드러났다. 우리는 사람들 에게 산불 희생자들이 '우리들의 이웃'임을 상기시키고 케냐의 희생 자들을 '우리의 아이들, 우리의 가족'처럼 사회적으로 친밀한 존재라 고 표현했다. 그러자 두 나라의 희생자들과 자신이 친밀하다고 느낀 사람들은 다른 사람들의 도움이 부족하다고 느낄 때 더 많은 도움의 손길을 보냈다. 반면, 희생자들을 친밀하게 여기지 않는 사람들은 다 른 사람들이 이미 많은 도움을 주고 있을 때 더 많은 도움의 손길을 보냈다. 만약 피해자와 친밀한 사람들이 도움을 주고 있지 않다면 그 것은 그들이 이기적이기 때문이 아니다. 단지 정말 필요할 때 도움을 주기 위해서다.

예를 들어 남편이 아이의 숙제를 봐주고 있어서 아내가 쉴 수 있 는 것처럼 목표에 몰입하는 당신이 노력을 늦추고 있는 순간은 누군 가가 당신의 일을 대신해줄 때다. 공동 목표에 몰입하는 사람은 눈에 띄지 않는 부분을 살피고 필요할 때를 대비해 에너지를 비축한다. 공 동 목표에 몰입하는 사람은 모두가 나선다고 해서, 혹은 유행이라고 해서 달려들지 않는다. 그 대신 남들이 하지 않을 때 움직인다.

특히, 목표에 몰입하는 사람들은 상징적인 기부에는 관심이 없다. 마트 계산대에 놓인 1달러 기부함은 대부분 상징적인 것이기에 목표 에 몰입하는 사람들은 1달러처럼 얼마 안 되는 일회성 기부는 신경 쓰지 않는다. 대신 그들은 기부에 차별을 두고 싶어 한다. 작은 기부 보다는 자신의 관심을 보여주기 위해 영향력이 큰 행사에 응할 가능 성이 크다.

그러므로 인간이 이기적이지 않다고 해야 할까? 혹은 집단의 노력을 이용한다고 해야 할까? 이러한 사고 과정에는 약간의 조언이 필요해 보인다. 물론, 사람들은 때때로 이기적이다. 또한 자신의 자원을 보존하고 싶어 한다. 이기주의나 자원을 보존하려는 마음을 부정한다면 인간 본성을 부정하는 것과 다를 바 없다. 우리가 종종 이해관계에 따라 움직이기는 하지만 우리 안에는 협동심 또한 내재해 있다. 협동심은 위대한 업적의 토대라 할 수 있다. 그러므로 우리는 다른 사람들이 일을 적게 하는지를 따질 게 아니라 언제, 왜 하는지를 물어야 한다. 우리를 포함해 다른 사람들이 누군가를 돕지 않는다고 판단되면 동기 과학이 가르쳐준 개입 전략을 사용해 이기적인 사회적 태만을 퇴치해야 한다.

반드시 끝내는 사람들의 체크포인트

팀워크가 가장 중요한 공동의 목표를 달성하는 데 매우 필요하다는 것을 깨달아야 한다. 집단 구성원 간에 도움이 되는 작업 유형과 도움이 되지 않는 작업 유형을 구분해야 한다. 사회적 태만과 무임승차를 어떻게 최소화할 수 있을까? 언제 같이 일하고 언제 교대로 일해야 할까? 공동의 목표를 위해 노력하려면 어떤 방식으로 동기를 부여해야 할까? 그 대답은 집단과 목표에 달린 듯하다. 스스로 동기를 유지하면서 이기심은 최소화하고 구성원 간에 협력 관계를 증진하기 위해 다음의 질문들을 해보자.

1 당신이 다른 사람들과 함께 추구하는 주요 목표는 무엇인가? 모두 함께 노력해야 하는 공동 목표를 위해 목표 체계를 수정해보자.

2 공동 목표를 추구할 때 사회적 태만과 무임승차를 최소화하려면 어떻게 해야 할까? 개인별 기여도를 공개하고, 구성원 간에 서로 영감을 주며, 그룹을 작게 나누거나 업무를 개별화하는 등 개인적인 방식으로 공동 목표에 이바지할 방법을 생각해보자.

3 다른 사람과 일할 때 성공의 열쇠는 조화에 있다. 집단을 어떻게 조직할 것인가? 구체적으로 살펴보자.

· 최적의 분업인가? 집단 구성원이 바뀌어도 업무의 독립성을 훼손하지 않으며 중복되는 업무와 지식을 최소화했는가?

· 누군가와 친밀하다고 느낄 때 좋은 의도를 가지고 있음에도 불구하고 이기적으로 행동하는가? 예를 들어, 다른 사람에게는 요구하지 않으면서 배우자에게는 타협을 요구하는가?

· 공동 목표에 몰입하는 정도가 높을 때는 다른 사람이 하지 않은 일(반쯤 비워 둔 잔)에 집중하고, 공동 목표에 몰입하는 정도가 낮을 때는 다른 사람들이 한 일(반쯤 채워 둔 잔)에 집중하도록 스스로 동기부여를 할 수 있는가?

제14장

우리를 성장시키는
사회적 관계의 조건

첫 아이를 낳고 얼마 지나지 않아 아이가 없는 친구들과 멀어지기 시작했다. 친구들이 영화를 보자거나, 저녁을 먹자거나, 새로 생긴 카페에 가서 커피를 마시자고 할 때마다 나는 거절했다. 친구들이 첫 데이트를 하고 이런저런 이야기를 할 때에도 나는 아무 말도 할 수 없었다. 우리 아이가 드디어 네 시간 통잠을 잤다고, 아이가 너무 많이 먹어서 걱정이라고 말하면 친구들은 공감하지 못했다. 같은 용도인 요람과 유아용 침대가 모두 필요하다는 터무니없는 광고를 보고 웃으면 친구들은 나를 이해하지 못했다. 결국 친구들은 나를 더 이상 불러내지 않았다. 나 역시 딸아이 중심으로 돌아가는 내 삶에 대해 더 이상 말하지 않았다.

친구들과 나 사이의 거리는 대화 소재에 관한 단순한 관심 부족을 넘어 점점 멀어져만 갔고 인생의 목표도 서로 달라졌다. 때로는 어떤 사건을 계기로 친구들과 사이가 멀어지고, 그 일이 인생을 바꿔놓기도 한다. 친구들과 나는 서로 다른 목표를 추구했기 때문에 서로를 지지하기가 어려워졌다.

　서로의 목표를 지지하는 일은 성공적인 관계 유지에 중요하다. 하지만 친구건, 가족이건, 연인이건, 대부분의 관계에 있어 우리는 도움을 준다고 느끼기보다 도움을 받는다고 느끼고 싶어 한다. 악명 높은 이별 대사인 "너 때문이 아니라 나 때문이야."는 사실 모든 관계에 적용된다. 동기 과학에 따르면 우리는 자신을 위해 관계를 맺는다. 특히 목표 달성에 도움을 줄 사람들과 관계를 맺는다.

　배우자가 있어야 남편이 되고, 아이가 있어야 아버지가 되듯 우리 삶에 존재하는 사람들이 있어야 관계를 이룰 수 있고 그들 덕분에 우리가 목표로 하는 모든 것을 성취할 수 있다. 우리는 우리의 야망을 지지하고 도와주는 사람에게 가까이 다가가고, 방해하는 사람을 멀리한다. 양측 모두 지지를 원하기 때문에 서로 주고받는다고 느껴야 관계가 성공적으로 유지된다.

　서로 목표가 비슷하다면 지지하기가 더 쉽다. 자신에게 없는 목표라면 도움을 줄 수도 있지만 어쩌면 도움을 주기가 더 어려울 수도 있다. 목표를 공유하면 행복한 관계를 만들 수 있다. 우리는 비슷한 목표를 가진 사람들과 관계를 형성하고 각자 원하는 것을 얻도록 서로 격려한다. 초등학교 때는 구름사다리를 좋아하는 아이들끼리 친구가 되고, 고등학교 때는 최신 유행에 빠진 친구들끼리 서로 멋지게 꾸며

쳤을 것이다. 직장에서는 근면과 정직에 관해 같은 가치관을 가진 사람들끼리 돈독한 관계를 형성해왔을 것이다. 어쩌면 TV 쇼 취향이나 같은 책을 읽는 사람들끼리 관계를 형성했을 수도 있다. 시간이 흘러 어른이 되고 관심사는 변한다. 그에 따라 우정은 식고 친구는 멀어진다. 예를 들어, 대학에 진학해 학업과 인생의 목표가 비슷한 사람들과 친분을 쌓다 보면 어느새 고등학교 때 친구들은 자연스레 멀어진다. 새 친구들이 더 도움이 되고 우리도 그들에게 도움이 된다.

물론 목표가 같다고 해서 협력적인 관계가 보장되진 않는다. 다만 가능성이 더 클 뿐이다. 승진을 놓고 우리와 경쟁을 벌이는 동료는 목표가 같아도 우리의 성공에 방해가 될지도 모른다. 그런 경우 목표는 같아도 친구가 되기는 어렵다. 반면, 부모님은 걸어온 길이 우리와 다르지만 우리의 학문적, 직업적 목표를 지지한다. 그렇다고 자녀의 학위를 위해 학위를 딸 필요는 없다. 관계가 목표 달성을 방해하기보다 목표 달성에 도움이 된다면 충분하다. 부모가 작가, 예술가, 요리사가 되겠다는 자녀의 꿈을 지지하지 않으면 그들의 관계는 차갑게 식어버릴지도 모른다.

서로의 목표를 지지하지 않는다면 결혼 관계 역시 무너진다. 목표가 비슷하다면 도움이 되겠지만 반드시 그래야 할 필요는 없다. 배우자는 야심 찬 예술가인데 당신은 꽃도 하나 제대로 그리지 못할 수도 있고, 배우자는 열정적인 요리사인데 당신이 할 줄 아는 유일한 요리가 달걀 프라이일 수도 있고, 배우자는 건강 관리사인데 당신은 피만 봐도 기절하는 사람일 수도 있다. 서로 다른 점이 있더라도 우리는 서로의 성공을 도울 수 있다.

우리의 삶을 응원하는 사람은 우리가 목표를 포기하지 않도록 용기를 주고 우리가 뒤처질 때 우리를 끌어준다. 그들은 우리가 성공하기를 기대하고 우리의 성공에 깊이 감동한다. 그뿐만이 아니다. 우리가 유일하게 할 줄 아는 요리는 달걀 프라이뿐이지만 배우자를 위해 근사한 파이 접시를 사주고 항상 깨끗한 냄비를 준비해주며 우리도 어떤 식으로든 도움을 준다. 내가 이 책을 쓰고 싶다고 했을 때 육아에 더 신경 써준 남편처럼 우리를 응원하는 사람들은 우리가 목표를 수행할 수 있도록 공동 목표의 다른 영역을 책임져준다. 심지어 목표를 추구하는 데 돈이 필요하다면 대신 마련해주기도 한다.

목표가 바뀌면 관계도 변한다

아이가 생겼을 때 그랬듯 목표는 변하고 그에 따라 관계도 변한다. 목표는 부모가 되거나 새로운 일을 시작할 때처럼 커다란 변화뿐 아니라 작은 변화를 겪는다. 목표는 매일 변화를 거듭한다. 오늘 아침 나는 아들과 함께 홈스쿨링을 했다. 팬데믹 때문에 집 밖으로 나가지 못하는 상황에 처하자 나와 남편은 2학년이 된 아들을 가르치기로 했다. 온라인으로 만나는 새 담임선생님은 아이를 가르치는 데 도움을 준다. 오후가 되면 나는 대학으로 출근한다. 홈스쿨링을 하는 시간이 끝나면 아들의 선생님은 더 이상 내가 의지할 수 있는 사람이 아니다. 목표가 변하면 내게 도움을 주는 사람도 달라진다.

변화가 중요하다. 우선순위에서 우위에 있던 목표를 아래로 내리면서 우리는 자신에게 도움을 줄 수 있는 사람들을 가까이 두거나 멀리 한다. 목표에 집중해야 할 때, 뒤처진다고 느낄 때, 동기 수준이 높아진다. 그 결과, 목표 달성에 도움이 되는 사람에게 가까이 다가간다. 목표가 어느 정도 진행되면 동기 수준이 낮아지고 도움을 준 사람에게서 조금씩 멀어진다.

그레인 피츠시몬스Gráinne Fitzsimons와 나는 목표의 진행 정도가 관계의 강도에 어떠한 영향을 미치는지 알아봤다.[160] 우리는 대학생들에게 학업적 성취에 도움을 주는 사람과 학업 성취에 관계 없이 친밀한 사람이 누구인지 물었다. 일부 학생에게는 학교 생활을 하면서 이미 성취한 것에 초점을 두게 했고, 나머지 다른 학생에게는 학업적 목표를 이루기 위해 앞으로 무엇을 해야 할지에 초점을 두게 했다. 우리는 이미 이룬 학업적 성취를 떠올리고 아직 이루지 못한 일을 떠올리는 것이 그들이 열거한 사람들과의 친밀감에 어떠한 영향을 미치는지 궁금했다. 예상했겠지만 앞으로 이룰 학업적 성취에 초점을 둔 학생들은 자신들을 도와줄 친구들을 더 친밀하게 느낀다고 대답했다. 반면, 이미 이룬 학업적 성취에 초점을 둔 학생들은 자신들이 대답한 사람들 모두 똑같이 친밀하게 느낀다고 대답했다. 목표를 달성하자 학문적 성취라는 우선순위가 일시적으로 내려갔고 그 결과 도움을 준 사람들에 대한 친밀감은 상대적으로 줄어든 것이다.

목표를 지지하는 사람이 가까이 있으면 놀라운 결과가 발생한다. 우선 우리는 도움을 받은 후보다 도움을 받기 전에 더 고마움을 느낀다. 물론 도움을 받아 목표를 완수하면 고마움을 느끼겠지만 도움을 받기 직전만큼 고마움을 느끼진 않는다. 고마움의 정도는 도움을 얼마나 필요로 하느냐에 달려 있다. 목표를 위해 노력할 준비가 돼 있고 누군가가 도움이 된다고 생각할 때 고마움을 느낀다. 일단 목표를 완수하면 우리는 관심을 새로운 목표로 돌리고 이전에 도움을 준 사람에게 느끼는 고마움도 줄어든다.

벤저민 컨버스Benjamin Converse와 나는 도움을 받기 전에 고마움이 어떻게 최고조에 달하는지 알아보기 위해 실험을 했다. 우리는 〈퀴즈 쇼 밀리어네어〉Who Wants to Be a Millionaire의 형식을 빌려 퀴즈 이벤트를 열었다.[161] 실험 참여자는 상금을 타기 위해 퀴즈를 풀어야 했고 누군가에게 도움받을 기회를 한 번 사용할 수 있었다. 참여자들은 기회를 통해 얻은 정보로 정답을 맞힌 후보다 정답을 얻기 전에 더 고마워하는 것으로 나타났다.

이러한 패턴은 쉽게 이해하기가 어렵다. 누군가의 이사를 돕는다고 생각하면 우리는 짐을 싸고 있을 때보다 마지막 상자를 내려놓았을 때 상대방이 더 고마워할 거라고 생각한다. 의료인들도 마찬가지다. 그들은 치료가 진행 중일 때보다 치료를 받은 후 환자들이 더 고마워할 거라고 생각한다. 식당 손님들은 서비스가 제공되는 동안 더 고마운 마음을 느끼고 더 많은 팁을 주려고 하지만 대체로 식당은 서비스가 끝난 후에 팁을 요구한다. 감사하는 마음이 언제 최고조에 달하는지 이해해야 감사 인사를 받고 실망하지 않을 수 있다.

목표를 공유하는 관계로 성장하라

1894년, 폴란드 출신의 한 젊은 여자가 프랑스에서 한 남자를 만났다. 여자는 파리의 소르본대학교에서 물리학과 수학 분야의 학위를 막 마쳤다. 남자는 공업 물리 및 화학 대학교의 물리학과 교수였다. 미래에 화학, 물리학, 의학에 혁명을 일으킬 두 사람이지만 당시는 그저 사랑에 빠진 지적이고 열정적인 연인에 불과했다.

마리와 피에르 퀴리는 지적 열정을 나누며 급속도로 친해졌다. 그리고 이듬해 피에르의 부모가 사는 소Sceaux 지역의 시청에서 결혼식을 올렸다. 두 사람은 모두 자전거 타기를 좋아해 결혼식 축의금으로 자전거를 샀다. 피에르는 자신이 근무하던 학교의 학장이 실험실로 허락한 낡은 헛간에서 온종일 연구에 몰두하는 단조로움에서 벗어나기 위해 마리와 자전거를 타고 한동안 여행을 떠나곤 했다.

우리는 그들을 주기율표에 있는 두 원소, 폴로늄과 라듐을 발견한 과학자로 알고 있다. 특히 마리 퀴리는 놀라운 과학적 성공을 거둔 여성 중 하나다. 1903년, 마리와 피에르는 앙리 베크렐과 함께 자연 방사선 연구로 노벨물리학상을 받았다. 마리의 이름도 함께 언급돼야 한다고 주장한 사람은 피에르였다. 8년 후 마리는 혼자 힘으로 화학 분야의 공을 세워 두 번째 노벨상을 받았다.

마리와 피에르는 새로운 원소를 발견하겠다는 공동의 목표로 연결돼 있었다. 사실 피에르는 원소 발견을 위해 자신의 크리스털 연구를 포기했다. 두 사람은 놀라운 발견을 이뤄냈고, 부부로서 그들이 보여준 능력은 많은 목표로 서로 연결돼 있기에 가능했다. 과학적 목표,

자전거 타기, 두 딸 이렌과 이브의 양육까지 역사책엔 기록되지 않았지만 두 사람 사이에는 틀림없이 다른 목표들이 있었을 것이다.

퀴리 부부는 평생 동안 서로를 연결하는 목표의 메커니즘을 이용했다. 첫째, 앞서 언급한 바와 같이 우리는 비슷한 목표를 가진 사람들끼리 관계를 형성한다. 서로 하고 싶은 일이 같을 때 잘 지내기 마련이다. 마리와 피에르는 처음 만났을 때부터 과학적 관심사를 계기로 빠르게 가까워졌다. 당신도 어쩌면 배우자를 처음 만났을 때 하이킹과 요리라는 공통 관심사를 발견했을 것이다. 서로의 공통점은 감정적 교감을 불러일으키기 좋은 요소다.

둘째, 피에르가 마리의 이름을 노벨상에 올려야 한다고 주장한 것처럼 우리는 누군가의 목표를 지지하고 또 우리의 목표를 지지받으면서 관계를 형성한다. 목표 수행을 서로 돕는 것은 사회 관계의 기본이다. 게으름 피우는 동료에게 불쾌감 없이 말을 건넬 수 있는 방법을 매일 밤 배우자와 함께 고민하는 식의 일들이 서로의 직장생활에 도움을 준다. 남편은 내가 집에 돌아오면 온종일 얼마나 힘들었는지 알아차리고, 마감 기한 때문에 얼마나 스트레스 받는지 이야기를 들어주며 위로해줬다. 그는 나의 경력에 대한 목표를 지지해줬다. 이러한 지지는 쌍방향이어야 한다. 만약 두 사람 중 한쪽만 지지를 받는다면 지지받는 쪽은 상대방보다 관계 만족도가 높을 것이다.

셋째, 우리는 공동의 목표를 통해 관계를 형성한다. 친구, 동료, 가족, 혹은 배우자와 함께 목표를 추구할 때 그들에게 깊은 유대감을 느낀다. 공동의 노력을 쏟아야 하는 목표는 함께하는 사람들을 하나로 묶어준다. 마리와 피에르는 낡은 헛간에 박혀 폴로늄과 라듐을 분리하기 위해 하루도 쉬지 않고 연구에 몰두했다. 당신과 당신의 배우자 역시 주택 마련을 위해 저축을 하고, 애완동물을 보살피고, 뉴질랜드로 떠날 여행 계획을 세울 것이다. 목표가 무엇이든 성공에 서로가 필요하다는 사실은 서로를 더 친밀하게 만든다. 배우자나 친구와 멀어진 관계를 회복하고 싶다면 함께 노력할 수 있는 새로운 목표를 찾는 것이 도움이 된다. 배우자와 그림을 배우러 다녀도 좋고 친구와 스피닝 수업을 등록해도 좋다.

넷째, 우리가 다른 사람을 위해 목표를 유지하고 그들 역시 우리를 위해 목표를 유지할 때 관계가 형성된다. 여느 부모처럼 마리와 피에르 역시 딸들이 공부를 잘하기를 바랐다. 부부는 주로 과학에 신경 썼다. 그 덕에 큰 딸인 이렌 졸리오 퀴리는 부모의 뒤를 따라 그녀의 남편과 함께 1935년 노벨화학상을 수상했다.

언니가 새 직장에서 잘하기를 바란다거나 친구가 마라톤 완주를 하길 바라는 것처럼 가족이나 친구를 위해 목표를 세우면 그들과 더 깊은 유대감을 느낄 수 있다. 우리 역시 우리를 위해 목표를 세우는 사람들을 더 친밀하게 느낀다.

하지만 우리가 누군가를 위해 목표를 세울 때 그도 자신을 위해 목표를 세워야 유대감을 느낄 수 있다. 책을 읽거나 운동을 하기 싫어하는 형제나 자매에게 책을 더 읽으라고 하거나 운동을 규칙적으로 하라고 하면 보통 짜증을 내거나 화를 낸다. 그들은 우리가 자신들을 통제하려 든다고 생각할지도 모른다. 상대방이 목표를 세웠다면 반드시 그 목표를 지지해줘야 한다. 자신이 원하지 않는 일을 하기를 바라는 사람과는 절대로 친밀해질 수 없다.

목표로 형성되는 관계의 다양한 메커니즘을 살펴본 결과, 우리의 목표는 친구, 가족, 배우자의 목표에 영향을 미친다는 것을 알 수 있다. 나는 내 목표가 남편의 목표와 비슷하길 바란다. 또한 남편이 내 목표를 지지해주길 바란다. 나 역시 남편과 목표를 공유하고 그를 위해 목표를 세운다. 그리고 우리가 함께 목표를 세우는 관계이기를 바란다.

몇몇 동기 과학 연구자들은 부부가 공동의 목표 체계를 가지고 있다고 말한다. 이들은 부부의 목표 체계, 즉, 부부가 함께 원하는 것이 무엇이며 서로에게 원하는 것이 무엇인지 분석한다. 대가족이나 조직처럼 구성원이 많은 집단도 공동의 목표 체계를 가지고 있다고 볼 수 있다. 그리고 공동의 목표 체계 안에서 일련의 목표와 목표를 이루는 데 필요한 수단을 확인하고 목표마다 서로 경쟁할 것인가 도울 것인가를 결정한다.

두 명 이상 모이면 종종 공동 목표 체계가 생긴다. 하지만 이것이 개개인의 목표 체계를 대신하지는 않는다.[162] 우리는 한 사람과의 관계만을 원하지 않는다. 어떤 목표는 지극히 개인적이고 또 어떤 목표는 완전히 다른 집단과 관련 있을 수 있다. 또한 공동 목표라고 해서 구성원 모두에게 똑같이 적용되진 않는다. 누군가에게는 핵심 목표일 수 있고 다른 누군가에게는 하위 목표일 수 있다.

배우자의 승진 때문에 다른 도시로 이사를 가야 하는 부부를 떠올려보자. 이사로 인해 직장을 포기해야 하는 아내는 이제 집안일과 양육이라는 더 큰 몫을 떠안아야 하고 이직한 남편을 감정적으로 지지해야 한다. 이러한 경우 경력과 관련된 목표는 어느 한쪽에만 이득이 된다.

지난 수십 년간 여성 평등에 크나큰 발전이 있었다고는 하지만 많은 여성이 여전히 이러한 불평등을 겪고 있다. 여성들은 배우자의 목표를 위해 개인의 목표를 포기해야 한다고 느낀다. 또한 가족 구성원의 공동 목표를 위해 개인적인 목표를 양보한다. 자신의 목표와 부부, 가족, 친구로서의 목표가 중복되더라도 대체로 사람들은 집단의 목표를 개인의 목표와 같이 두지 않는다.

목표 체계 간 상호의존성은 목표를 추구하는 일을 다른 사람에게 부탁하는 매우 흥미로운 결과를 낳는다. 가까운 관계에서 다른 사람이 자신의 목표를 달성하도록 도와줄 거라고 생각한다면, 특히 다른 사람이 자신에게 바라는 목표라면, 그들이 끌어줄 거라 믿으며 자기 자신은 열심히 하려고 하지 않는다.

많은 아이가 개인 위생 문제를 부모에게 의지하는 이유도 마찬가지다. 아이의 관점에서 보면 부모가 샤워를 하라고 할 테니 샤워할 생각을 스스로 하지 않아도 된다. 부모가 학업적 성취를 지지하거나 강요하는 대학생들도 학습 동기를 스스로 발휘하지 못한다.[163] 이처럼 다른 누군가가 목표 수행을 도와줄 거라고 믿으면 목표에 대해 책임감이 감소한다.

일상의 목표로 맺어지는 관계도 있다. 목표로 이어진 관계를 생각할 때, 우리는 가족 부양이나 승진처럼 큰 목표만을 생각한다. 내가지금껏 이야기한 목표도 그와 같은 목표들이었다. 하지만 우리는 항상 작은 목표로 관계를 맺는다. 이웃과 개를 산책시키기 시작했다면 반려 동물 산책이라는 작은 목표로 이어진 관계다. 그뿐만이 아니다.

우리는 책을 교환하고 음악을 추천하면서 사회적 관계를 맺는다. 나는 차를 마시며 동료들과 관계를 맺고 중동 음식인 후무스hummus(병아리 콩을 삶아 으깬 중동 지역 음식─옮긴이)와 타히니tahini(참깨를 곱게 갈아 만든 소스─옮긴이)를 먹으며 이스라엘 동료들과 관계를 맺는다.

음식 섭취는 일상의 기본적인 목표다. 그래서 음식을 나누거나 함께 먹는 사람을 친구라고 부른다. 영어 단어 'companion(친구)'는 '누군가와 빵을 나누는 사람'이라는 뜻의 프랑스어 'compagnon(꼼빠뇽)'에서 유래했다. 또 중국어로 '절친한 친구'를 의미하는 '伙伴(후어빤)'은 '밥을 짓다'라는 뜻의 '伙(후어)'와 친구를 뜻하는 '伴(빤)'으로 이루어진 단어다. 이처럼 음식을 나누거나 음식을 함께 먹는 일이 우리를 이어준다.

심지어 어린아이들도 사회적 관계를 맺을 때 기본적인 목표를 이용한다.[164] 크리스틴 포셋Christine Fawcett과 로리 마크슨Lori Markson이 세 살짜리 아이들을 관찰한 결과, 아이들은 자신이 좋아하는 음식을 인형에게 먹이는 척하며 놀기를 좋아했다. 이러한 성향은 성인기까지 이어진다. 또 다른 연구 결과, 낯선 사람들이 비슷한 음식을 먹었을 때 서로를 더 신뢰하고 더 협력한다고 한다.[165] 반면, 알레르기나 문화적 제약으로 인해 식사를 함께할 수 없는 사람들은 식사 중에 외로움을 느끼는 경우가 더 많았다.[166] 사회적 관계는 다른 사람들과 기본적인 목표를 같이 수행하지 못할 때 약화된다.

아이가 글루텐 알레르기가 있다면 생일에 맛있는 케이크나 피자를 먹지 못해 안타까워하기보다 또래와 같은 음식을 먹지 못해 발생하는 사회 관계의 축소를 걱정해야 한다. 10대 자녀가 술을 마시려

한다면 단순히 술이 좋아서 혹은 알딸딸한 기분을 느끼고 싶기 때문이 아니다. 아마도 이미 음주 경험이 있는 친구들과 친해지고자 하는 의도가 진짜 이유일 것이다. 만약 자녀가 술을 가까이하는 게 싫다면 다른 목표를 통해 친구들과 관계를 맺을 수 있도록 도와줘야 한다.

다른 사람들과 관계를 형성하기 위해 목표와 관계에 관한 통찰력을 활용하는 것이 직관적일 때가 있다. 부모는 아기를 먹이고 씻기는 등 아기의 기본적인 욕구를 충족시켜주며 아기와 관계를 형성해간다. 우리는 식사를 대접하고, 휴가를 떠난 이웃을 대신해 식물을 돌봐주고, 해가 쨍쨍 비치는 날 친구에게 자외선 차단제를 내어주고, 추운 날에는 스카프를 빌려주며 사회적 유대감을 쌓아간다. 사랑의 묘약을 발명하진 않았지만 목표를 이용해 관계를 돈독히 할 수 있는 과학적 방법을 발견했다.

서로를 잘 알고 있다는 착각은 버리자

이 글을 쓰는 지금, 우리는 사회적 거리두기와 자가 격리의 시대를 살고 있다. 코로나19 확산을 늦추기 위해 과학적으로 입증된 방법이다. 하지만 전 세계적으로 가족, 친구와 거리를 두면서 사회 과학자들뿐만 아니라 건강 전문가들도 사회적 고립이 가져올 부정적인 영향을 걱정한다. 고립은 그 자체로 건강상의 위험이며, 우리가 절실하게 인식하는 위험이기도 하다.

줄리안 홀트-룬스타트Julianne Holt-Lunstad, 티모시 스미스Timothy Smith, 브

래들리 레이튼Bradley Layton은 사회 관계의 축소가 건강에 미치는 위험성을 알아보기 위해 150여 개의 연구 결과를 분석했다. 그 결과 사회적 고립이 평균 수명 감소에 있어서 흡연, 음주, 신체활동 부족에 맞먹는 영향을 끼친다는 사실을 발견했다.[167] 물론 우산이 비를 몰고 오지는 않지만, 비가 오면 우산이 필요한 것처럼 상관관계 연구를 통해 인과관계를 규명하기는 어렵다. 하지만 기존 자료들을 통해 체중 감량보다 사회적 관계성이 건강에 더 중요하다는 사실을 알 수 있다.

하지만 모든 사회적 관계가 가치를 가지진 않는다. 사회적 관계가 건강에 놀라운 혜택을 주려면 의미가 있어야 한다. 그렇다면 무엇이 사회적 관계를 의미 있게 만들고, 실제로 바람직한 정신적, 신체적 관계를 만들까? 우리는 이웃, 동료, 선생님, 가족, 배우자와 관계를 형성해야 한다. 진정한 관계란 우리의 목표를 지지해줄 수 있는 사람과 맺는 관계다. 이를 위해 기본적으로 상대방이 나를 알아야 하고 상대방이 나를 알고 있다고 느낄 수 있어야 한다.

우리와 상호작용을 하는 사람이 우리를 알고 있다고 느낄 때 그 사람이 우리를 이해한다고 느낀다. 그들은 우리가 왜 그렇게 생각하는지, 왜 그렇게 행동하는지 이해한다. 심지어 우리의 행동이 특이하거나 어리석다고 생각할 수도 있다. 그들은 우리가 무엇을 필요로 하고, 무엇을 원하는지 안다. 따라서 우리를 아는 사람이야말로 구성원으로 함께하고 싶은 사람이며 충고를 받아들일 수 있는 사람이다.

상대방이 우리를 안다고 느낀다면 안정적인 연인 관계를 형성할 수 있을 뿐만 아니라 직업적인 관계, 담당 의사나 교사와의 관계 등 많은 관계를 형성할 수 있다. 또한 정치 후보자를 선택할 때도 우리의 요구를 이해한다고 여겨지는 사람을 선택하므로 선거에도 중요하다. 연인 관계에서는 더욱 중요하다. 상대방이 자신을 이해한다고 느끼지 못할 때 많은 연인이 이별을 맞이한다.

물론, 내 생각과 달리 상대방이 나에 대해 잘 모를 수 있다. 나를 제대로 잘 알고 있는지 확인하지 않는다면 나를 알고 있다고 생각되는 상대방을 무척 신뢰할지도 모른다. 때로는 나의 존재를 모르는 누군가가 나를 알고 있다고 생각할 수 있다. 예를 들어, 예술가나 운동선수, 연예인들과 심리적 유대감을 경험할 때 그들이 나를 알지 못한다는 걸 알면서도 마치 나를 아는 것 같은 기분이 든다. 또한 나를 아는 사람이 생각만큼 나를 모를 수도 있다. 사실, 우리는 우리 삶에서 함께하는 사람을 생각보다 잘 알지 못한다.

연인에 대해 얼마나 알고 있다고 생각하는지와 실제로 얼마나 알고 있는지를 비교한 연구가 있다. 이 연구는 〈신혼부부 게임〉The Newlywed Game(신혼부부들이 서로를 얼마나 알고 있는지 알아보는 미국 TV 쇼—옮긴이)과 비슷했다. 윌리엄 스완William Swann과 마이클 길Michael Gill은 먼저 커플들에게 성 경험을 묻는 일련의 질문에 연인이 어떻게 대답할지 추측한 후 자신의 추측을 얼마나 확신하는지 평가해달라고 부탁했다. 실험 참여자들은 자신의 연인이 몇 명과 성관계를 했는지, 콘돔을 얼마나 자주 사용하는지, 보통 관계를 갖기 전 데이트를 몇 번 하는지에 관한 질문에 어떻게 대답할지 추측했다.[168] 그들은 어렵지 않게 추측했다. 그들은 연인을 잘 알고 있다고 확신했다. 하지만 예상은 빗나갔다. 우리는 자신이 실제로 연인에 대해 알고 있는 것보다 연인을 더 잘 안다고 생각한다. 더군다나 오래 만날수록 더 잘 안다고 확신한다. 하지만 실제는 그렇지 않을 수 있다.

그렇다고 자책할 필요는 없다. 상대방도 같은 상황일 테니 말이다. 우리는 자신이 실제보다 연인을 더 잘 안다고 생각하고 상대방도 실제보다 우리를 더 잘 안다고 생각한다. 심지어 서로가 서로를 실제보다 더 잘 알고 있을 거라고 생각한다. 즉, 다른 사람들이 자신을 잘 알 거라고 과대평가한다.[169]

상대방이 나를 얼마나 알고 있든, 기본적으로 나를 알고 있다고 느낄 때 만족스러운 관계가 만들어진다. 그리고 생각보다 상대방이 나에 대해 잘 알지 못한다는 사실을 알아야 한다. 게다가 내가 누군가를 안다고 느끼는 것은 관계에 대한 만족을 느끼는 데 그다지 중요하지 않다.

누군가의 이름이 기억나지 않는 아주 익숙한 경험을 떠올려보자. 우리가 상대방의 이름을 기억하지 못한다고 느낄 때 상대방은 우리의 관계가 자신이 생각했던 것만큼 친밀하지 않다고 느낄지 모른다. 그럼, 반대로 상대방이 우리 이름을 잊어버렸다면 어떨까? 좀 전과는 달리 이름을 잊어버리는 일쯤이야 관계에 아무런 영향을 주지 않는다고 생각할 것이다.

또는 다음과 같이 사고 실험을 해보자. 친구나 형제, 자매, 혹은 연인을 고르고 다음 세 가지 질문에 당신이 어떻게 대답할지 생각해보라.

1. 당신은 그의 목표와 포부를 얼마나 잘 알고 있는가?
2. 그는 당신의 목표와 포부를 얼마나 잘 알고 있는가?
3. 당신은 그와의 관계에 얼마나 만족하는가?

줄리아나 슈뢰더Juliana Schroeder와 내가 실험을 한 결과, 1번과 2번 문제에 대한 대답을 보면 3번 문제에 대한 대답을 예측할 수 있었다. 하지만 관계에 대한 두 가지 형태의 지식, 상대방이 나를 알고 있다고 느끼는 것과 내가 상대방을 알고 있다고 생각하는 것을 비교할 때 상대방이 나를 알고 있다고 생각하는 것이 친밀한 관계 형성에 더 중요했다.[170]

상대방에 대한 지지가 나 자신에 대한 지지보다 우선시되는 유일한 관계가 있다. 바로 부모 자식 관계다. 부모가 성인이 된 자녀를 상대로 위의 세 가지 질문, 당신은 자녀를 얼마나 잘 알고 있는가, 당신의 자녀는 당신을 얼마나 잘 알고 있는가, 당신은 자녀와의 관계에 얼마나 만족하는가에 답하도록 했다. 자녀가 부모를 잘 안다고 생각할 때보다 부모가 자녀를 잘 안다고 생각할 때 둘의 관계 만족도를 더 잘 예측할 수 있었다. 성인이 된 내 딸들만 보더라도 내가 딸들에게 이야기하고 그들이 듣고 있다고 느낄 때보다 딸들이 내게 이야기할 때 우리가 잘 지내고 있다는 생각이 들고 더 행복하고 더 만족스럽다.

따라서 상대방은 내가 생각하는 것만큼 나를 알지 못하며 나도 생각만큼 상대방을 알지 못한다. 우리는 자신이 상대방을 얼마나 아는지보다 상대방이 자신을 얼마나 아는지를 더 신경 쓴다. 하지만 지금껏 그러한 사실을 인지하지 못했다. 어떠한 관계든 내가 상대방을 잘 안다고, 상대방이 나를 잘 안다고 자만해서는 안 된다. 우리 삶에서 함께하는 사람들의 목표를 지지하고 친밀한 관계를 유지하려면 그들을 알아가기 위해 특별한 관심을 기울여야 한다.

내가 지지받고 싶은 만큼 상대방을 지지하라

목적에 필요한 수단으로 맺어진 관계도 있다. 부동산 중개인, 사무실이나 집 청소부, 미용사는 특정 목적을 위해 우리가 우리 삶에 초대한 사람들이다. 우리는 그들이 우리를 잘 알고 우리의 필요를 잘 해결해주기를 바란다. 하지만 우리는 그들을 알고자 하지 않으며 그들의 필요를 이해하려 하지 않는다. 수단적 관계를 가진 사람들은 종종 '빈껍데기'empty vessel로 여겨진다. 우리는 그들의 전반적인 성향보다는 좋은 부동산 중개인, 좋은 청소부, 좋은 미용사로서의 특징만을 본다.

예를 들어, 우리는 의료계 종사자들을 종종 인간 그 이상의 존재로 본다. 몸이 아프거나 치료가 필요할 때 늘 우리 곁에 있다 보니 그들 또한 좌절할 수 있고 피곤함에 지치는, 우리와 같은 사람이라는 사실을 잊는다. 빈껍데기 인식을 알아보기 위해 연구를 해본 결과, 진료를 받는 사람들은 주치의가 고통, 배고픔, 피곤함과 같은 부정적인 감정과 행복, 안도, 희망과 같은 긍정적인 감정을 덜 느낄 거라고 평가하면서도 환자의 감정은 잘 인식할 거라고 판단했다.[171] 우리는 의사, 교사, 청소부가 우리를 위해 항상 그 자리에 있을 거라고 생각하지만 그들의 감정은 신경 쓰지 않은 채 우리의 감정만 생각한다.

누군가를 빈껍데기로 보는 극단적인 예가 있다. 즉, 누군가를 독립된 개체가 아닌 목표 달성을 위한 수단으로만 보고 객관화하는 경우다. 예를 들어, 일부 남성은 여성의 가치를 성적 매력으로 판단해 여성을 객관화한다. 이들에게 여성은 생각과 감정을 지닌 인간이라기보다 그저 성적 도구에 지나지 않는다. 흥미롭게도 객관화된 사람들은 다른 사람들의 시선을 통해, 즉 자기 객관화를 통해 자신을 바라본다. 심리학자 바버라 프레더릭슨Barbara Fredrickson에 따르면 많은 여성이 자신을 물리적 대상으로 여기며 자신을 객관화한 사람들의 관점을 내면화시킨다.[172] 수단적 가치를 지닌 상대를 빈껍데기로 인식하는 것은 완전한 객관화와는 거리가 멀지만, 이 두 현상 모두 상대를 목표 달성에 필요한 도구에 지나지 않는다고 보는 경향이 있다.

서비스 제공자와 상호작용할 때 우리는 인간으로서 갖는 그들의 경험을 무시하기 쉽다. 하지만 상대방을 빈껍데기로 보는 인식은 거기서 끝나지 않는다. 불행하게도 만약 그런 인식을 가진 관리자라면 직원들을 그저 노동자로만 취급할 가능성이 크다. 데이트앱에 사용하는 자기 소개를 읽어본다면 많은 사람이 보살핌을 주기보다 보살핌을 받고 싶어 한다는 사실을 알 수 있다. 사람들은 자신이 웃게 해줄 사람보다 자신을 웃게 해줄 사람을 찾고 있다고 말한다. 대부분의 자기 소개는 자기중심적이다. 그들은 자신을 사랑해줄 사람을 찾는다고 말한다. 사람들은 강아지를 입양할 땐 사랑을 주고 싶다고 말하면서 연인을 찾을 땐 사랑을 받고 싶다고 말한다.

놀랍게도 데이트앱에 쓰는 자기 소개가 개인 광고처럼 쓰인다. 사람들은 자신을 홍보하며 자신이 찾는 사람이 자신의 소개글을 보고 관심을 보이기를 바란다. 글이란 독자가 매력을 느끼도록 써야 한다. 우리는 글을 쓰는 사람이 글을 읽는 사람을 지지하는 법을 배운다. 반대의 경우는 배우지 않았다.

실제로 사람들은 자신이 왜 이상적인 파트너인지 설명하는 자기 소개를 쓰라고 요청받으면 자신의 전자기기에 프로필을 남길 때보다 더욱더 매력적인 소개글을 작성한다. 데이트 앱에 사용하는 자기 소개뿐만 아니라 누군가를 고용하거나 친구에게 다시 연락할 때에도 그들의 목표를 지지하는 마음가짐으로 시작해야 한다.

사람들을 빈껍데기로 보지 않으려면 주변 사람들과 교류할 때 상대에게 초점을 두도록 하자. 상대방을 지지할 때 사람은 매력을 더욱 갖추게 된다. 그러다 보면 인생을 살면서 매력적인 사람들을 더 많이 만나게 될 것이다.

자신이 지지를 얻으려면 상대방을 먼저 지지해야 한다. 우리가 흔히 저지르는 두 가지 실수가 있다. 첫째, 새로운 친구, 연인, 동료에게 별로 도움을 주지 않을 때다. 물론 그런 관계가 유용할 수도 있다. 하지만 상대방이 우리를 지지하고 목표가 순조롭게 수행 중이라면 둘의 관계는 오래가지 않을 것이다. 만약 우리가 상대방의 목표 수행을 돕지 않으면 상대방은 지금의 관계에서 아무것도 얻지 못한다. 둘째, 반대로 누군가의 목표 수행을 돕더라도 내가 아무런 도움을 받지 못할 때다. 받는 것 없이 주기만 하는 경우다. 가족, 연인, 직장 동료와 이런 관계를 맺을 수도 있다. 이런 관계는 비대칭적이기 때문에 오래가지 못한다. 그러면 우리도 상대방에게 대가를 요구하거나 관계를 끝내자고 한다.

▷ **반드시 끝내는 사람들의 체크포인트** ◁

우리는 목표를 통해 관계를 맺는다. 친구, 가족, 연인이 우리를 이해하고 무엇을 계획하든 우리가 목표한 바를 이루도록 도와주기를 바란다. 우리의 동기를 지지하는 정도가 그 사람과의 관계의 만족도를 말해준다.

주변 사람들이 우리의 목표 체계에서 어떤 역할을 하는지 파악할 수 있도록 통찰력을 키워야 한다. 그들은 우리의 관계 목표를 충족시켜주는 도구가 아니다. 예를 들어, 배우자가 우리의 '승진'이라는 목표 수행을 도와주듯 개인 트레이너는 우리의 '건강한 체력'이라는 목표 수행을 도와준다. 또한 주변 사람들의 목표 체계에서 우리가 어떤 역할을 하는지 살펴야 한다. 우리가 그들의 감정적, 지적 성장을 도와준다고 그들이 말할 수 있을까? 건강을 유지하도록 우리가 도와준다고 말할 수 있을까? 마지막으로, 관계가 목표를 지지하지만 돈독한 관계를 위해 목표를 발전시킬 수도 있다. 암벽 등반이나 베이킹처럼 새로운 기술을 배우는 것부터 사회 정의 증진 같은 인생의 새로운 목적을 획득하는 것까지 어떤 목표든 관계를 통해 달성할 수 있다. 관계를 통해 목표를 달성하려면 먼저 다음의 질문을 해보자.

1 당신은 자신의 삶에서 함께하는 사람들을 얼마나 잘 알고 있는가? 그들의 목표, 욕구, 포부를 알고 있는가? 그들의 목표 체계를 얼마나 잘 그릴 수 있는가? 만약 당신이 고군분투 중이라면 먼저 그들에게 질문하고 그들을 관찰하고 그 내용을 기억하자.

2 당신의 삶에서 함께하는 사람들이 당신의 목표 체계를 알고 있는가? 당신이 원하는 것을 무시하거나 대충 이야기하지는 않았는가?

3 당신은 파트너의 목표 달성을 위해 무엇을 하고 있는가? 당신의 파트너는 당신의 목표 달성을 위해 무엇을 하고 있으며 무엇을 바꿔야 하는가?

4 관계를 돈독하게 하기 위해 필요한 목표를 새로운 취미처럼 개발할 수 있는가? 이러한 목표가 당신이 상대방을 지지하고 또 상대방으로부터 지지받을 수 있는 목표가 될 수 있다.

감사의 말

이 책은 오래전에 시작한 모녀 프로젝트에서 출발했습니다. 딸 시라의 도움이 없었다면 이 책을 쓸 수 없었죠. 시라는 소중한 피드백뿐만 아니라 편집을 도와줬고 어려운 의대 공부를 하면서도 동기를 잃지 않고 내게 끊임없는 영감을 줬습니다. 다른 딸 마야와 아들 토머역시 제가 글을 쓰는 데 영감을 줬습니다. 자기 주도적인 마야는 천체물리학 박사 과정을 마쳤고, 토머는 1학년과 2학년을 마치며 내게 동기부여에 대해 많은 가르침을 줬습니다. 그리고 내 옆에서 우리 가족을 하나로 묶어준 친구이자 남편, 알론. 그의 사랑과 지지는 내게 에너지를 불어넣어줬답니다. 가족이 없었다면 이 책에 진심을 담지 못했을 거예요. 진심으로 감사의 마음을 전합니다.

함께 연구해준 동료들에게도 감사드립니다. 이 책에 소개한 많은 연구는 내가 평생의 친구라 부를 수 있는 수십여 명의 훌륭한 과학자들과 함께 진행했습니다. 동기 연구의 문을 열어준 두 멘토, 야코브 트로페와 아리 크루글란스키에게 고마운 마음을 전합니다. 나의 멘티들, 잉 장, 구민정, 최진희, 크리스티안 뮈르세트, 벤저민 컨버스, 시안치 다이, 스테이시 핑켈스타인, 마페리마 투르-티예리, 루시 센, 얀 핑 투, 줄리아나 슈뢰더, 케이틀린 울리, 야니나 스타인메츠, 프랭클린 샤디, 로렌 에스크레스-윈클러와 특히 애나벨 로버즈에게 깊은 감사를 전합니다. 우리의 파트너십 덕분에 내 삶에 가장 중요한 연구를 할 수 있었습니다.

시카고대학교와 예일대학교의 동료들에게도 감사의 인사를 전합니다. 이 책에 소개한 아이디어들을 토론하며 참으로 많은 시간을 보냈습니다. 덕분에 나도 모르는 사이에 생각을 정리할 수 있었습니다.

마지막으로, 이 책을 쓰도록 격려해준 출판 에이전트 맥스 브록만, 무미건조한 이야기에 색을 입혀준 카산드라 브라보, 전달하고자 하는 메시지에 집중하도록 도와준 편집자 트레이시 베하르에게 고마운 마음을 전합니다.

제1부 목표 설정의 기본 원칙

제1장 무엇을 목표로 삼을 것인가

1 Subarctic survival exercise, by: Human Synergistics, Inc.

2 리처드 탈러, 《행동경제학: 마음과 행동을 바꾸는 선택 설계의 힘》, 박세연, 웅진 지식하우스, 2021.

3 Shaddy, F., and Fishbach, A. (2018). Eyes on the prize: The preference to invest resources in goals over means. Journal of Personality and Social Psychology, 115(4), 624–637.

4 Fujita, K., Trope, Y., Liberman, N., and Levin-Sagi, M. (2006). Construal levels and self-control. Journal of Personality and Social Psychology, 90(3), 351–367.

5 Oettingen, G., and Wadden, T. A. (1991). Expectation, fantasy, and weight loss: Is the impact of positive thinking always positive? Cognitive Therapy and Research, 15(2), 167–175.

6   Wegner, D. M. (1994). Ironic processes of mental control. Psychological Review, 101(1), 34–52.

7   Carver, C. S., and White, T. L. (1994). Behavioral inhibition, behavioral activation, and affective responses to impending reward and punishment: The BIS/ BAS scales. Journal of Personality and Social Psychology, 67(2), 319–333.

8   Keltner, D., Gruenfeld, D. H., and Anderson, C. (2003). Power, approach, and inhibition. Psychological Review, 110(2), 265–284.

9   Higgins, E. T. (2000). Making a good decision: Value from fit. American Psychologist, 55(11), 1217–1230.

10   Pursuing approach and avoidance goals feels different: Higgins, E. T. (1997). Beyond pleasure and pain. American Psychologist, 52(12), 1280–1300.

제2장 실현 가능한 목표를 설계하라

11   Heath, C., Larrick, R. P., and Wu, G. (1999). Goals as reference points. Cognitive Psychology, 38(1), 79–109.

12   D., and Tversky, A. (1979). Prospect theory: An analysis of decision under risk. Econometrica, 47(2), 263–291.

13   Allen, E. J., Dechow, P. M., Pope, D. G., and Wu, G. (2017). Reference-dependent preferences: Evidence from marathon runners. Management Science, 63(6), 1657–1672.

14   Drèze, X., and Nunes, J. C. (2011). Recurring goals and learning: The impact of successful reward attainment on purchase behavior. Journal of Marketing Research, 48(2), 268–281.

15   Miller, G. A., Galanter, E., and Pribram, K. A. (1960). Plans and the Structure of Behavior. New York: Holt, Rinehart, and Winston.

16   Ariely, D., and Wertenbroch, K. (2002). Procrastination, deadlines, and performance: Self-control by precommitment. Psychological Science, 13(3), 219–224.

17   Zhang, Y., and Fishbach, A. (2010). Counteracting obstacles with optimistic predictions. Journal of Experimental Psychology: General,

139, 16–31.

18 Brehm, J. W., Wright, R. A., Solomon, S., Silka, L., and Greenberg, J. (1983). Perceived difficulty, energization, and the magnitude of goal valence. Journal of Experimental Social Psychology, 19(1), 21–48.

19 https://www.livestrong.com/article/320124-how-many-calories-does-the-average-person-use-per-step/ https://www.mayoclinic.org/healthy-lifestyle/weight-loss/in-depth /calories/art-20048065.

20 Bleich, S. N., Herring, B. J., Flagg, D. D., and Gary-Webb, T. L. (2012). Reduction in purchases of sugar-sweetened beverages among lowincome black adolescents after exposure to caloric information. American Journal of Public Health, 102(2), 329–335.

21 Thorndike, A. N., Sonnenberg, L., Riis, J., Barraclough, S., and Levy, D. E. (2012). A 2-phase intervention to improve healthy food and beverage choices. American Journal of Public Health, 102(3), 527–533.

22 Brehm, J. W. (1966). A Theory of Psychological Reactance. New York: Academic Press.

23 Ordóñez, L. D., Schweitzer, M. E., Galinsky, A. D., and Bazerman, M. H. (2009). Goals gone wild: The systematic side effects of overprescribing goal setting. Academy of Management Perspectives, 23(1), 6–16.

24 Drivers often set a daily target: Camerer, C., Babcock, L., Loewenstein, G., and Thaler, R. (1997). Labor supply of New York City cabdrivers: One day at a time. Quarterly Journal of Economics, 112(2), 407–441.

25 Uetake, K., and Yang, N. (2017). Success Breeds Success: Weight Loss Dynamics in the Presence of Short-Term and Long-Term Goals. Working Papers 170002, Canadian Centre for Health Economics (Toronto).

26 Cochran, W., and Tesser, A. (1996). The "what the hell" effect: Some effects of goal proximity and goal framing on performance. In L. L. Martin and A. Tesser (Eds.), Striving and Feeling: Interactions Among Goals, Affect, and Self-Regulation (99–120). Hillsdale, NJ: Lawrence Erlbaum Associates, Inc.

27 Polivy, J., and Herman, C. P. (2000). The false-hope syndrome:

Unfulfilled expectations of self-change. Current Directions in Psychological Science, 9(4), 128–131.

28 Oettingen, G., and Sevincer, A. T. (2018). Fantasy about the future as friend and foe. In G. Oettingen, A. T. Sevincer, and P. Gollwitzer (Eds.), The Psychology of Thinking About the Future (127–149). New York: Guilford Press.

제3장 새로운 도전을 즐기게 하는 보상을 마련하라

29 Kerr, S. (1995). On the folly of rewarding A, while hoping for B. Academy of Management Perspectives, 9(1), 7–14.

30 In the play Antigone, Sophocles wrote around 440 BC: "For no man delights in the bearer of bad news."

31 Lepper, M. R., Greene, D., and Nisbett, R. E. (1973). Undermining children's intrinsic interest with extrinsic reward: A test of the "overjustification" hypothesis. Journal of Personality and Social Psychology, 28(1), 129–137.

32 Higgins, E. T., Lee, J., Kwon, J., and Trope, Y. (1995). When combining intrinsic motivations under- mines interest: A test of activity engagement theory. Journal of Personality and Social Psychology, 68(5), 749–767.

33 Maimaran, M., and Fishbach, A. (2014). If it's useful and you know it, do you eat? Preschoolers refrain from instrumental food. Journal of Consumer Research, 41(3), 642–655.

34 Turnwald, B. P., Bertoldo, J. D., Perry, M. A., Policastro, P., Timmons, M., Bosso, C., and Crum, A. J. (2019). Increasing vegetable intake by emphasizing tasty and enjoyable attributes: A randomized controlled multisite intervention for taste-focused labeling. Psychological Science 30(11), 1603–1615.

35 Zhang, Y., Fishbach, A., and Kruglanski, A. W. (2007). The dilution model: How additional goals undermine the perceived instrumentality of a shared path. Journal of Personality and Social Psychology, 92(3), 389–401.

36 Kruglanski, A. W., Riter, A., Arazi, D., Agassi, R., Montegio, J., Peri, I., and Peretz, M. (1975). Effect of task-intrinsic rewards upon extrinsic and intrinsic motivation. Journal of Personality and Social Psychology, 31(4), 699–705.

37 Shen, L., Fishbach, A., and Hsee, C. K. (2015). The motivating-uncertainty effect: Uncertainty increases resource investment in the process of reward pursuit. Journal of Consumer Research, 41(5), 1301–1315.

제4장 행동의 원동력, 내적 동기를 찾아라

38 Grant, A. M. (2008). Does intrinsic motivation fuel the prosocial fire? Motivational synergy in predicting persistence, performance, and productivity. Journal of applied psychology, 93(1), 48.

39 Grant, A. M., and Berry, J. W. (2011). The necessity of others is the mother of invention: Intrinsic and prosocial motivations, perspective taking, and creativity. Academy of management journal, 54(1), 73-96.

40 Woolley, K., and Fishbach, A. (2017). Immediate rewards predict adherence to long-term goals. Personality and Social Psychology Bulletin, 43(2), 151–162.

41 Ryan, R. M., and Deci, E. L. (2000). Self-determination theory and the facilitation of intrinsic motivation, social development, and well-being. American Psychologist, 55(1), 68–78.

42 Woolley, K., and Fishbach, A. (2018). It's about time: Earlier rewards increase intrinsic motivation. Journal of Personality and Social Psychology, 114(6), 877–890.

43 Althoff, T., White, R. W., and Horvitz, E. (2016). Influence of Pokémon Go on physical activity: Study and implications. Journal of Medical Internet Research, 18(12), e315.

44 Milkman, K. L., Minson, J. A., and Volpp, K. G. (2013). Holding the Hunger Games hostage at the gym: An evaluation of temptation bundling. Management Science, 60(2), 283–299.

45 Woolley, K., and Fishbach, A. (2016). For the fun of it: Harnessing

immediate rewards to increase persistence on long-term goals. Journal of Consumer Research, 42(6), 952–966.

46　Sedikides, C., Meek, R., Alicke, M. D., and Taylor, S. (2014). Behind bars but above the bar: Prisoners consider themselves more prosocial than non-prisoners. British Journal of Social Psychology, 53(2), 396–403.

47　Heath, C. (1999). On the social psychology of agency relationships: Lay theories of motivation overemphasize extrinsic incentives. Organizational Behavior and Human Decision Processes, 78, 25–62.

48　Woolley, K., and Fishbach, A. (2018). Underestimating the importance of expressing intrinsic motivation in job interviews. Organizational Behavior and Human Decision Processes, 148, 1–11.

49　Woolley, K., and Fishbach, A. (2015). The experience matters more than you think: People value intrinsic incentives more inside than outside an activity. Journal of Personality and Social Psychology, 109(6), 968–982.

제2부 목표 수행의 절대 원칙

제5장 스스로에게 동기를 부여하라

50　Hull, C. L. (1932). The goal-gradient hypothesis and maze learning. Psychological Review, 39(1), 25–43.

51　Shapiro, D., Dundar, A., Huie, F., Wakhungu, P. K., Bhimdiwala, A., and Wilson, S. E. (Decem- ber 2018). Completing College: A National View of Student Completion Rates—Fall 2012 Cohort (Signature Report No. 16). Herndon, VA: National Student Clearinghouse Research Center.

52　Kivetz, R., Urminsky, O., and Zheng, Y. (2006). The goal-gradient hypothesis resurrected: Purchase acceleration, illusionary goal progress, and customer retention. Journal of Marketing Research, 43(1), 39–58.

53　Arkes, H. R., and Blumer, C. (1985). The psychology of sunk costs. Organizational Behavior and Human Decision Processes, 35, 124–140.

54 Thaler, R. H. (1999). Mental accounting matters. Journal of Behavioral Decision Making, 12, 183–206.

55 Sweis, B. M., Abram, S. V., Schmidt, B. J., Seeland, K. D., MacDonald, A. W., Thomas, M. J., and Redish, A. D. (2018). Sensitivity to "sunk costs" in mice, rats, and humans. Science, 361(6398), 178–181.

56 레온 페스팅거, 《인지 부조화 이론》, 김창대 옮김, 나남, 2016.

57 More men than women oppose abortion rights: https://news .gallup. com/poll/244709/pro-choice-pro-life-2018-demographictables.aspx.

58 Self-perception theory. In Advances in Experimental Social Psychology (Vol. 6, 1–62). Cambridge, MA: Academic Press.

59 Freedman, J. L., and Fraser, S. C. (1966). Compliance without pressure: The foot-in-the-door technique. Journal of Personality and Social Psychology, 4(2), 195–202.

60 Koo, M., and Fishbach, A. (2008). Dynamics of self-regulation: How (un) accomplished goal actions affect motivation. Journal of Personality and Social Psychology, 94(2), 183–195.

61 Wiener, N. (1948). Cybernetics: Control and Communication in the Animal and the Machine. Cambridge, MA: MIT Press.

62 Carver, C. S., and Scheier, M. F. (2012). Cybernetic control processes and the self-regulation of behavior. In R. M. Ryan (Ed.), Oxford Library of Psychology. The Oxford Handbook of Human Motivation (28–42). New York: Oxford University Press.

63 Louro, M. J., Pieters, R., and Zeelenberg, M. (2007). Dynamics of multiple-goal pursuit. Journal of Personality and Social Psychology, 93(2), 174.

64 Huang, S. C., and Zhang, Y. (2011). Motivational consequences of perceived velocity in consumer goal pursuit. Journal of Marketing Research, 48(6), 1045–1056.

제6장 반쯤 찬 컵과 반쯤 빈 컵: 관점에 따른 동기부여의 원리

65 MIT 대학교의 드라젠 프렐렉 교수와 나눈 대화를 바탕으로 한다.

66 Koo, M., and Fishbach, A. (2010). A silver lining of standing in line:

Queuing increases value of products. Journal of Marketing Research, 47, 713–724.

67 Koo, M., and Fishbach, A. (2010). Climbing the goal ladder: How upcoming actions increase level of aspiration. Journal of Personality and Social Psychology, 99(1), 1–13.

68 Kruglanski, A. W., Thompson, E. P., Higgins, E. T., Atash, M. N., Pierro, A., Shah, J. Y., and Spiegel, S. (2000). To "do the right thing" or to "just do it": Locomotion and assessment as distinct self-regulatory imperatives. Journal of Personality and Social Psychology, 79(5), 793–815.

69 Gollwitzer, P. M., Heckhausen, H., and Ratajczak, H. (1990). From weighing to willing: Approaching a change decision through pre-or postdecisional mentation. Organizational Behavior and Human Decision Processes, 45(1), 41–65.

제7장 흔들림 없이 중간 과정을 지나는 법

70 Bar-Hillel, M. (2015). Position effects in choice from simultaneous displays: A conundrum solved. Perspectives on Psychological Science, 10(4), 419–433.

71 Greene, R. L. (1986). Sources of recency effects in free-recall. Psychological Bulletin, 99(2), 221–228.

72 Touré-Tillery, M., and Fishbach, A. (2012). The end justifies the means, but only in the middle. Journal of Experimental Psychology: General, 141(3), 570–583.

73 Koo, M., and Fishbach, A. (2012). The small-area hypothesis: Effects of progress monitoring on goal adherence. Journal of Consumer Research, 39(3), 493–509.

74 Dai, H., Milkman, K. L., and Riis, J. (2014). The fresh start effect: Temporal landmarks motivate aspirational behavior. Management Science, 60(10), 2563–2582.

75 Cherchye, L., De Rock, B., Griffith, R., O'Connell, M., Smith, K., and Vermeulen, F. (2020). A new year, a new you? A two-selves model of within-individual variation in food purchases. European Economic Review, 127.

제8장 부정적 피드백으로부터 배울 수 있는 것들

76　Kahneman, D., and Tversky, A. (1979). Prospect Theory: An Analysis of Decision under Risk. Econometrica, 47(2), 263–291.

77　Eskreis-Winkler, L., and Fishbach, A. (2019). Not learning from failure – The greatest failure of all. Psychological Science, 30(12), 1733–1744.

78　Gramsci, A. (1977). Selections from political writings (1910–1920) (Q. Hoare, Ed., J. Mathews, Trans.). London: Lawrence and Wishart.

79　Eskreis-Winkler, L., and Fishbach, A. (2019). Not learning from failure–The greatest failure of all. Psychological Science, 30(12), 1733–1744.

80　Gervais, S., and Odean, T. (2001). Learning to be overconfident. Review of Financial Studies, 14(1), 1–27.

81　Diamond, E. (1976). Ostrich effect. Harper's, 252, 105–106.

82　Webb, T. L., Chang, B. P., and Benn, Y. (2013). "The Ostrich Problem": Motivated avoidance or rejection of information about goal progress. Social and Personality Psychology Compass, 7(11), 794–807.

83　Sicherman, N., Loewenstein, G., Seppi, D. J., and Utkus, S. P. (2015). Financial attention. Review of Financial Studies, 29(4), 863–897.

84　Eskreis-Winkler, L., and Fishbach, A. (2020). Hidden failures. Organizational Behavior and Human Decision Processes, 157, 57–67.

85　Seligman, M. E., and Maier, S. F. (1967). Failure to escape traumatic shock. Journal of Experimental Psychology, 74(1), 1–9.

86　Hiroto, D. S., and Seligman, M. E. (1975). Generality of learned helplessness in man. Journal of Personality and Social Psychology, 31(2), 311–327.

87　캐롤 드웩,《마인드셋: 스탬퍼드 인간 성장 프로젝트 원하는 것을 이루는 태도의 힘》, 김준수 옮김, 스몰빅라이프, 2017.

88　Finkelstein, S. R., and Fishbach, A. (2012). Tell me what I did wrong: Experts seek and respond to negative feedback. Journal of Consumer

Research, 39, 22–38.

89 Finkelstein, S. R., Fishbach, A., and Tu, Y. (2017). When friends exchange negative feedback. Motivation and Emotion, 41, 69–83.

90 Yeager et al. (2019). A national experiment reveals where a growth mindset improves achievement. Nature, 573, 364–369.

91 Eskreis-Winkler, L., Fishbach, A., and Duckworth, A. (2018). Dear Abby: Should I give advice or receive it? Psychological Science, 29(11), 1797–1806.

92 Eskreis-Winkler, L., and Fishbach, A. (2020). Hidden failures. Organizational Behavior and Human Decision Processes, 157, 57–67.

93 Koch, A., Alves, H., Krüger, T., and Unkelbach, C. (2016). A general valence asymmetry in similarity: Good is more alike than bad. Journal of Experimental Psychology: Learning, Memory, and Cognition, 42(8), 1171–1192.

94 Rozin, P., and Royzman, E. B. (2001). Negativity bias, negativity dominance, and contagion. Personality and Social Psychology Review, 5(4), 296–320.

95 Eskreis-Winkler, L., and Fishbach, A. (2020). Predicting success. Working paper.

제3부 목표 달성을 위한 위기 관리법

96 https://news.gallup.com/poll/187982/americans-perceived -time-crunch-no-worse-past.aspx.

제9장 목표가 너무 많을 때는 선택과 집중이 필요하다

97 Köpetz, C., Faber, T., Fishbach, A., and Kruglanski, A. W. (2011). The multifinality constraints effect: How goal multiplicity narrows the means set to a focal end. Journal of Personality and Social Psychology, 100(5),

810–826.

98 Etkin, J., and Ratner, R. K. (2012). The dynamic impact of variety among means on motivation. Journal of Consumer Research, 38(6), 1076–1092.

99 Simonson, I., Nowlis, S. M., and Simonson, Y. (1993). The effect of irrelevant preference arguments on con- sumer choice. Journal of Consumer Psychology, 2(3), 287–306.

100 Schumpe, B. M., Bélanger, J. J., Dugas, M., Erb, H. P., and Kruglanski, A. W. (2018). Counterfinality: On the increased perceived instrumentality of means to a goal. Frontiers in Psychology, 9, 1052.

101 Monin, B., and Miller, D. T. (2001). Moral credentials and the expression of prejudice. Journal of Personality and Social Psychology, 81(1), 33–43.

102 Effron, D. A., Cameron, J. S., and Monin, B. (2009). Endorsing Obama licenses favoring whites. Journal of Experimental Social Psychology, 45(3), 590–593.

103 Shaddy, F., Fishbach, A., and Simonson, I. (2021). Trade-offs in choice. Annual Review of Psychology, 72, 181–206.

104 Tetlock, P. E., Kristel, O. V., Elson, S. B., Green, M. C., and Lerner, J. S. (2000). The psychology of the unthinkable: Taboo trade-offs, forbidden base rates, and heretical counterfactuals. Journal of Personality and Social Psychology, 78(5), 853–870.

제10장 외부의 유혹에 흔들리지 않도록 나를 통제하는 법

105 Hofmann, W., Baumeister, R. F., Förster, G., and Vohs, K. D. (2012). Everyday temptations: An experience sampling study of desire, conflict, and self-control. Journal of Personality and Social Psychology, 102(6), 1318–1335.

106 de Ridder, D. T., Lensvelt-Mulders, G., Finkenauer, C., Stok, F. M., and Baumeister, R. F. (2012). Taking stock of self-control: A meta-analysis of how trait self-control relates to a wide range of behaviors. Personality and Social Psychology Review, 16(1), 76–99.

107 Allemand, M., Job, V., and Mroczek, D. K. (2019). Self-control development in adolescence predicts love and work in adulthood. Journal of Personality and Social Psychology, 117(3), 621–634.

108 Casey, B. J., and Caudle, K. (2013). The teenage brain: Self control. Current Directions in Psychological Science, 22(2), 82–87.

109 Sheldon, O. J., and Fishbach, A. (2015). Anticipating and resisting the temptation to behave unethically. Personality and Social Psychology Bulletin, 41(7), 962–975.

110 Fishbach, A., and Zhang, Y. (2008). Together or apart: When goals and temptations complement versus compete. Journal of Personality and Social Psychology, 94(4), 547–559.

111 Parfit, D. (1984). Reasons and Persons. Oxford: Oxford University Press.

112 Bartels, D. M., and Urminsky, O. (2011). On inter- temporal selfishness: How the perceived instability of identity underlies impatient consumption. Journal of Consumer Research, 38(1), 182–198.

113 Berger, J., and Rand, L. (2008). Shifting signals to help health: Using identity signaling to reduce risky health behaviors. Journal of Consumer Research, 35(3), 509–518.

114 Touré-Tillery, M., and Fishbach, A. (2015). It was(n't) me: Exercising restraint when choices appear self-diagnostic. Journal of Personal- ity and Social Psychology, 109(6), 1117–1131.

115 Oyserman, D., Fryberg, S. A., and Yoder, N. (2007). Identity-based motivation and health. Journal of Personality and Social Psychology, 93(6), 1011–1027.

116 Zhang, Y., and Fishbach, A. (2010). Counteracting obstacles with optimistic predictions. Journal of Experimental Psychology: General, 139(1), 16–31.

117 Trope, Y., and Fishbach, A. (2000). Counteractive self-control in overcoming temptation. Journal of Personality and Social Psychology, 79(4), 493–506.

118 Giné, X., Karlan, D., and Zinman, J. (2010). Put your money where your butt is: A commitment contract for smoking cessation. American

Economic Journal: Applied Economics, 2(4), 213–235.

119 Myrseth, K. O., Fishbach, A., and Trope, Y. (2009). Counteractive self-control: When making temptation available makes temptation less tempting. Psychological Science, 20(2), 159–163.

120 Kross, E., Bruehlman-Senecal, E., Park, J., Burson, A., Dougherty, A., Shablack, H., and Ayduk, O. (2014). Self-talk as a regulatory mechanism: How you do it matters. Journal of Personality and Social Psychology, 106(2), 304–324.

121 Mischel, W., and Baker, N. (1975). Cognitive appraisals and transformations in delay behavior. Journal o Personality and Social Psychology, 31(2), 254.

122 Zhang, Y., and Fishbach, A. (2010). Counteracting obstacles with optimistic predictions. Journal of Experimental Psychology: General, 139(1), 16–31.

123 Baumeister, R. F., Tice, D. M., and Vohs, K. D. (2018). The strength model of self-regulation: Conclusions from the second decade of willpower research. Perspectives on Psycho- logical Science, 13(2), 141–145.

124 Dai, H., Milkman, K L., Hofmann, D. A., and Staats, B. R. (2015). The impact of time at work and time off from work on rule compliance: The case of hand hygiene in healthcare. Journal of Applied Psychology, 100(3), 846–862.

125 Linder, J. A., Doctor, J. N., Friedberg, M. W., Nieva, H. R., Birks, C., Meeker, D., and Fox, C. R. (2014). Time of day and the decision to prescribe antibiotics. JAMA Internal Medicine, 174(12), 2029–2031.

126 Fishbach, A., Friedman, R. S., and Kruglanski, A. W. (2003). Leading us not unto temptation: Momentary allurements elicit overriding goal activation. Journal of Personality and Social Psychology, 84(2), 296–309.

127 Stillman, P. E., Medvedev, D., and Ferguson, M. J. (2017). Resisting temptation: Tracking how self-control conflicts are successfully resolved in real time. Psychological Science, 28(9), 1240–1258.

128 Wood, W., and Neal, D. T. (2007). A new look at habits and the habit-

goal interface. Psychological Review, 114(4), 843–863.

129 Gollwitzer, P. M. (1999). Implementation intentions: Strong effects of simple plans. American Psychologist, 54(7), 493-503.

제11장 마음이 조급해질 때 인내심을 발휘하는 법

130 Mischel, W., Shoda, Y., and Rodriguez, M. L. (1989). Delay of gratification in children. Science, 244(4907), 933–938.

131 Watts, T. W., Duncan, G. J., and Quan, H. (2018). Revisiting the marshmallow test: A conceptual replication investigating links between early delay of gratification and later outcomes. Psychological Science, 29(7), 1159–1177.

132 Duckworth, A. L., Tsukayama, E., and Kirby, T. A. (2013). Is it really self-control? Examining the predictive power of the delay of gratification task. Personality and Social Psychology Bulletin, 39(7), 843–855.

133 Benjamin, D. J., Laibson, D., Mischel, W., Peake, P. K., Shoda, Y., Wellsjo, A. S., and Wilson, N. L. (2020). Predicting mid-life capital formation with pre-school delay of gratification and life-course measures of self-regulation. Journal of Economic Behavior and Organization, 179, 743–756.

134 McGuire, J. T., and Kable, J. W. (2013). Rational temporal predictions can underlie apparent failures to delay gratification. Psychological Review, 120(2), 395–410.

135 Roberts, A., Shaddy, F., and Fishbach, A. (2020). Love is patient: People are more willing to wait for things they like. Journal of Experimental Psychology: General.

136 Dai, X., and Fishbach, A. (2014). How non-consumption shapes desire. Journal of Consumer Research, 41(4), 936–952.

137 Roberts, A., Imas, A., and Fishbach, A. Can't wait to lose: The desire for goal closure increases impatience to incur costs. Working paper.

138 Ainslie, G. (1975). Specious reward: a behavioral theory of impulsiveness and impulse control. Psychological Bulletin, 82(4), 463–496.

139 Rachlin, H., and Green, L. (1972). Commitment, choice and self-control. Journal of the Experimental Analysis of Behavior, 17(1), 15–22.

140 Dai, X., and Fishbach, A. (2013). When waiting to choose increases patience. Organizational Behavior and Human Decision Processes, 121, 256–266.

141 Hershfield, H. E., Goldstein, D. G., Sharpe, W. F., Fox, J., Yeykeelis, L., Carstensen, L. L., and Bailenson, J. N. (2011). Increasing saving behavior through age-progressed renderings of the future self. Journal of Marketing Research, 48, S23–S37.

142 Rutchick, A. M., Slepian, M. L., Reyes, M. O., Pleskus, L. N., and Hershfield, H. E. (2018). Future self-continuity is associated with improved health and increases exercise behavior. Journal of Experimental Psychology: Applied, 24(1), 72–80.

143 Koomen, R., Grueneisen, S., and Herrmann, E. (2020). Children delay gratification for coopera- tive ends. Psychological Science, 31(2), 139–148.

제4부 목표 달성의 숨은 조력자, 사회적 지지

144 Holt-Lunstad, J., Smith, T. B., Baker, M., Harris, T., and Stephenson, D. (2015). Loneliness and social isolation as risk factors for mortality: A meta-analytic review. Perspectives on Psychological Science, 10(2), 227–237.

제12장 혼자서는 원하는 것을 이루기 어렵다

145 Asch, S. E. (1956). Studies of independence and conformity: I. A minority of one against a unanimous majority. Psychological Monographs: General and Applied, 70(9), 1–70.

146 Keysers, C., Wicker, B., Gazzola, V., Anton, J. L., Fogassi, L., and Gallese, V.

(2004). A touching sight: SII/PV activation during the observation and experience of touch. Neuron, 42(2), 335–346.

147 Kouchaki, M. (2011). Vicarious moral licensing: The influence of others' past moral actions on moral behavior. Journal of Personality and Social Psychology, 101(4), 702–715.

148 Tu, Y., and Fishbach, A. (2015). Words speak louder: Conforming to preferences more than actions. Journal of Personality and Social Psychology, 109(2), 193–209.

149 Ariely, D., and Levav, J. (2000). Sequential choice in group settings: Taking the road less traveled and less enjoyed. Journal of Consumer Research, 27(3), 279–290.

150 Triplett, N. (1898). The dynamogenic factors in pacemaking and competition. American Journal of Psychology, 9(4), 507–533.

151 Steinmetz, J., Xu, Q., Fishbach. A., and Zhang, Y. (2016). Being Observed Magnifies Action. Journal of Personality and Social Psychology, 111(6), 852–865.

제13장 최상의 팀워크를 위한 동기부여 전략

152 Ringelmann, M. (1913). "Recherches sur les moteurs animés: Travail de l'homme" Research on animate sources of power: The work of man, Annales de l'Institut National Agronomique, 2nd series, vol. 12, 1–40.

153 Latané, B., Williams, K., and Harkins, S. (1979). Many hands make light the work: The causes and consequences of social loafing. Journal of Personality and Social Psychology, 37(6), 822–832.

154 Koo, M., and Fishbach, A. (2016). Giving the self: Increasing commitment and generosity through giving something that represents one's essence. Social Psychological and Personality Science, 7(4), 339–348.

155 Wegner, D. M., Erber, R., and Raymond, P. (1991). Transactive memory in close relationships. Journal of Personality and Social Psychology, 61(6), 923–929.

156 Ward, A. F., and Lynch, J. G. Jr. (2019). On a need-to-know basis: How the distribution of responsibility between couples shapes financial literacy and financial outcomes. Journal of Consumer Research, 45(5), 1013–1036.

157 Tu, Y., Shaw., A., and Fishbach, A. (2016). The friendly taking effect: How interpersonal closeness leads to seemingly selfish yet jointly maximizing choice. Journal of Consumer Research, 42(5), 669–687.

158 Koo, M., and Fishbach, A. (2008). Dynamics of self- regulation: How (un) accomplished goal actions affect motivation. Journal of Personality and Social Psychology, 94(2), 183–195.

159 Fishbach, A., Henderson, D. H., and Koo, M. (2011). Pursuing goals with others: Group identification and motivation resulting from things done versus things left undone. Journal of Experimental Psychology: General, 140(3), 520–534.

제14장 우리를 성장시키는 사회적 관계의 조건

160 Fitzsimons, G. M., and Fishbach, A. (2010). Shifting closeness: Interpersonal effects of personal goal progress. Journal of Personality and Social Psychology, 98(4), 535–549.

161 Converse, B. A., and Fishbach, A. (2012). Instrumentality boosts appreciation: Helpers are more appreciated while they are useful. Psychological Science, 23(6), 560–566.

162 Fitzsimons, G. M., Finkel, E. J., and Vandellen, M. R. (2015). Transactive goal dynamics. Psychological Review, 122(4), 648–673.

163 Fishbach, A., and Trope, Y. (2005). The substitutability of external control and self-control. Journal of Experimental Social Psychology, 41(3), 256–270.

164 Fawcett, C. A., and Markson, L. (2010). Similarity predicts likin in 3-year-old children. Journal of Experimental Child Psychology, 105(4), 345–358.

165 Woolley, K., and Fishbach, A. (2019). Shared plates, shared minds: Con suming from a shared plate promotes cooperation. Psychological Science, 30(4), 541–552.

166 Woolley, K., Fishbach, A., and Wang, M. (2020). Food restriction and the experience of social isolation. Journal of Personality and Social Psychology, 119(3), 657–671.

167 Holt-Lunstad, J., Smith, T. B., and Layton, J. B. (2010). Social relationships and mortality risk: a meta-analytic review. PLOS Medicine, 7(7), e1000316.

168 Swann, W. B., and Gill, M. J. (1997). Confidence and accuracy in person perception: Do we know what we think we know about our relationship partners? Journal of Personality and Social Psychology, 73(4), 747–757.

169 Kenny, D. A., and DePaulo, B. M. (1993). Do people know how others view them? An empirical and theoretical account. Psychological Bulletin, 114(1), 145.

170 Schroeder, J., and Fish- bach, A. (2020). It's not you, it's me: Feeling known enhances relationship satisfaction more than knowing.

171 Schroeder, J., and Fishbach, A. (2015). The "empty vessel" physician: physicians' instrumentality makes them seem personally empty. Social Psychological and Personality Science, 6(8), 940–949.

172 Fredrickson, B. L., and Roberts, T. A. (1997). Objectification theory: Toward understanding women's lived experiences and mental health risks. Psychology of Women Quarterly, 21(2), 173–206.